LA SOCIÉTÉ, L'ÉCOLE

ET

LE LABORATOIRE

D'ANTHROPOLOGIE

DE PARIS

A L'EXPOSITION UNIVERSELLE DE 1889

PALAIS DES ARTS LIBÉRAUX

INSTRUCTION PUBLIQUE

❧ ⚬⚬ ❧

PARIS

IMPRIMERIES RÉUNIES, ÉTABLISSEMENT A

2, RUE MIGNON, 2

1889

L'Exposition de la Société, de l'École et du Laboratoire d'Anthropologie se trouve située au *Champ-de-Mars*, dans le Palais des Arts libéraux.

PREMIER ÉTAGE — TRAVÉE NORD

Exposition du Ministère de l'Instruction publique — Classe VIII

ENSEIGNEMENT SUPÉRIEUR

Elle occupe quatre vitrines et un meuble à volets placés dans la partie centrale des Écoles primaires.

LA SOCIÉTÉ, L'ÉCOLE

ET

LE LABORATOIRE

D'ANTHROPOLOGIE

DE PARIS

À L'EXPOSITION UNIVERSELLE DE 1889

10851. — Imprimeries réunies, A, rue Mignon, 2, Paris

LA SOCIÉTÉ, L'ÉCOLE

ET

LE LABORATOIRE

D'ANTHROPOLOGIE

DE PARIS

A L'EXPOSITION UNIVERSELLE DE 1889

PALAIS DES ARTS LIBÉRAUX

INSTRUCTION PUBLIQUE

———

PARIS

IMPRIMERIES RÉUNIES, ÉTABLISSEMENT A

2, RUE MIGNON, 2

—

1889

PREMIÈRE PARTIE

HISTORIQUE

PREMIÈRE DIVISION

Fondations principales :

SOCIÉTÉ D'ANTHROPOLOGIE
LABORATOIRE D'ANTHROPOLOGIE
ÉCOLE D'ANTHROPOLOGIE

CHAPITRE PREMIER

SOCIÉTÉ D'ANTHROPOLOGIE DE PARIS

« L'anthropologie est une science essentiellement française et dont notre pays doit conserver la direction, » écrivait Broca en 1875 (lettre au préfet de la Seine).

Dans sa pensée, il faisait allusion à Buffon, comme fondateur de l'histoire naturelle de l'homme. Mais n'est-il pas infiniment plus exact de dire aujourd'hui que, si l'anthropologie est une science toute française, c'est à Broca lui-même, bien plus qu'à Buffon, qu'elle le doit. Et la meilleure preuve en est fournie par l'historique même de la Société d'anthropologie.

Lorsque en 1858 Broca fut amené à fonder la Société d'anthropologie de Paris, aucune association de ce genre ni de ce nom n'existait, soit en France, soit à l'étranger.

En 1839, une Société d'ethnologie avait bien été créée, mais, dès 1848, ayant épuisé son programme d'études, elle cessait de se réunir. On ne peut donc à aucun titre la considérer comme un ancêtre de notre Société.

En 1858, Broca, ayant eu l'occasion d'étudier des produits hybrides, fit des recherches sur ce sujet et en communiqua les résultats à la Société de biologie.

« La question de l'*hybridité* chez les animaux et chez l'homme, dit Dally (1), professeur à l'École, y était traitée avec une indépendance d'esprit, assez rare pour l'époque, qui semblait avoir voulu fondre dans une même conception, sous la puissante influence de Cuvier, les dogmes religieux et les doctrines scientifiques; il était de mode, en haut lieu, de faire de la science la servante de la foi, et l'Institut était bien loin d'y contredire. »

Aussi, dans de telles circonstances, une semblable question, traitée si librement, devait gêner bien des esprits timorés; en effet, c'est ce qui arriva. Le président de la Société de biologie fut tellement malheureux de cette lecture que Broca lui offrit d'en rester là et de retirer le manuscrit déjà lu, « ce qui fut accepté avec reconnaissance... Il fallait donc, dit Broca (2), renoncer à la discussion de ce qui pouvait se rattacher à l'étude du genre humain ou fonder une nouvelle Société, où cette étude pourrait se poursuivre librement. Ce fut ce dernier avis qui prévalut, et il fut convenu que nous aviserions aux moyens de constituer une Société consacrée à l'étude de l'homme et des races humaines. Notre première réunion eut lieu au mois de novembre 1858. Nous étions six seulement et je me plais à nommer les cinq membres de la Société de biologie qui prirent part avec moi à cette réunion : c'étaient MM. Brown-Séquard, Godard, Follin, Robin et Verneuil. Nous pûmes aisément tracer le programme de la nouvelle Société et même lui donner, par anticipation, le nom de

(1) Dally, Eloge de Paul Broca (*Bull. Soc. anthropol. de Paris*, 1884, p. 925).
(2) *Mémoires d'anthropologie* de Broca.

Société d'anthropologie. Mais les difficultés commencèrent lorsque nous cherchâmes à obtenir des adhésions, car, à l'âge où nous étions alors, on a peu d'influence; au bout de six mois, le chiffre de vingt membres que nous avions d'abord jugé nécessaire n'était pas encore atteint et nous n'étions que dix-neuf lorsque nous ouvrîmes notre première séance le 19 mai 1859, dans le local de la Société de biologie. »

Nous donnerons les noms de ces dix-neuf fondateurs, afin « qu'ils reçoivent tous, vivants et morts, l'expression de notre reconnaissance (1) ».

Ce furent MM. Anthelme, Béclard, Bertillon, Broca, Brown-Séquard, de Castelnau, Dareste, Delasiauve, Fleury, Follin, Isidore Geoffroy Saint-Hilaire, Godard, Gratiolet, Grimaux-de-Caux, Lemercier, Martin-Magron, Rambaud, Robin, Verneuil.

La Société commença aussitôt à fonctionner.

Les *Bulletins* qu'elle publie trimestriellement partent de cette date, 19 mai 1859. Presque aussitôt, en 1860, elle inaugura la publication des *Mémoires*.

A ces dix-neuf hardis novateurs vinrent assez rapidement se joindre d'autres personnes qu'attirait l'étude des problèmes de la science de l'homme. Il en résulta qu'à la fin de 1862, la Société comptait cent deux membres payant cotisation; ce n'est cependant que l'année suivante, 1863, après avoir sagement aboli une distinction vexatoire qui existait entre le titre de membre titulaire et celui de membre associé, qu'elle prit définitivement son véritable essor. Aussi cette Société, dont la formation avait été si laborieuse, se trouvait avoir déjà acquis assez d'importance pour être reconnue d'utilité publique dès le 21 juin 1864.

En 1862, elle avait perdu un de ses membres fondateurs, Ernest Godard, mort à Jaffa, le 21 septembre; mais, en mourant, il avait voulu témoigner tout l'intérêt qu'il portait à la

---

(1) Philippe Salmon, art. SOCIÉTÉS D'ANTHROPOLOGIE (*Dictionnaire des sciences anthropologiques*).

science qu'il avait contribué à développer en instituant un prix destiné à récompenser le meilleur ouvrage d'anthropologie (voy. *Prix Godard*).

Du local provisoire que la bienveillance de la Faculté de médecine lui avait accordé dès la première heure, la Société, aussitôt qu'elle avait été en état de payer son loyer, était allée s'installer au numéro 3 de la rue de l'Abbaye. Mais la richesse de ses collections, l'accroissement de sa bibliothèque, rendant ce local trop exigu, allaient nécessiter sa réintégration dans le bâtiment qui avait été son berceau.

Une autre circonstance y contribua. Ne bornant pas son activité à la seule création d'une Société scientifique, Broca avait, dès le début, conçu l'idée d'y joindre un laboratoire (voy. *Laboratoire d'antropologie*) qu'il avait réussi à faire installer dans l'ancienne église des Cordeliers (bâtiment du musée Dupuytren). Là, le maître enseignait à ceux qui venaient travailler avec lui, mais on était bien à l'étroit; aussi, désirant donner le plus d'extension possible à l'enseignement de l'anthropologie (voy. *École d'anthropologie*) et voulant en même temps avoir sous la main réunies dans un même endroit les collections appartenant à la Société et celles qu'il avait formées au Laboratoire, il obtint du doyen et du ministère qu'on mît à la disposition de la Société les vastes greniers inoccupés de l'ancienne église des Cordeliers. Dans la lettre que lui adressa à ce sujet le doyen, M. Wurtz (29 août 1875), nous trouvons ce passage si flatteur pour l'œuvre de Broca :

« L'assemblée a répondu favorablement à cette communication par un vote unanime. La Faculté reconnaît toute l'utilité des études anthropologiques auxquelles notre éminent collègue, le docteur Broca, a donné une si vive impulsion, et elle considère comme un honneur pour elle, que cette branche importante de recherches scientifiques se soit développée dans son sein. »

Les travaux d'installation furent terminés en juillet 1876. Les cours s'ouvrirent le 15 novembre de la même année. Ainsi se trouvèrent réunis cette triple fondation, la Société, l'École et le Laboratoire, que leur créateur se plaisait à dénommer synthétiquement l'Institut anthropologique. L'influence de Broca continuait à grandir et le Sénat, désirant rendre un juste hommage au savant anthropologiste, venait de l'élever depuis peu de mois à la dignité de sénateur inamovible, lorsque, dans la nuit du 8 au 9 juillet 1880, après quelques heures de souffrance, il s'éteignit presque subitement.

Paul Broca, dans cette Société qu'il avait fondée, ne s'était réservé que le travail, jamais l'honneur; du 19 mai 1859 jusqu'à sa mort, il n'accepta que d'en être le secrétaire général. C'est à l'impulsion que, durant ces vingt et une années, il imprima à toute l'anthropologie française, c'est à son dévouement, c'est à ses efforts qu'elle doit ce remarquable mouvement vers le progrès qui ne s'est pas un seul instant ralenti.

A la nouvelle de sa mort des témoignages unanimes de regrets arrivèrent de toutes parts à la Société. Les étrangers ne furent pas les derniers à envoyer leurs sympathiques manifestations : l'Angleterre, la Russie, l'Italie en chargèrent leurs représentants scientifiques les plus éminents : MM. Ed. B. Tylor, Flower, Bogdanow, Mantegazza, etc.

Sur cette tombe si prématurément ouverte, M. Ploix, au nom de la Société d'anthropologie dont il était le président, M. Eugène Pelletan, au nom du Sénat, M. Verneuil, au nom de la Faculté de médecine, M. Trélat, au nom de l'Académie de médecine, M. Tillaux, au nom de la Société de chirurgie, M. Dumontpallier, au nom de la Société de biologie, M. Gariel, au nom de l'Association française pour l'avancement des sciences, et M. Henri Martin, notre grand historien national, firent entendre l'expression de leur douleur.

Au mois d'août suivant la Société décida qu'en témoignage de sa reconnaissance ses collections prendraient le nom de Musée Broca et une commission fut élue pour élever un monument à la mémoire de son illustre fondateur. Ce fut le 29 juillet 1887 qu'en présence de tous les membres de la famille Broca, du doyen de la Faculté de médecine, des membres de l'Académie de médecine, de plusieurs de ses collègues du Sénat, de la

Société de chirurgie, de la Société de biologie et d'un grand nombre de membres de la Société d'anthropologie, fut inaugurée la statue élevée en son honneur. MM. Ploix, président de la commission du monument, Magitot, président de la Société, et de Quatrefages y prirent successivement la parole. MM. les professeurs Bogdanow et de Quatrefages vinrent, le premier au nom de l'anthropologie russe qu'il représentait en qualité de président de la Société d'anthropologie de Moscou, le second au nom de diverses Sociétés de France et de l'étranger, ajouter de nombreuses couronnes à celles de la Société, de l'École et du Laboratoire d'anthropologie.

En 1881, M\ :sup:`me` Broca fonda un prix de 1500 francs destiné à récompenser le meilleur mémoire sur une question d'anatomie humaine, d'anatomie comparée ou de physiologie se rattachant à l'anthropologie (voy. *Prix Broca*).

Le 4 juillet 1884, sur l'initiative de M. Dally, professeur à l'École d'anthropologie, la Société décida la fondation d'une conférence annuelle portant le nom de Conférence Broca.

Ces conférences ont eu lieu dans l'ordre suivant :

1884. — Éloge de Paul Broca, par M. E. DALLY.

1885. — Les caractères distinctifs du cerveau de l'homme, par M. POZZI.

1886. — Aperçu sur les races humaines de la basse vallée du Nil, par M. HAMY.

1887. — L'aphasie depuis Broca, par M. MATHIAS DUVAL.

1888. — Les centres nerveux sensitivo-moteurs et les centres olfactifs, par M. LABORDE.

En 1883, un des dix-neuf collaborateurs de Broca à la fondation de la Société, Adolphe Bertillon, institua en mourant un prix devant être décerné au meilleur travail envoyé sur une matière concernant l'anthropologie et notamment la démographie.

Ce prix sera décerné, pour la première fois, en décembre 1889.

En 1883, la Société, sur la proposition de M. Mathias Duval, avait déjà inauguré une série de conférences destinées, sous le nom de Conférences transformistes, à vulgariser la doctrine de la mutabilité des espèces.

Elles ont eu lieu dans l'ordre suivant :

1883. — Le développement de l'œil, par M. MATHIAS DUVAL.

1884. — L'évolution de la morale, par M. Ch. LETOURNEAU.

1885. — L'évolution du langage, par M. A. HOVELACQUE.

1886. — L'évolution paléontologique des animaux, par M. G. DE MORTILLET.

1887. — L'évolution mentale dans la série organique, par Mme. Clémence ROYER.

1888. — Les microbes et le transformisme, par M. A. BORDIER.

1889. — Le transformisme français, Lamarck, par M. MATHIAS DUVAL.

En 1889, un vote unanime de la Société, voulant témoigner sa reconnaissance aux survivants des dix-neuf membres qui l'avaient fondée trente ans plus tôt, élut à la dignité de membres honoraires MM. Brown-Séquard, Dareste, Delasiauve, Verneuil.

La Société d'anthropologie de Paris compte actuellement plus de 700 membres répartis sur tous les points du globe. Elle a eu pour présidents, depuis sa fondation, les hommes les plus distingués, savoir :

En 1859	MM. MARTIN-MAGRON.	En 1867	MM. GAVARRET.
1860	GEOFFROY SAINT-HILAIRE (Isidore).	1868	BERTRAND.
		1869	LARTET.
1861	BÉCLARD.	1870-71	GAUSSIN.
1862	BOUDIN.	1872	LAGNEAU.
1863	DE QUATREFAGES.	1873	BERTILLON.
1864	GRATIOLET.	1874	FAIDHERBE.
1865	PRUNER-BEY.	1875	DALLY.
1866	PÉRIER (J.-A.-N.).	1876	DE MORTILLET.

En 1877 MM. De Ranse.	En 1883 MM. Proust.
1878 Martin (Henri).	1884 Hamy.
1879 Sanson.	1885 Dureau.
1880 Ploix.	1886 Letourneau.
1881 Parrot.	1887 Magitot.
1882 Thulié.	1888 Pozzi.

BUREAU DE 1889

Président.................	MM. Mathias Duval.
1er vice-président............	A. Hovelacque.
2e vice-président............	Laborde.
Secrétaire général......	Letourneau.
Secrétaire général adjoint........	G. Hervé.
Secrétaires annuels...........	A. de Mortillet.
	Mahoudeau.
Conservateur des collections.....	Chudzinski.
Archiviste...................	Manouvrier.
Trésorier...................	Fauvelle.

COMITÉ CENTRAL

MM. Auburtin.
Bataillard.
Bordier.
Chervin.
Chudzinski.
Collineau.
Dareste.
Delasiauve.
Mathias Duval.
Fauvelle.
Girard de Rialle.
Hervé.
Hovelacque.
Issaurat.

MM. Laborde.
Mahoudeau.
Manouvrier.
Moncelon.
Piétrement.
A. de Mortillet.
Rousselet.
Royer (Mme Clémence).
Salmon.
Sebillot.
Topinard.
Vinson.
Zaborowski.

ANCIENS PRÉSIDENTS (MEMBRES DU COMITÉ CENTRAL)

MM. Bertrand.
Dureau.

MM. Faidherbe.
Gavarret.

MM. HAMY.
  LAGNEAU.
  LETOURNEAU.
  MAGITOT.
  DE MORTILLET.
  PLOIX.

MM. POZZI.
  PROUST.
  DE QUATREFAGES.
  DE RANSE.
  SANSON.
  THULIÉ.

PUBLICATIONS DE LA SOCIÉTÉ D'ANTHROPOLOGIE

La Société publie des *Bulletins* et des *Mémoires*.

BULLETINS.

Les *Bulletins* de la Société forment chaque année un volume in-8, publié en quatre fascicules. Le prix d'abonnement est de 10 francs. (Le port en sus pour la province et l'étranger.)

La collection des *Bulletins* forme trois séries :

1re série, six volumes (1859-1865). Cette série n'est plus dans le commerce ; elle ne peut être cédée qu'en totalité, après avis du Comité central, aux membres de la Société, pour la somme de 45 francs, et aux établissements *publics* de la France et de l'étranger, pour la somme de 60 francs et le port en sus.

Toutefois le tome V de cette série ayant été réimprimé, est en vente chez l'éditeur aux conditions ordinaires.

La table alphabétique et analytique de la première série rédigée par M. DUREAU, formant un volume in-8 de 174 pages, se vend séparément 4 francs.

2e série, douze volumes (1866-1877). Prix de la série complète : 120 francs sans remise, et 90 francs pour les membres de la Société. Les tomes XI et XII ne peuvent être vendus qu'avec la série complète. Les autres volumes de la série se vendent isolément 10 francs le volume, et 7 fr. 50 pour les membres de la Société.

3e série, les tomes I, II, III, IV, V, VI, VII, VIII, IX, X et XI (1877 à 1888) sont dans le commerce.

MÉMOIRES.

Les *Mémoires* sont publiés par fascicules de huit feuilles au moins. Quatre fascicules forment un volume grand in-8 vendu par l'éditeur 16 francs (le port en sus). Le prix de chaque volume est payable en recevant le premier fascicule.

En vente la première série, comprenant trois volumes :

Tome I (1860-1863), 1 volume de iv-565 pages, avec une carte, deux tableaux, quatorze planches et un portrait-frontispice.

Tome II (1864-1867), 1 volume de cxviii-466 pages, avec un portrait, quatre cartes, quatre planches, trois tableaux, un tableau chromatique, et figures dans le texte.

Tome III (1871-1872), 1 volume de cxxxix-434 pages, avec neuf planches et trois cartes.

Deuxième série.

Tome I (1873-1878), 1 volume de xxxvi-568 pages, avec dix-sept planches.

Tome II (1875-1882), 1 volume de 544 pages avec dix planches.

Tome III (1883-1888), 1 volume de 550 pages, avec figures, cartes et tableaux.

Tome IV. — En cours de publication.

MUSÉE BROCA

En souvenir de son fondateur la Société d'anthropologie décida (août 1880) que ses collections prendraient le nom de Musée Broca. Cependant tel qu'il existe actuellement, installé dans un local commun à la Société, à l'École et au

Laboratoire, ce Musée renferme également un certain nombre d'objets qui sont la propriété de l'École d'anthropologie.

Il se compose de collections ostéologiques des plus précieuses comprenant des crânes, des ossements préhistoriques et d'autres de toutes les époques historiques de l'occident de l'Europe ; de crânes, de squelettes nombreux représentant à peu d'exceptions près toutes les races humaines ; tout cela forme un total de plusieurs centaines de squelettes et d'environ cinq mille crânes. L'anatomie comparée y est largement représentée par des spécimens appartenant à tous les groupes des vertébrés. On y remarque une collection probablement unique de moulages de cerveaux, qui est l'œuvre de son habile conservateur M. Chudzinski. Non moins importantes en nombre et en valeur scientifique sont les pièces anatomiques conservées dans l'alcool.

Le Musée Broca possède en outre une collection d'objets ethnographiques qu'un legs dû à M. Arthur Grasset est venu enrichir ; des collections d'instruments en silex et autres matières de toutes les époques de l'âge de la pierre, des objets de l'âge du bronze, des poteries préhistoriques, des modèles de monuments mégalithiques. Ce Musée, bien que destiné aux études des membres de la Société, est largement ouvert au public.

BIBLIOTHÈQUE DE LA SOCIÉTÉ D'ANTHROPOLOGIE

La Société possède une magnifique bibliothèque ; elle est aussi ouverte au public. On y trouve les publications anthropologiques françaises et étrangères ; plus de sept mille ouvrages relatifs à l'anthropologie et aux sciences qui s'y rattachent.

Sa richesse, comme celle du Musée, s'accroît sans cesse par des dons et par des achats.

PRIX GODARD

FONDÉ PAR M. LE DOCTEUR GODARD EN 1862

« Ce prix sera donné au meilleur mémoire sur un sujet se rattachant à l'anthropologie; aucun sujet ne sera proposé. »

RÈGLEMENT

ARTICLE PREMIER. — Le prix Godard sera décerné, tous les deux ans, le jour de la séance solennelle de la Société.

ART. 2. — Ce prix est de la valeur de 500 francs.

ART. 3. — Les membres qui composent le Comité central de la Société d'anthropologie sont seuls exclus du concours.

ART. 4. — Tous les travaux, manuscrits ou imprimés, adressés ou non à la Société, peuvent prendre part au concours.

ART. 5. — Tout travail qui aurait été couronné par une autre Société avant son dépôt à la Société d'anthropologie est exclu du concours.

ART. 6. — Le jury d'examen se composera de cinq membres élus au scrutin de liste par les membres du Comité central, choisis dans son sein et à la majorité absolue des membres qui le composent.

ART. 7. — Ce jury fait son rapport et soumet son jugement à la ratification du Comité central.

ART. 8. — Le jury d'examen sera élu quatre mois au moins avant le jour où le prix doit être décerné.

ART. 9. — Tous les travaux imprimés ou manuscrits adressés ou non à la Société ou publiés après le jour où le jury d'examen aura été nommé ne pourront prendre part au concours du prix Godard que pour la période biennale suivante.

ART. 10. — « Dans le cas où une année le prix Godard ne serait pas décerné, il serait ajouté au prix qui serait donné deux années plus tard. » (Termes du testament.)

Art. 11. — Le prix Godard sera décerné pour la première fois dans une séance solennelle que tiendra la Société en 1865.

PRIX BROCA

FONDÉ PAR Mme BROCA EN 1881

« Ce prix est destiné à récompenser le meilleur mémoire sur une question d'anatomie humaine, d'anatomie comparée ou de physiologie se rattachant à l'anthropologie. »

RÈGLEMENT

Article premier. — Le prix Broca sera décerné, tous les ans, le jour de la séance solennelle de la Société.

Art. 2. — Ce prix est de la valeur de 1500 francs.

Art. 3. — Les membres qui composent le Comité central de la Société d'anthropologie sont seuls exclus du concours.

Art. 4. — Tous les mémoires, manuscrits ou imprimés, adressés à la Société peuvent prendre part au concours ; toutefois, les auteurs des travaux imprimés ne pourront prendre part au concours qu'autant qu'ils en auront formellement exprimé l'intention.

Art. 5. — Tout travail qui aurait été couronné par une autre Société avant son dépôt à la Société d'anthropologie est exclu du concours.

Art. 6. — Le jury d'examen se composera de cinq membres élus au scrutin de liste par les membres du Comité central, choisis dans son sein et à la majorité absolue des membres qui le composent.

Art. 7. — Ce jury fait son rapport et soumet son jugement à la ratification du Comité central.

Art. 8. — Le jury d'examen sera élu quatre mois au moins avant le jour où le prix doit être décerné.

Art. 9. — Tous les mémoires imprimés ou manuscrits adressés à la Société après le jour où le jury d'examen aura été nommé ne pourront prendre part au concours du prix Broca que pour la période biennale suivante.

Art. 10. — Dans le cas où une année le prix Broca ne serait pas décerné, il serait ajouté au prix qui serait donné deux années plus tard.

———

PRIX BERTILLON

« Le prix Bertillon sera décerné au meilleur travail envoyé sur une matière concernant l'anthropologie et, notamment, la démographie. »

CONDITIONS

1° Le prix Bertillon sera décerné, tous les trois ans, le jour d'une séance solennelle de la Société ;

2° Ce prix sera d'une valeur de 500 francs ;

3° Les membres qui composeront le Comité central de la Société seront seuls exclus du concours ;

4° Tous les mémoires, manuscrits ou imprimés, adressés à Société pourront prendre part au concours ; toutefois, les auteurs des travaux imprimés ne pourront prendre part au concours qu'autant qu'ils en auront formellement exprimé l'intention ;

5° Tout travail qui aurait été couronné par une autre Société avant son dépôt à la Société d'anthropologie est exclu du concours ;

6° Le jury d'examen se composera de cinq membres élus au scrutin de liste par les membres du Comité central, choisis dans son sein et à la majorité des membres présents ;

7° Ce jury fera son rapport et soumettra son jugement à la ratification du Comité central ;

8° Le jury d'examen sera élu quatre mois au moins avant le jour où le prix devra être décerné ;

9° Tous les mémoires imprimés ou manuscrits envoyés à la Société après le jour où le jury d'examen aura été nommé, ne pourront prendre part au concours du prix Bertillon que pour la période triennale suivante ;

10° Dans le cas où une année le prix Bertillon ne serait pas décerné, il serait ajouté au prix que l'on décernera trois ans plus tard ;

11° Ce prix sera décerné à la personne, sans distinction de sexe, de nationalité ni de profession, qui aura présenté le meilleur mémoire sur une question anthropologique ;

12° Ce prix sera décerné pour la première fois dans une séance solennelle que tiendra la Société en 1889.

SOCIÉTÉS D'ANTHROPOLOGIE FRANÇAISES ET ÉTRANGÈRES

Aussitôt que fut connue dans le monde scientifique la fondation d'une Société d'anthropologie, il se produisit un grand mouvement vers les études de l'histoire naturelle de l'homme. Cette branche de la zoologie, qui jusqu'alors n'existait pas, devint prépondérante. Sur le modèle de celle que Broca et ses collaborateurs venaient de créer à Paris, des Sociétés, copiant ou imitant ses statuts, ne tardèrent pas à se fonder : à Goettingen (1861-1865), à Londres (1863-1872), à Cracovie (1864-1877), à Madrid (1865), à Manchester (1866), à Berlin (1869), à Munich (1870), à Florence (1871), à Vienne (1871), à Washington (1871-1886), à Moscou (1872-1879), à Stockolm (1873-1882), à la Havane (1879), à Lyon (1881), à Bruxelles (1882), à Bordeaux (1884), à Bombay (1888), à Saint-Pétersbourg (1889).

L'Association française pour l'avancement des sciences et l'Association britannique possèdent une section d'anthropologie.

SOCIÉTÉS SAVANTES ET PUBLICATIONS PÉRIODIQUES

AVEC LESQUELLES LA SOCIÉTÉ ÉCHANGE SES BULLETINS

FRANCE

Archives de médecine navale.
Bulletin de la Société d'acclimatation.
Bulletin du Muséum d'histoire naturelle de Lyon.
Commission des monuments mégalithiques.
Laboratoire d'anthropologie du Muséum d'histoire naturelle de Paris.
Laboratoire d'anthropologie de l'École des hautes études.
Matériaux pour servir à l'histoire de l'homme primitif.
Mélusine.
Mémoires de médecine et de chirurgie militaires.
Musée Guimet.
Progrès médical.
Revue des sciences naturelles de Montpellier.
Revue scientifique.
Revue des traditions populaires.
Société académique de l'Aube, à Troyes.
Société d'acclimatation.
Société d'anatomie.
Société d'anthropologie de Lyon.
Société d'anthropologie du Sud-Ouest et de Bordeaux.
Société des antiquaires du Centre, à Bourges.
Société des antiquaires de l'Ouest, à Poitiers.
Société archéologique de Senlis.
Société archéologique de Constantine.
Société archéologique du Vendômois, à Vendôme.
Société des architectes de Paris.
Société Belfortienne d'émulation, à Belfort.

Société de biologie.

Société de climatologie algérienne, à Alger.

Société dunoise de Châteaudun.

Société d'ethnographie.

Société d'émulation de l'Allier, à Moulins.

Société d'émulation de Montbéliard.

Société d'émulation des Vosges, à Épinal.

Société d'études scientifiques d'Angers.

Société géologique de France.

Société de géographie de Paris.

Société de géographie de Tours.

Société d'histoire naturelle de Toulouse.

Société d'histoire de Paris (Archives).

Société de médecine et de chirurgie de Bordeaux.

Société médicale des hôpitaux.

Société polymathique du Morbihan, à Vannes.

Société savoisienne d'histoire et d'archéologie de Chambéry.

Société des sciences de la Creuse.

Société des sciences naturelles de l'Yonne, à Auxerre.

Société des sciences physiques et naturelles de Bordeaux.

Société de statistique de Paris.

Société zoologique de France.

Liste des Sociétés savantes qui reçoivent directement les publications de la Société du Ministère de l'Instruction publique (Convention du 3 mai 1881).

Académie, Nîmes.

Académie delphinale, Grenoble.

Académie d'Hippone, Bône.

Académie nationale, Reims.

Académie des sciences, arts et belles-lettres, Bordeaux.

Académie des sciences, arts et belles-lettres, Mâcon.

Académie des sciences, belles-lettres et arts, Lyon.

Académie des sciences, belles-lettres et arts, Rouen.

Académie des sciences, lettres et arts, Arras.

Académie des sciences, lettres et arts, Marseille.

Académie de Stanislas, Nancy.

Comité historique et archéologique, Noyon.

Commission des antiquités de la Côte-d'Or, Dijon

Société académique, Boulogne-sur-Mer.

Société académique, Laon.

Société académique de Maine-et-Loire, Angers.

Société académique de la Loire-Inférieure, Nantes.

Société académique d'archéologie, sciences et arts, Beauvais.

Société académique des sciences, arts et belles-lettres, Saint-Quentin.

Société d'agriculture, sciences et arts de la Sarthe, le Mans.

Société des antiquaires de la Morinie, Saint-Omer.

Société des antiquaires de Normandie, Caen.

Société archéologique de la Gironde, Bordeaux.

Société archéologique, Montpellier.

Société archéologique, historique et scientifique, Soissons.

Société dunkerquoise, Dunkerque.

Société Éduenne, Autun.

Société d'émulation, Abbeville.

Société d'émulation du Doubs, Besançon.

Société havraise d'études diverses, le Havre.

Société de médecine, Nancy.

Société de médecine, Rouen.

Société de médecine, Toulouse.

Société de médecine et de chirurgie pratiques, Montpellier.

Société nationale d'émulation, Montpellier.

Société des sciences, lettres et arts de la Réunion, Saint-Denis.

Société des sciences médicales, Gannat.

Société des sciences naturelles, Cherbourg.

Société des sciences physiques et naturelles, Toulouse.

Société de statistique, sciences, belles-lettres et arts, Niort.

ÉTRANGER

ALLEMAGNE

Akademie der Wissenschaften, Munich.
Archiv für Anthropologie, Munich.
Ausland, Munich.
Beitræge zur Anthropologie und Urgeschichte Bayerns, Munich.
Gesellschaft für Anthropologie, Berlin.
Gesellschaft für Œkonomie, Kœnigsberg.
Verein für Erdkunde, Dresde.
Société de géographie de Leipzig (Verein für Erdkunde), Leipzig.

ALSACE-LORRAINE

Société d'histoire naturelle, Colmar.

ANGLETERRE

Anthropological Institute of Great Britain and Ireland, Londres.
Le journal Nature, Londres.
Journal of Anatomy, Édimbourg.
Société royale de géographie de Londres.
Société royale d'Édimbourg (Écosse).

AUTRICHE

Anthropologiche Gesellschaft, Vienne.

AUSTRALIE

Royal Society of New South Wales, Sydney.

BELGIQUE

Académie royale des sciences, lettres et arts de Belgique.

Société d'anthropologie de Bruxelles.
Société de géographie de Bruxelles.

BRÉSIL

Muséum d'histoire naturelle de Rio-de-Janeiro.

CANADA

Journal Canadian Naturalist.
Proceedings of the Canadian Institute, Toronto.

DANEMARK

Société royale des antiquaires du Nord, à Copenhague.

ÉGYPTE

Institut égyptien, Alexandrie.

ÉTATS-UNIS

Academy of Sciences, Saint-Louis.
The American Naturalist, New-York.
American Philosophical Society, Philadelphie.
Boston Society of natural history.
Bureau d'ethnologie. M. Powell, à Washington.
Department of the interior, United States geological Survey.
Essex Institute of Salem.
Journal American Antiquarian, Chicago.
Journal Science, New-York.
Museum Comparative Zoology, Cambridge.
The Numismatic and Antiquarian Society of Philadelphie.
Peabody Museum, Harward's University, Cambridge.
Smithsonian Institution, Washington.
Société d'anthropologie, Washington.
Academy of natural Science of Philadelphia.

GRÈCE

Société historique et ethnographique de Grèce, Athènes.

HOLLANDE

Institut royal de la Haye pour la géographie, l'ethnographie et
  la philologie dès Indes orientales néerlandaises.
Société de géographie d'Amsterdam.
Tijdschrift voor indische tadl-land en Volkenkunde, la Haye.

INDES ANGLAISES

Asiatic Society of Bengal, Calcutta.

ITALIE

Le Cosmos, Turin.
Societá d'antropologia e d'etnologia, Florence.
Société de géographie de Rome.
Bulletin Palæthnolog. Italiana, à Rome.
Académie de Naples.

JAPON

Journal of the Asiatic Society of Japon, Tokio.

MEXIQUE

Museo Nacional, Mexico.

RÉPUBLIQUE ARGÈNTINE

Academia Nacional de Ciencias, Córdoba.

RUSSIE

Société impériale des naturalistes, Moscou.

Société des amis des sciences naturelles de Moscou.
Société impériale de géographie de Saint-Pétersbourg.
Université impériale de Saint-Wladimir, à Kiew.

SUÈDE

Société d'anthropologie de Stockholm.
Tidskrift för anthropologi och kulturkistoria a Stockholm.

SUISSE

Naturforschende Gesellschaft, Bâle.
Société de géographie, Genève.
Société des sciences naturelles de Bâle.
Société vaudoise des sciences naturelles, Lausanne.

CHAPITRE II

LABORATOIRE D'ANTHROPOLOGIE

Il ne suffisait pas, pour l'avenir des études anthropologiques, pour leur extension, qu'il existât une Société devant laquelle on pût venir exposer les faits recueillis par l'observation et les discuter librement ; il manquait une institution qui permît d'être initié rapidement à toutes les connaissances générales, à toutes les méthodes avant de se mettre ensuite à travailler par soi-même.

La nécessité d'un laboratoire devenait donc chaque jour plus évidente. Broca, dont le premier laboratoire fut installé dans son propre appartement, ayant en 1867 obtenu du doyen de la Faculté deux petites pièces situées au premier étage de l'ancienne église des Cordeliers, n'hésita pas à faire tous les frais de ce premier établissement. L'année suivante (1868), il fut assez heureux pour voir sa nouvelle fondation comprise au nombre des laboratoires de l'École des hautes études. L'État paya dès ce moment le personnel et accorda régulièrement des subventions, ce qui n'empêcha pas cependant que beaucoup de dépenses demeurèrent encore à la charge de Broca ; il en fut ainsi jusqu'à l'époque de la fondation de l'École d'anthropologie (1876). On préleva alors sur le budget de cette dernière l'argent destiné à faire face aux besoins du Laboratoire.

Broca dirigea le Laboratoire jusqu'à sa mort (9 juillet 1880). — A la fin de l'année 1880, M. Mathias Duval fut nommé en même temps directeur du Laboratoire et professeur à l'École d'anthropologie. Les préparateurs du Laboratoire ont été depuis 1867 MM. Hamy, Chudzinski, Topinard, Khuff et Manouvrier.

Le Laboratoire est parfaitement organisé pour tout ce qui a trait aux études de craniométrie, d'anthropométrie, d'anatomie comparée des races humaines et des primates. On y trouve en effet toute la collection des instruments d'anthropologie inventés par Broca, et tous les modèles français et étrangers. Des salles de dissection, de moulages, de dessins, de photographies, d'anthropogénie, d'histologie et une bibliothèque sont à la disposition des travailleurs.

Directeur : M. Mathias Duval.

Sous-directeur : M. Topinard.

Préparateurs : MM. Chudzinski et Manouvrier.

Préparateur particulier (bénévole) du directeur : M. Mahoudeau.

On ne saurait donner une meilleure idée de l'activité qui y règne qu'en indiquant la liste des travaux qui y ont été faits depuis la dernière Exposition (1878) jusqu'en 1888.

*Laboratoire d'anthropologie (École des hautes études),
de 1878 à 1881.*

M. P. Broca, directeur.

Localisations cérébrales. Recherches sur les centres olfactifs (*Rev. d'anthropol.*, 1879).
Sur les moyennes et les variations extrêmes des caractères craniométriques (*Bull. Soc. d'anthropol.*, 1879).
Crâne et cerveau dans la déformation toulousaine (*Ibid.*, 1879).
Sur la détermination de l'âge moyen (*Ibid.*, 1879).
Méthode trigonométrique appliquée à la crâniométrie, le goniomètre d'inclinaison et l'orthogone (*Ibid.*, 1880).
Du goniomètre flexible (*Ibid.*, 1880).
Microcéphalie et anomalie régressive (*Ibid.*, 1880).
Localisation cérébrale sur un cul-de-jatte (*Ibid.*, 1880).

M. Topinard, sous-directeur.

De la race en anthropologie (*Rev. d'anthropol.*, 1879).

De l'unification des mesures en craniométrie (*Actes du Congrès de Moscou*, 1879).

Des déformations ethniques du crâne (*Rev. d'anthropol.*, 1879).

Le musée de Hunter et la méthode craniométrique du professeur Flower (*Ibid.*, 1880).

Études anthropométriques sur les canons (*Ibid.*, 1880).

Sur différents instruments d'anthropométrie (*Bull. Soc. d'anthropol.*, 1880).

Les méthodes et procédés en anthropométrie (*Journ. anthropol. Institute London*, 1880).

M. CHUDZINSKI, premier préparateur.

Suite de ses moulages du cerveau et de ses recherches sur les anomalies musculaires.

Sur le cerveau de l'assassin Ménesclou (*Bull. Soc. d'anthropol.*, 1880).

Sur la splanchnologie de l'Orang bicolor de Sumatra (*Ibid.*, 1880).

Sur la microcéphalie (*Ibid.*, 1880).

M. KUFF, second préparateur.

Dessins anatomiques : anatomie du nègre.

Anatomie des singes.

De la platycnémie suivant les races (*Rev. d'anthropol.*).

M. MANOUVRIER.

Mesures de quinze cents crânes extraits des catacombes de Paris (Travail commencé en collaboration avec Broca et consigné dans les registres publics du Laboratoire d'anthropologie), 1880.

Sur l'indice cubique du crâne (Assoc. franç., Reims, 1880).

Sur les caractères du crâne et du cerveau au point de vue anatomique et physiologique (voy. plus loin, nᵒˢ 8 et 27).

M. le Dʳ FÉRÉ.

Sur le développement du cerveau dans ses rapports avec le crâne (*Rev. d'anthropol.*, 1879).

M. CHARLES FÉRÉ, interne des hôpitaux.

Comparaison du diamètre bitrochantérien et bi-iliaque (*Rev. d'anthropol.*, 1880).

M. le Dr BORDIER.

Études craniométriques sur une série de crânes d'assassins (*Rev. d'anthropol.*, 1879).

Instructions de géographie médicale pour la Malaisie (*Bull. Soc. d'anthropol.*, 1879).

M. le Dr DALLY.

De la croissance (*Dict. encycl. des Sc. médicales*, 1879).

M. le Dr J. REY.

Sur le crâne Botocudo (Thèse inaugurale, 1880, Paris).

M. le Dr L. RENARD.

Des variations ethniques du maxillaire inférieur (Thèse inaugurale, Paris, 1880).

M. le Dr CALMETTE.

De la suture médio-frontale (Thèse inaugurale, Paris, 1880).

M. le Dr UJFALVY.

Résultats anthropométriques d'un voyage dans l'Asie centrale (Paris, 1879).

M. le Dr E. PASTEAU.

Des proportions de la clavicule (Thèse inaugurale, Paris, 1880).

M. le Dr H. BOUVIER.

Ostéologie comparée du chimpanzé (Thèse inaugurale, Paris, 1880).

M. GIRARD DE RIALLE.

Races et types humains (vol. in-12, Paris, 1879).

M. GOLSTEIN.

Sur les Samoyèdes (*Rev. d'anthropol.*, 1880).

M. le Dr WEISGERBER.

Sur l'indice thoracique (Thèse inaugurale, Paris, 1879).

M. le Dr LIVON.

Sur les indices de l'omoplate (Thèse inaugurale, Paris, 1879).
(La Faculté a décerné à cette thèse une médaille de bronze.)

M. le Dr BOUVIER.

De la mensuration du squelette des anthropoïdes (Thèse inaugurale,
Paris, 1879).

M. ZABOROWSKI.

Étude de craniométrie sur les Hackkas de Canton (*Bull. Soc. d'anthro-
pol.*, 1879).
L'homme préhistorique (vol. in-12, Paris, 1879).
La linguistique (vol. in-12, Paris, 1879).

M. DENIKER.

De l'anthropologie en Angleterre.

M. le Dr DUCATTE.

Sur la microcéphalie (Thèse inaugurale, Paris, 1880).

M. le Dr MONDIÈRES.

Les nègres assiniens (*Rev. d'anthropol.*, 1880).

———————

*Relevé des travaux accomplis dans le Laboratoire, pendant les
années* 1881, 1882, 1883, 1884, 1885, 1886, 1887, 1888.

Le directeur du Laboratoire, M. MATHIAS DUVAL, a publié
les travaux suivants, cités ici dans leur ordre chronologique :

1. De l'embryologie dans ses rapports avec l'anthropologie (*Rev. d'anthropol.*, 1881, n° de janv.).

2. Des branchies des anamniotes (Biologie, 28 mai 1881).

3. Origine de la corde dorsale (*Ibid.*, 21 mai 1881).

4. Monstres atocéphales (*Ibid.*, 2 mars 1881).

5. Corne d'Ammon chez l'homme et les mammifères (*Arch. de neurologie*, 1881).

6. Hermaphrodites (Soc. d'anthropol., juin 1881).

7. Embryologie du rein (Biologie, 19 févr. 1881).

8. Cils vibratiles de l'ovaire (*Ibid.*, 7 déc. 1881).

9. Sens de l'espace (*Bull. Soc. d'anthropol.*, févr. 1882).

10. Développement de l'appareil génito-urinaire (*Ibid.*, oct. 1882).

11. Du rein précurseur (Biologie, 21 oct. 1882).

12. Innervation du muscle du marteau (*Ibid.*, 4 nov. 1882).

13. Vagin et utérus, et sinus uro-génital (*Ibid.*, 31 déc. 1882).

14. Anus de Rusconi et ligne primitive (Biologie, janv. 1883).

15. Développement de l'appareil génito-urinaire (Mémoire avec planches, *Rev. des Sc. nat.*, 1882).

16. *Manuel de l'anatomiste* (1 vol., 1882).

17. Embryologie du muscle du marteau (Biologie, 4 nov. 1882).

18. Embryologie du sinus uro-génital (*Ibid.*, 23 nov. 1882).

19. Rein précurseur des batraciens (*Ibid.*, oct. 1882).

20. Développement de l'appareil génito-urinaire (*Progrès médical*, 1882).

21. Bulbe de fœtus céphalotribié (Biologie, 25 mai 1888).

22. Monstre otocéphale (*Ibid.*, 7 avril 1883).

23. Aphasie de la face (*Bull. Soc. d'anthropol.*, 1883).

24. Le cerveau d'Asseline (*Ibid.*, 1883).

25. Le cerveau d'Assézat (*Ibid.*, p. 328).

26. Le cerveau de Coudereau (*Ibid.*, p. 377).

27. Segmentation et globules polaires (Biologie, 24 févr. 1883).

28. Cancroïde de la peau (*Arch. génér. de médecine*, 1883).

29. Le nerf musculo-cutané (*Bull. Acad. de médecine*, 1883).

30. Absence des nerfs olfactifs (Biologie, 24 nov. 1883).

31. Arrêt de développement de la face (*Ibid.*, 15 déc. 1883).

32. Mécanisme de la physionomie (*Ibid.*, oct. 1883).

33. Les lignes du visage (*Bull. Soc. d'anthropol.*, 20 déc. 1883).

34. Planisphérie cérébrale (*Ibid.*).

35. Développement de l'œil (*Rev. scientif.*, 12 mai 1883).

36. Le transformisme (*Rev. d'anthropol.*, avril 1883).

37. Les précurseurs de Darwin (*Ibid.*, juillet 1883).

38. Les variations et l'hérédité (*Ibid.*, oct. 1883).

39. Les sélections (*Ibid.*, janv. 1884).

40. *Physiologie du système nerveux* (Paris, O. Doin, 1883).

41 Les synalgies (Biologie, 11 janv. 1884).

42. De l'hybridité (*Rev. scientif.*, 26 janv. et 2 févr. 1884).

43. La persistance des types inférieurs (*Journ. de Microgr.*, 1884).

44. Le placenta (Biologie, févr. 1884).

45. Organe placentoïde chez le poulet (Acad. des sciences, 18 févr. 1884).

46. L'embryologie et l'anthropologie (Journal *l'Homme*, mars 1884).

47. L'aire vitelline du blastoderme (Biologie, 17 mai 1884).

48. Darwin et ses travaux (Journal *Darwin*, Naples, 1884).

49. Les vésicules séminales du Mara (Biologie, 3 mars 1884).

50. Anomalies musculaires (*Bull. Soc. d'anthropol.*, 20 mars 1884).

51. Les couleurs protectrices et le mimetisme (*Progrès français*, 9 et 16 mars 1883).

52. La sélection naturelle (*Rev. d'anthropol.*, oct. 1884).

53. Les vaisseaux de l'allantoïde (Biologie, 18 oct. 1884).

54. Le corps vitré (Biologie, 6 déc. 1884).

55. Évolution comparée des espèces et des mots (*L'Homme*, oct. 1884).

56. Segmentation sans fécondation (Biologie, 25 oct. 1884).

57. Les annexes des embryons d'oiseau (Mémoire avec 4 planches, *Journ. de l'Anatomie*, mai 1884).

58. *Fonctionnement du cœur de l'embryon*, 1885.

59. *Le trijumeau et sa racine bulbaire*, 1885.

60. La formation du blastoderme (avec 5 planches) (*Annales des Sciences naturelles*, t. XVIII).

61. Les nerfs olfactifs (*Bull. Soc. d'anthropol.*, 18 déc. 1884).

62. Segmentation et noyaux libres du jaune (*Ibid.*, 27 déc. 1884).

63. Segmentation sans fécondation dans l'espèce humaine (*L'Homme*, 1885).

64. Les objections et preuves au transformisme (*Rev. d'anthropol.*, avril 1885).

65. Les œuf pourris, aliments en Chine (*Bull. Soc. d'anthropol.*, avril 1885).

66. L'orientation du blastoderme (Biologie, 10 oct. 1885).

67. Embryologie des ganglions spinaux (*Ibid.*, 17 oct. 1885).

68. L'hermaphrodisme de l'œuf (*Rev. des Trav. sc. fr.*, 1885).

69. *Le Darwinisme* (1 vol. de 576 pages, 1885).

70. Le cerveau de Gambetta (*Bull. Soc. d'anthropol.*, 18 mars 1886).

71. Sur un chien à courte queue (*Ibid.*, mai 1886).

72. Le poids vrai du cerveau de Gambetta (*Ibid.*, juin 1886).

73. Histoire de l'anatomie générale (*Rev. scientif.*, 16 janv. 1886).

74. *Anomalies de la ligne primitive*, 1886.

75. Les doigts surnuméraires (*Bull. Soc. d'anthropol.*, VIII, p. 48).

76. Développement du placenta du cobaye (Biologie, 12 mars 1887).

78. Sur les fentes branchiales (Soc. de chirurgie, 22 juin 1887).

79. Les vaisseaux du placenta (Biologie, 7 mai 1887).
80. Développement du placenta du lapin (*Ibid.*, 2 juillet 1887).
81. Dynamogénie sur les centres nerveux (*Ibid.*, 1887).
82. L'aphasie depuis Broca (*Rev. scientif.*, 17 déc. 1887).
83. *Atlas d'embryologie* (40 planches, avec 700 figures, 1888).
84. Le collodion en technique d'embryologie (*Journ. de Micrographie*, 10 mai 1888).
85. Les placentas discoïdes en général (Biologie, 6 oct. 1888).
86. Le placenta de Murin (*Ibid.*, 3 nov. 1888).
87. L'utérus des rongeurs (*Ann. de l'Inst. Pasteur*, 1888).
88. Les organes rudimentaires (*Journal de Micrographie*, juin 1888).
89. Le troisième œil des vertébrés de la glande pinéale (*Ibid.*, de juillet à décembre 1888).
90. Des yeux pinéaux multiples chez l'orvet (Biologie, 9 février 1889).

Le sous-directeur, M. P. Topinard, a publié les travaux suivants :

1. Caractères du bord inférieur des narines (*Bull. Soc. d'anthropol.*, 1881).
2. Craniométrie en Algérie (Congrès d'Alger, 1881).
3. Types indigènes d'Algérie (*Bull. Soc. d'anthropol.*, 1881).
4. Goniomètre facial (*Ibid.*, 1881).
5. Poids de l'encéphale (*Rev. d'anthropol.*, 1881).
6. Capacité cranienne (*Ibid.*, 1882).
7. Mesures craniométriques (*Ibid.*).
8. Indice céphalique (*Ibid.*).
9. Équerre céphalométrique (*Rev. d'anthropol.*, 1882).
10. Buffon anthropologiste (*Ibid.*, janvier 1883).
11. L'homme préhistorique américain (*Ibid.*).
12. Le poids de l'encéphale (*Mém. Soc. d'anthropol.*, 1883).
13. Taille des Savoyards (*Rev. d'anthropol.*, 1883).
14. La taille des silex à Percherioun (*Ibid.*, 1883).
15. *Linné anthropologiste* (avril 1884).
16. *Mesures anthropométriques internationales* (août 1884).
17. *Éléments d'anthropologie générale* (1 vol. de 1157 pages, 1885).
18. Restitution de la taille par les os longs (*Rev. d'anthropol.*, 1885).
19. Le crâne de bronze de Rancke (*Ibid.*, 1885).
20. La méthode de cubage de Broca (*Bull. Soc. d'anthropol.* 1885).
21. Nomenclature quinaire de l'indice céphalique (*Ibid.*).
22. Trois Australiens vivants (*Ibid.*, 1885).
23. Crânes de Baye (*Rev. d'anthropol.*, 1886).

24. Crânes de Beaume-Chaudes (*Revue d'anthropol.*, 1886).
25. Mâchoire de la Naulette (*Ibid.*).
26. Couleur des yeux et des cheveux en France (*Ibid.*).
27. Nomenclature quinaire de l'indice céphalique (*Ibid.*).
28. L'homme quaternaire en Amérique (*Ibid.*, 1887).
29. Série de crânes Kirghis (*Ibid.*).
30. Crânes de la Lozère (*Ibid.*).
31. L'anthropologie criminelle (*Ibid.*).
32. Grotte néolithique de Feigneux (*Bull. Soc. d'anthropol.*, 1887).
33. La dernière étape de la généalogie de l'homme (*Ibid.*, 1888).
34. Sur le type crânien des Wurtembergeois (*Ibid.*).

M. CHUDZINSKI, premier préparateur, a publié les travaux suivants :

1. *Anatomie des circonvolutions cérébrales.*
2. Encéphales d'Esquimaux (*Bull. Soc. d'anthropol.*, 1881.)
3. Variations musculaires (*Rev. d'anthropol.*, 1882).
4. Disposition atavique des fléchisseurs de la main (*Bull. Soc. d'anthropol.*, 1882).
5. Anomalies de l'abducteur du pouce (*Ibid.*, 1881).
6. Les poumons de l'orang (*Ibid.*, 1882).
7. Étude de la tête du Néo-Calédonien Ataï (*Ibid.*, 1882).
8. La tridactylie de la main (*Ibid.*, 1883).
9. Variations musculaires ; deuxième partie (*Revue d'anthropol.*, 1883).
10. *Fléchisseurs accessoires des orteils* (1883).
11. Cerveau d'Asseline (*Bull. Soc. d'anthropol.*, 1883).
12. Cerveau d'Assézat (*Ibid.*).
13. Cerveau de Coudereau (*Ibid.*).
14. Anomalie du grand pectoral (*Ibid.*, 1884).
15. Foie d'un jeune gorille (*Ibid.*).
16. Placenta de mandrille (*Ibid.*, 18 déc. 1884).
17. Anomalie du deltoïde (*Ibid.*, janv. 1885).
18. Anomalie de l'humérus (*Ibid.*, 5 mars 1885).
19. Extenseur accessoire de l'index (*Ibid.*, 16 avril 1886).
20. Éruption tardive de diverses dents (*Ibid.*, 4 juin 1885).
21. Les muscles peauciers d'un gorille (*Ibid.*, 16 juillet 1885).
22. Polydactylie (*Bull. Soc. d'anthropol.*, 1886).
23. Os propres du nez et leurs anomalies (Congrès de Nancy, 1886).
24. Crânes des Antakares (*Bull. Soc. d'anthropol.*, 1886).
25. Crâne mérovingien de Chelles (*Ibid.*, 6 janv. 1887).
26. Sur une jeune Cynghalaise (*Ibid.*, 17 mars 1887).

27. Cerveau de Bertillon (*Bull. Soc. d'anthropol.*, 21 juillet 1887).
28. Os surnuméraire du tarse (*Ibid.*, 17 octobre 1887).
29. Splanchnologie des races humaines (*Rev. d'anthropol.*, 1887).
30. *Catalogue des crânes préhistoriques du Musée Broca.*
31. Monstre humain synote (*Bull. Soc. d'anthropol.*, mars 1888).
32. Anomalie des muscles de l'avant-bras (*Ibid.*).
33. Crânes des mulâtres de la Martinique (*Ibid.*).
34. Les crânes des Hindous (*Ibid.*).
35. Sur le sacrum du chimpanzé (*Ibid.*, 19 juillet 1888).

M. le Dr L. MANOUVRIER, préparateur, a publié les travaux suivants :

1. Étude comparative du crâne et du squelette (Congrès d'Alger, 1881).
2. Poids du crâne (*Bull. Soc. d'anthropol.*, 1881).
3. La craniologie (*Rev. scientif.*, 1881).
4. Torsion de l'humérus (*Rev. d'anthropol.*, 1881).
5. Les Fuégiens (*Bull. Soc. d'anthropol.*, 7 nov. 1881).
6. Poids de l'encéphale (Acad. des sciences, 6 janv. 1882).
7. *La taille, le poids du corps et l'encéphale* (2 fév. 1882).
8. L'encéphale et le squelette (Soc. zool., thèse couronnée, 1882).
9. *Force des muscles et poids du cerveau* (août 1882).
10. *Les grandes régions du crâne dans les deux sexes* (1882).
11. Le poids du cerveau et l'intelligence (*Rev. scientif.*, 2 juin 1882).
12. Les Galibis (*Bull. Soc. d'anthropol.*, oct. 1882).
13. Les crânes d'assassins (*Ibid.*, 1er fév. 1883).
14. La plagiocéphalie (*Ibid.*, 7 juin 1883).
15. Poids du cervelet et du bulbe (Congrès de Rouen, 1883).
16. Le crâne selon l'âge et la taille (*Ibid.*).
17. Les Cynghalais et les Araucans (*Bull. Soc. d'anthropol.*, oct. 1883).
18. Relations mutuelles d'animaux domestiques (*Bull. Soc. zoolog.*, 1883).
19. Des erreurs dynamométriques (*Bull. Soc. d'anthropol.*, avril 1884).
20. Étude comparative des sexes (*Progrès français*, 6 janv. 1884).
21. La fonction psycho-motrice (*Rev. philosoph.*, mai 1884).
22. Profil encéphalique et endocrânien (*Bull. Soc. d'anthropol.*, Bordeaux, 1884).
23. L'ethnographie et l'ethnologie (*L'Homme*, 25 mars 1884).
24. Enceinte vitrifiée de Puy de Gaudy (*Bull. Soc. d'anthropol.*, 1884).
25. Trois cas d'idiotie congénitale (Congrès de Blois, 1884).
26. Idiots et imbéciles de l'hospice de Blois (*Ibid.*).
27. Caractères du crâne et du cerveau. Deuxième mémoire : Interprétation du poids de l'encéphale (*Mém. Soc. d'anthropol.*, 1885).

28. Peaux-Rouges Omahas (*Bull. Soc. d'anthropol.*, avril 1885).
29. Graphique des séries anthropologiques (*L'Homme*, fév. 1885).
30. Trépanations préhistoriques (*Bull. Soc. d'anthropol.*, juin 1885).
31. Dynamométrie physio-psychologique (Soc. de biologie, 1885).
32. Crânes préhistoriques de Grenoble (Congrès de Grenoble, 1885).
33. Squelette des membres d'homme et d'anthropoïdes (*Ibid.*).
34. Dolichocéphalie par synostose précoce (Soc. d'anthropol., Lyon, 1885).
35. *Capacité crânienne de soixante assassins*, 1885.
36. Crâne d'un imbécile (*Bull. Soc. d'anthropol.*, déc. 1885).
37. Nouvelle variété d'os wormiens (*Ibid.*, 1886).
38. Cinq crânes sénégambiens (*Ibid.*).
39. Craniologie de trois aliénés (*Ibid.*).
40. Mouvements consécutifs à des images mentales (*Rev. philosop.*, 1886).
41. Crânes des suppliciés (*Arch. d'anthropol. criminelle*, 1886).
42. *Importance de la craniologie*, 1886.
43. Le profil grec (Congrès de Nancy, 1886).
44. Une idiote microcéphale (*Bull. Soc. d'anthropol.*, 1887).
45. Une séance de spiritisme (*L'Homme*, 1887).
46. Les crânes néolithiques de Crécy-en-Brie (*Bull. Soc. d'anthropol.*, 1887).
47. Le cerveau de Bertillon (*Ibid.*, 1887).
48. Le prognathisme et sa mesure (Congrès de Toulouse, 1887).
49. La platycnémie (*Mémoires de la Soc. d'anthropol.*, 1887).
50. Comparaisons cérébrales (*Rev. philosop.*, 1887).
51. *Vitrifications de tumulus et d'enceintes*, 1887.
52. Taille des Parisiens (*Bull. Soc. d'anthropol.*, 1888).
53. Études sur un nain rachitique (Congrès d'Oran, 1888).
54. Circonvolutions temporales chez un sourd (*Bull. Soc. d'anthropol.*, 1888).
55. Aplatissement sous-trochantérien (*Ibid.*).
56. Circonvolutions frontales et masse du corps (*Ibid.*).

Les publications (mémoires, volumes, notes et communications aux Sociétés savantes) du personnel officiel du Laboratoire se répartissent donc de la manière suivante :

Le directeur, M. Mathias Duval.......	90	mémoires ou notes.
Le sous-directeur, M. P. Topinard....	32	—
Le 1er préparateur, M. Chudzinski....	37	—
Le préparateur, M. le Dr Manouvrier..	56	—
Soit un total de...............	217	—

De plus, M. Chudzinski a enrichi le Musée d'un grand nombre de moulages, dont les plus importants sont les suivants :

1. Moulage et dissection d'un gorille (1881).
2. Cerveau d'Asseline (1883).
3. Cerveau d'Assézat (1883).
4. Cerveau de Coudereau (1884).
5. Moule intra-crânien d'un fœtus de gorille (1884).
6. Encéphale de jeune gorille (1884) (2 pièces), 1884.
7. — nyctipithèque (2 pièces), 1884.
8. — de para (2 pièces), 1884.
9. — de pye-pye (2 pièces), 1884.
10. — de tatou (2 pièces), 1884.
11. — de fenec (2 pièces), 1884.
12. — d'un hamadryas (2 pièces), 1884.
13. — de maki à front noir (4 pièces), 1884.
14 et 15. Encéphale d'un agouti (2 pièces), 1884.
16 et 17. — d'un pteropus (2 pièces), 1884.
18, 19 et 20. Encéphale d'un microcéphale (3 pièces), 1884.
20 et 21. Deux hémisphères du crétin de Batignolles.
22. Hémisphère d'un sujet ayant dormi seize mois.
23. Encéphale de Gall.
24. Viscères d'orang adulte (15 pièces).
25. Foie d'un macaque.
26. Cœur et vaisseaux aortiques (1885).
27. Le décapité Gamahut (1885).
28 à 42. Tridactylie de la main (14 pièces), 1885.
43 à 50. Anomalies musculaires (7 pièces).
51. Oreille non ourlée (1885).
52 à 65. Anomalies digitales (14 pièces), 1685.
66 à 91. Reconstitution de 25 crânes de Quiberon (1885).
92 à 103. Reconstitution de 11 crânes de la collection Peketti (1885).
104. Buste d'un Khmer (1886).
105. Muscles de la face d'un Khmer (1886).
106 à 111. Moulage d'une jeune Cynghalaise (6 pièces), 1886.
112. Buste du décapité Frey (1886).
113. — du décapité Rivière (1886).
114 à 119. Moulages d'un jeune Boschiman (5 pièces), 1886.
120. Encéphale de microcéphale (1886).
121. — d'idiot (1886).
122. Moulage d'un monstre cyclope (1886).

123 à 125. Reconstitution des crânes de Sidon, du Gabon, etc. (1886).

126. Reconstitution de crânes de l'époque mérovingienne.

127. Moulages du supplicié Pranzini.

128 à 135. Cerveaux d'aliénés (7 pièces), 1888.

136 à 139. Cerveau de Campi (4 pièces).

140 à 143. Cerveau de Sauzel (3 pièces).

144 à 145. Cerveau d'un sourd-muet.

146 à 149. Cerveau d'une négresse.

150. Phocomélie chez l'homme.

151 à 157. Moulages d'un fœtus de magot (7 pièces).

En outre le Laboratoire a accueilli un grand nombre de travailleurs qui y ont poursuivi des recherches sur divers sujets d'anthropologie :

En 1881 ces travailleurs ont été au nombre de....		49
1882	— —	37
1883	— —	43
1884	— —	26
1885	— —	42
1886	— —	31
1887	— —	32
1888	— —	33
C'est-à-dire un total de...............		293

Dans ce nombre ne sont pas compris les savants étrangers qui ont visité le Musée et les collections d'instruments, mais seulement les personnes qui ont longuement séjourné au Laboratoire pour s'y familiariser avec les divers ordres d'études anthropologiques.

Ces élèves du Laboratoire ont publié, à la suite de leurs recherches, les travaux suivants :

M. le Dr G. HERVÉ, qui a pendant plusieurs années été le préparateur bénévole, particulier, du directeur, pour les études d'embryologie et de tératologie, et qui est aujourd'hui professeur à l'École d'anthropologie :

1. Revue critique sur le poids du cerveau (*Rev. d'anthropol.*, 1881).

2. Appendice cæcal des pithéciens (*Bull. Soc. d'anthropol.*, 1881).

3. Anomalie du biceps (*Bull. Soc. d'anthropol.*, 1881).

4. Munk et les localisations cérébrales (*Rev. philosoph.*, oct. 1882).
5. Les Veddahs de Ceylan (*Rev. d'anthropol.*, 1882).
6. Anomalies de la première côte (*Bull. Soc. d'anthropol.*, 1883).
7. Le cerveau de Cuvier (*Ibid.*).
8. Monstres otocéphaliens (Soc. de biologie, janv. et avril 1883).
9. Le centre cérébral du langage (*Rev. d'anthropol.*, 1883).
10. La fente occipitale du singe (*Ibid.*).
11. Squelette primitif de la face (Soc. de biologie, 15 févr. 1884).
12. Vésicules séminales du mara (*Ibid.*).
13. L'anthropologie anatomique (*L'Homme*, 25 avril 1884).
14. Place de l'homme en zoologie (*Ibid.*, janv. 1885).
15. Squelette à onze vertèbres (*Bull. Soc. d'anthropol.*, 1886).
16. Cas d'hémimélie (*Ibid.*).
17. *Précis d'anthropologie* (1 vol., 1884).
18. L'homme descend-il d'un animal grimpeur ? (*L'Homme*, 1886).
19. *La circonvolution de Broca*, avec 4 planches (thèse couronnée, 1887).
20. Sur une observation ancienne d'aphasie traumatique (*Bull. Soc. d'anthropol.*, 1888, p. 1).
21. Crâne de gorille (*Ibid.*, p. 181).
22. La circonvolution de Broca chez les primates (*Ibid.*, p. 275).

M. le Dr DENIKER :

1. Anthropométrie sur les Nubiens (*Bull. Soc. d'anthropol.*, 1881).
2. Sur deux anthropoïdes vivants (*Ibid.*, 1882).
3. Les Fuégiens (*Ibid.*).
4. Prétendu métis de gorille et de chimpanzé (*Rev. d'anthropol.*, 1882).
5. Les Kalmouks (*Bull. Soc. d'anthropol.*, 1883).
6. Le voyage de Micklucko-Maclay (*Rev. d'anthropol.*, 1883).
7. Étude sur les Kalmouks (*Rev. d'anthropol.*, 1884, trois articles).
8. Sur un fœtus de gorille (Acad. des sciences, 1884).
9. Le foie du gorille (*Bull. Soc. d'anthropol.*, 1884).
10. Anthropométrie du Caucase (*Bull. Soc. d'anthropol.* de Lyon, 1884).
11. Valeur morphologique du foie de gorille (*Bull. Soc. d'anthropol.*, 1884).
12. Fœtus et placenta de gibbon (*Ibid.*, 1885).
13. Développement du crâne du gorille (*Ibid.*).
14. Crânes bavarois anciens (*Rev. d'anthropol.*, 1885).
15. Le préhistorique allemand (*Ibid.*).
16. *Recherches anatomiques et embryologiques sur les singes anthropoïdes*. Paris, 1886 (thèse de doctorat ès sciences).

17. La population dalmate (*Bull. Soc. d'anthropol.*, 1886).
18. L'écriture des Cynghalais (*Ibid.*).

M. Mahoudeau :

1. Sur des coupes de circonvolutions cérébrales (*Bull. Soc. d'anthropol.*, décembre 1887).
2. Sur les groupements des grandes cellules pyramidales dans les régions motrices du cerveau (*Ibid.*, 17 mai 1888).
3. Remarques à propos des mensurations du cou en Bretagne et en Kabylie (*Ibid.*, juillet 1888).
4. Sur la technique des préparations microscopiques du cerveau, collage des coupes à la paraffine (*Ibid.*, décembre 1888).
5. Nombreux articles du *Dictionnaire des sciences anthropologiques* (Roux, Reproduction, Squelette, Stéatopygie, Tablier des Hottentotes, Tératologie, Transformisme, Utérus, Variétés, Vertèbres, etc.).

M. le Dr Bordier, professeur à l'École d'anthropologie :

Japonais et Malais (*Rev. d'anthropol.*, 1881).

M. le Dr Féré :

Topographie cranio-cérébrale (*Rev. d'anthropol.*, 1881).

M. le Dr Goldstein :

1. Craniométrie de la Sibérie (*Rev. d'anthropol.*, 1881).
2. Le calcul des probabilités et l'anthropométrie (*Ibid.*, 1883).
3. Les courbes schématiques (Congrès de Rouen, 1883).
4. Circonférences de la poitrine (*Ibid.*, 1883).
5. Circonférences du thorax et taille (*Rev. d'anthropol.*, 1884).
6. Plan horizontal du crâne (*Ibid.*).

M. le Dr Blanchard, professeur agrégé à la Faculté de médecine :

1. *Le tablier des Hottentotes et la stéatopygie* (1882).
2. La stéatopygie des Boschimanes (*Bull. Soc. zool.*, 1883).

M. Tenkate, de La Haye :

1. Crânes de criminels (*Rev. d'anthropol.*, 1881).
2. Anthropologie californienne (*Bull. Soc. d'anthropol.*, 1884).
3. Crânes du Nouveau-Mexique (*Rev. d'anthropol.*, 1884, p. 486).

M. Merejskowski :

1. Crânes de Sardaigne (*Bull. Soc. d'anthropol.*, 1882).
2. Nouveau caractère anthropologique (*Ibid.*).
3. Développement du squelette humain (*Ibid.*, 15 févr. 1883).

M. le Dr J. Réal :

1. Homologie du peigne des oiseaux et du corps vitré embryonnaire des mammifères (Soc. de biologie, déc. 1884).
2. *Le développement de l'œil et de ses éléments mésodermiques* (thèse couronnée, 1885).

M. le Dr C. Ribe :

Ordre d'oblitération des sutures du crâne dans les races humaines (thèse, Paris, 1885).

M. le Dr Deblenne :

Sur la pathologie de la race nègre (1883).

M. le Dr Marcano :

Les ossements fossiles de la station précolombienne d'Aragua (*Bull. Soc. d'anthropol.*, 1888).

M. Zaborowski :

1. Craniologie asiatique (*Bull. Soc. d'anthropol.*, 1881).
2. *Les grands singes* (1 vol., 1881).

M. le Dr Mondières :

1. Les races de l'Indo-Chine (*Rev. d'anthropol.*, 1882).
2. Les Andamans (*Ibid.*, 1883).

M. le Dr BAJENOFF (de Moscou) :

Céphalométrie de bustes d'assassins (*Bull. Soc. d'anthropol.*, 1884).

M. Félix REGNAULT :

Recherches sur les altérations du crâne chez les rachitiques (thèse, Paris, 1888).

M. ORCHANSKY :

Série de crânes d'assassins (*Bull. Soc. d'anthropol.*, 7 déc. 1882).

M. le D^r DE TOROK :

1. Craniomètre valaque (*Bull. Soc. d'anthropol.*, 1881).
2. Orbites de l'homme et des anthropoïdes (Congrès d'Alger, 1881).

M. le Dr BARON :

Les maladies des os aux temps préhistoriques (thèse de Paris, 1881).

M. GILLEBERT D'HERCOURT :

Les crânes de Sardaigne (*Bull. Soc. d'anthropol.*, 1883).

M. le Dr DANILLO :

Les sillons artériels de l'endocrâne (*Bull. Soc. d'anthropol.*, févr. 1883).

M. CARRIÈRE :

Anthropométrie dans l'Ardèche (*L'Homme*, 1884).

M. NÉIS :

Crânes de la Cochinchine (*Bull. Soc. d'anthropol.*, 1882).

M. CHAMBELLAN :

Les os wormiens (thèse, Faculté de méd. de Paris).

M. le Dr Cauvin :

Craniométrie des Australiens et des Papous (1881).

Le nombre total des mémoires, thèses, notes aux Sociétés savantes produits au Laboratoire dans les années 1881-1888, s'élève donc à................... 81

En y ajoutant les travaux du personnel officiel...... 217

nous arrivons au total de....................!........... 298

En y ajoutant les travaux de la période 1878-1881, on obtient, depuis la dernière Exposition (1878), le nombre total de 345.

CHAPITRE III

ÉCOLE D'ANTHROPOLOGIE

Dès 1870, Broca, qui se plaisait à enseigner l'anthropologie aux élèves qui fréquentaient son Laboratoire, s'y trouvant trop à l'étroit, obtint, comme directeur du laboratoire d'anthropologie, du doyen de la Faculté de médecine, l'autorisation de faire des cours dans l'amphithéâtre de chimie de cette Faculté. Tel fut le début des cours d'anthropologie. Le premier préparateur était chargé de faire dans le Laboratoire des conférences pratiques.

Mais cet enseignement, limité à un seul cours et à quelques conférences, était loin de répondre à tous les besoins. Aussi le plus grand désir de Broca était-il d'arriver à fonder une École pourvue d'un nombre de chaires suffisant pour que toutes les principales branches de la science de l'homme pussent y être traitées aussi complètement que possible, chaque année, par des hommes spéciaux. « Car il est clair, écrivait-il dans une note relative à une subvention pour la future École d'anthropologie, que l'esprit le plus encyclopédique ne peut posséder, au degré de précision qu'exige l'enseignement, les nombreuses sciences que l'anthropologie met à contribution; » et expliquant comment il entendait que cette École fonctionnât, il ajoutait :

« Dans un projet de réorganisation de la Faculté des sciences de Paris, présenté à l'Assemblée nationale, M. le professeur Bert a proposé d'instituer à la Sorbonne une chaire d'anthropologie. Cette pensée est excellente et il est permis d'espérer qu'elle sera tôt ou tard réalisée. Il est possible encore qu'un jour ou l'autre d'autres chaires de même nature soient établies

au Collège de France et dans certaines Facultés de province.
Mais alors même que les chaires d'anthropologie se multiplie-
raient ainsi, elles ne répondraient jamais aux besoins de l'enseignement. Bonnes pour instruire et intéresser des auditeurs
et par conséquent très utiles, elles ne pourraient former des
élèves. Si le cours est achevé en une ou deux années, il ne
peut-être que très sommaire et très superficiel; s'il dure cinq
ou six ans comme celui du Muséum, il peut être complet et
excellent, mais alors il faudrait qu'un adepte consacrât à
l'étude de l'anthropologie plus d'années qu'il n'en faut pour
étudier le droit et la médecine, et l'anthropologie n'étant pas
une science professionnelle, ne conduisant à aucune carrière,
n'ayant pas de débouchés, ce ne serait que par une exception
bien rare qu'elle trouverait des élèves assez passionnés, assez
persévérants et assez riches pour s'astreindre à une aussi longue
période d'initiation. Ce qu'il faut pour former des anthropologistes, c'est une École, où chacune des principales branches
de l'anthropologie pût avoir sa chaire, afin que la science
tout entière puisse être exposée complètement chaque année,
dans des cours simultanés faits par des hommes spéciaux. »
    Et c'était tellement son idée que, dans une lettre au ministre
de l'Instruction publique, datée du 17 janvier 1878, par conséquent postérieure à la fondation de l'École, il y revient encore :
    « Les fondateurs des cours d'anthropologie se sont proposés
d'instituer une École où toutes les branches de cette vaste
science doivent être enseignées simultanément et complètement chaque année en un seul semestre. »
    Mais, pour arriver à réaliser un aussi vaste programme, il se
présentait d'énormes difficultés capables de faire reculer les
plus entreprenants. Ces difficultés, Broca les affronta : sa
tenace volonté, secondée par l'ardent amour qu'il avait pour la
science qui étudie l'histoire naturelle de l'homme, lui permit
d'en venir totalement à bout. Des autorisations étaient nécessaires, il sut les obtenir; des adhésions, il sut les réunir; de
l'argent il en trouva; entraînant les convictions, il groupa
comme fondateurs autour de lui MM. Bertillon, Cernuschi,

Collineau, Dally, Desroziers, d'Eichthal, Fumouze, Yves Guyot, Abel Hovelacque, Jourdanet, Lannelongue, Marmottan, Ménier, Gabriel de Mortillet, Laurent Pichat, Arthur de Rothschild, Edmond de Rothschild, Gustave de Rothschild, James de Rothschild, Thulié, Topinard, Wilson et la Société d'anthropologie. Il obtint des subventions de la Ville de Paris, « toujours prête à favoriser l'instruction publique; du département de la Seine et de l'État. Un savant généreux, le docteur Jourdanet, pourvut à lui seul au service d'une chaire » (Ph. Salmon, article Sociétés, in *Dict. des sc. anthropologiques*).

En juillet 1876, les cours étaient assurés, et la Ville de Paris avait, pour une large part, contribué aux dépenses d'installation.

Le 30 octobre, l'autorisation ministérielle arrivait, et, le 15 novembre suivant, les cours commencèrent.

« La fondation d'une École d'anthropologie à Paris ferait constater une fois de plus que l'anthropologie est une science toute française, » écrivait Broca dans une note précédemment citée. C'est qu'en effet, là encore, grâce à son initiative et au concours des membres de la Société d'anthropologie, la France qui avait vu se fonder la première Société de ce genre, inaugurait la première encore un enseignement anthropologique composé de plusieurs cours constituant un ensemble parfait. Aussi Broca était-il en droit d'écrire plus tard (12 juillet 1878), dans une lettre au ministre de l'Instruction publique : « Nous n'avons rien négligé pour donner à cet enseignement tous les développements qu'il comporte, et pour créer dans notre pays une institution qui a été la première et qui est jusqu'ici la seule de ce genre. » Pour être vieille de onze ans, cette constatation est encore vraie; à l'étranger l'anthropologie possède des chaires isolées en assez grand nombre; nulle part encore ne s'est élevée une école spéciale et complète. Il est évident que cet état ne saurait plus maintenant durer longtemps; mais l'École de Paris aura toujours pour elle d'avoir été de beaucoup la première en date et d'y avoir donné un enseignement aussi complet que le permettait son modeste budget.

Dès le début le succès dépassa énormément les espérances les plus optimistes. Ce succès, qui a toujours été en augmentant, de façon à rendre souvent la salle des cours beaucoup trop petite, vint récompenser les fondateurs de cette œuvre utile et montrer combien l'enseignement de l'histoire naturelle de l'homme répondait à un besoin impérieux de notre époque.

De flatteuses constatations ne manquèrent point à la nouvelle École, et, dans un rapport présenté à l'assemblée des professeurs de la Faculté de médecine dans la séance du 12 juin 1879, nous lisons :

« Rien d'ailleurs n'est mieux justifié que ce bon vouloir et que cette hospitalité que nous offrons à l'anthropologie, car, si notre patronage lui donne de la force et du prestige, elle nous apporte un précieux concours en complétant notre enseignement.

« Il ne faut pas l'oublier en effet, c'est l'anthropologie qui s'occupe aujourd'hui de l'histoire des races humaines qui naguère était étudiée dans nos traités de physiologie, c'est elle qui nous renseigne d'une manière si complète et si efficace sur la géographie médicale et sur la pathologie ethnographique, matières directement afférentes à notre instruction et qu'il est regrettable de ne pas voir enseignées dans nos Facultés et surtout dans les Écoles de médecine navale.

« C'est encore elle qui nous apprend à reconnaître, d'après l'examen du squelette et en particulier du crâne, l'âge, le sexe, la race d'un individu, et nous donne ainsi des éléments d'une grande valeur pour la détermination de l'identité. »

C'est encore d'un autre rapport, celui-là présenté au Sénat par M. Dauphin, sénateur, que nous extrayons le passage suivant :

« L'Ecole d'anthropologie a été fondée il y a quelques années par le dévouement désintéressé de M. le docteur Broca et des membres de la Société d'anthropologie.

« Unie à cette Société et à un Laboratoire des hautes études dû à la même initiative, elle constitue à cette heure, avec eux, une sorte d'Institut anthropologique, annexe précieuse de l'École de médecine, dont les cours, les études pratiques, le musée, la bibliothèque et les cartes attirent non seulement la jeunesse studieuse, mais des savants étrangers, quelques-uns délégués officiellement (1). »

Ainsi donc des délibérations de la Faculté de médecine, du Sénat, de la Chambre des députés, des lettres ministérielles et d'autres lettres dues à des savants dont la France s'honore et que faute d'espace nous ne pouvons citer, constatèrent l'utilité de l'œuvre de Broca et lui envoyèrent les plus chaleureuses félicitations. Rien ne pouvait lui être plus agréable, car cette École, dont l'existence réalisait son vœu le plus ardent, était son œuvre de prédilection ; il apportait à sa prospérité un tel dévouement que, se suppléant lui-même, il faisait deux leçons par semaine.

Lorsque les cours s'ouvrirent (15 novembre 1876), Broca, directeur de l'École, se chargea du cours d'anthropologie anatomique, Dally de l'ethnologie, M. Hovelacque de la linguistique, M. G. de Mortillet de l'anthropologie préhistorique, M. Topinard de l'anthropologie biologique.

L'année suivante 1877-78, M. Bertillon fut chargé du cours de démographie.

En 1878-79, M. Bordier commença un cours de géographie médicale, celui fondé par M. le docteur Jourdanet.

Broca étant mort le 9 juillet 1880, M. Mathias Duval fut désigné pour lui succéder à la chaire d'anthropologie anatomique, et M. Gavarret, professeur à la Faculté de médecine, inspecteur général de l'enseignement supérieur, fut nommé directeur de l'École.

A la mort de M. Bertillon (28 février 1883), la chaire de démographie fut supprimée. — En 1884-85, M. Dally étant tombé malade M. Manouvrier fut chargé de le suppléer. La même année MM. Blanchard et G. Hervé furent chargés de faire des cours complémentaires. M. Hervé les continua jus-

(1) Rapport de M. Dauphin, sénateur, déposé le 29 mars 1878, sur les crédits additionnels au budget de l'exercice 1878.

qu'en 1888, époque à laquelle il fut nommé professeur titulaire.

En 1885-86, une chaire d'histoire des civilisations fut créée et M. Letourneau fut désigné pour l'occuper. Le 1er janvier 1888, M. Dally étant mort, MM. Hervé et Manouvrier furent appelés aux chaires d'anthropologie zoologique et d'anthropologie physiologique, et M. A. Lefèvre fut chargé de suppléer M. Hovelacque.

Enfin en 1889, MM. Chudzinski, Mahoudeau et Adrien de Mortillet furent chargés de faire des cours supplémentaires.

PROGRAMME DES COURS DE 1888-1889

Anthropogénie et embryologie comparée. — L'œuf et la fécondation : les lois de l'hérédité. Professeur : M. MATHIAS DUVAL.

Anthropologie zoologique. — Anatomie comparée de l'homme et des vertébrés : les membres. Professeur : M. Georges HERVÉ.

Anthropologie générale. — Parallèle des caractères de supériorité et d'infériorité des races humaines : généalogie de ces caractères dans la série animale. Professeur : M. TOPINARD.

Anthropologie préhistorique. — Origines de la chasse, de la pêche et de l'agriculture, *avec projections*. Professeur : M. Gabriel de MORTILLET.

Anthropologie physiologique. — L'évolution de la psychologie : parallèle des doctrines générales métaphysiques et des doctrines scientifiques. Professeur : M. MANOUVRIER.

Histoire des civilisations. — L'évolution des institutions politiques dans les diverses races humaines : le gouvernement, la guerre, la justice. Professeur : M. LETOURNEAU.

Géographie médicale. — Pathologie comparée des genres, des espèces et des races : maladies parasitaires. Professeur : M. BORDIER.

Ethnographie et linguistique. — Ethnographie mythologique

et linguistique dans ses rapports avec la mythologie. Professeur : M. Hovelacque, suppléant M. André Lefèvre.

COURS SUPPLÉMENTAIRES

M. Chudzinski. — Les circonvolutions cérébrales.

M. Mahoudeau. — Les principales phases de l'évolution du cerveau.

M. Adrien de Mortillet. — Paris et ses environs dans les temps préhistoriques. — *Ce cours a été complété par des excursions dans les environs de Paris, les musées et l'Exposition.*

L'École est administrée par un Conseil composé de professeurs, de représentants des membres fondateurs et de délégués de la Société d'anthropologie. Voici sa composition actuelle :

MM. Gavarret, président; G. de Mortillet, vice-président; Collineau, secrétaire; Fauvelle, trésorier.

Membres : MM. Mathias Duval, Letourneau, A. Hovelacque, Bordier, Hervé, Manouvrier, Topinard, Thulié, Laborde, Salmon.

Le nombre des auditeurs a toujours été en augmentant. « Durant les dix dernières années qui viennent de s'écouler, l'École d'anthropologie a compté plus de cent mille présences dans son amphithéâtre, soit environ treize cents par professeur et par an » (Ph. Salmon, article Sociétés, in *Dict. des sc. anthrop.*). Fidèle continuateur de la pensée de Broca, le Conseil de l'École s'efforce de réaliser l'idéal conçu par le fondateur, en augmentant, autant qu'il le peut, le nombre des chaires, et en tâchant de compléter l'enseignement au moyen de cours supplémentaires.

Mais, constatant combien ce qui existe est encore loin du but si nettement indiqué par Broca, sentant l'effort qu'il faut faire pour n'être pas, à un moment donné, dépassé par l'étranger, le Conseil résolut, en 1888, de demander la reconnaissance d'utilité publique de l'École d'anthropologie. Son but immédiat, en recherchant cette reconnaissance, a été de mettre l'École en mesure de recevoir des dons et des legs.

Cette même bienveillance, due au sentiment profond que tous les hommes instruits ont de l'importance des études anthropologiques et de l'avenir qui leur est réservé, cet appui moral et matériel qui en est la conséquence, et que Broca avait déjà rencontré en 1875, l'École les a retrouvés dans la Faculté de médecine, dans son éminent doyen, dans toutes les administrations du ministère de l'Instruction publique, dans la Chambre des députés et dans le Sénat. C'est M. Yves Guyot, actuellement Ministre des travaux publics, qui se chargea de présenter le projet de loi à la Chambre et c'est M. le sénateur Cornil, professeur à la Faculté de médecine, qui le défendit au Sénat; enfin c'est aux démarches de M. Gavarret, directeur de l'École, de MM. Mathias Duval, Gabriel de Mortillet et Philippe Salmon, administrateurs de l'École, qu'on doit d'avoir rapidement obtenu le résultat désiré.

Le 22 mai 1889 fut promulguée la loi (*Journal officiel* du 23 mai), en vertu de laquelle l'École d'anthropologie était reconnue d'utilité publique.

Les dons ont déjà commencé : un certain nombre d'ouvrages importants, des objets préhistoriques, des crânes et des ossements ont été offerts et formeront une collection destinée aux besoins des cours. On a donné aussi à l'École plusieurs instruments destinés directement à l'étude, parmi lesquels on remarque deux microtomes mécaniques de différentes grandeurs, qui servent aux recherches d'anthropogénie et d'histologie des circonvolutions cérébrales.

L'École possède, en outre, un matériel d'enseignement fort important, comprenant une bibliothèque, un grand nombre de moulages, près d'un millier de planches murales et un appareil à projections muni actuellement de 501 tableaux, qui se décomposent ainsi : cartes, 6; géologie, 54, dont Niagara, 5, et tremblements de terre, 6; tertiaire, 65; quaternaire, 48; glaciaire, 14; zoologie, 53, dont singes, 18, et hommes, 22; palethnologie, 91; mégalithes, 19; archéologie, 83; Égypte, 31; ethnographie, 30; portraits, 7; total : 501 projections.

PRINCIPAUX TRAVAUX DES PROFESSEURS DE L'ÉCOLE
D'ANTHROPOLOGIE

BORDIER (Arthur-Alexandre), né le 3 mai 1841, à Saint-Calais (Sarthe), docteur en médecine, ancien interne des hôpitaux, ancien chef de clinique de la Faculté de médecine.

Influence de la pression atmosphérique sur l'évolution organique (*Mém. de la Soc. d'anthropol. de Paris*), Paris, 1873, in-8.

Instructions pour un médecin d'hôpital à Port-au-Prince (Haïti) (*Ibid.*), Paris, 1875, in-8.

Les Esquimaux du Jardin d'acclimatation (*Ibid.*), Paris, 1877, in-8.

L'exposition des sciences anthropologiques en 1878 (Matériaux pour l'*Histoire de l'homme*), Toulouse, 1878, in-8. (Voy. *Bibliothèque des sciences contemporaines* et *Bibliothèque anthropologique*.)

La galerie ethnographique du musée d'artillerie (Journal *la Nature*, 12 et 21 janvier 1878).

Instructions pour l'île de Madagascar (*Mém. de la Soc. d'anthropol. de Paris*, 1878).

Le bouton de Biskra et la verruga (*Arch. de méd. navale*), Paris, 1880, in-8.

Études anthropologiques sur une série de crânes d'assassins, Paris, 1881, in-8.

Japonais et Malais, Paris, 1881, in-8.

La colonisation scientifique et les colonies françaises, Paris, 1884, in-8.

La vie des sociétés, Paris, 1887, in-8.

Pathologie de l'homme et des êtres organisés.

DUVAL (MATHIAS), né à Grasse (Var), le 7 février 1844), prosecteur de la Faculté de médecine de Strasbourg (1870);

4

agrégé à la Faculté de médecine de Paris (1873) ; actuellement professeur à la Faculté de médecine, à l'École des beaux-arts et à l'École d'anthropologie. — Membre de l'Académie de médecine, directeur du Laboratoire d'anthropologie (École des hautes études).

Manuel du microscope dans ses applications au diagnostic et à la clinique (en collaboration avec le Dr Lereboullet), 1 vol. in-18, avec 100 figures, 1re édition, Paris, 1873 ; 2e édition, Paris, 1877.

Précis de technique microscopique et histologique, ou introduction pratique à l'anatomie générale, 1 vol. avec figures, Paris, 1878, J.-B. Baillière et fils.

Cours de physiologie, 1re édition, 1873 ; 6e édition, 1887 ; traduit en anglais, espagnol et grec.

Recherches sur l'origine réelle des nerfs crâniens (*Journal de l'anatomie et de la physiologie* de Ch. Robin et Pouchet, 1876, 1877, 1870, 1879, 1880).

Recherches sur le sinus rhomboïdal et son développement ; mémoire accompagné de 4 planches (*Ibid.*, 1877).

Étude sur l'origine de l'allantoïde (*Revue des sciences naturelles*, Montpellier, 1878, et tirage à part avec deux planches, Paris, 1877).

Études sur la spermatogenèse (*Revue des sciences naturelles*, Montpellier) : 1° sur les mollusques gastéropodes, 1878 ; 2° sur la paludine vivipare, 1879 ; 3° sur les batraciens, 1880.

Études sur la ligne primitive de l'embryon ; mémoire accompagné de six planches (*Annales des sciences naturelles*, 1879, 6e série, t. VII, n°s 5 et 6).

Anatomie des centres nerveux, par HUGUENIN, traduite par Keller et annotée par Mathias Duval, 1 vol. grand in-8, 280 pages avec 149 figures, Paris, 1879, J.-B. Baillière et fils.

De l'emploi du collodion en histologie (*Journal de l'anatomie et de la physiologie*, 1879).

*Sur le développement de l'appareil génito-urinaire de la gre-
nouille :* première partie, le rein précurseur, 1882.

La corne d'Ammon ; morphologie et embryologie, avec
planches (*Archives de neurologie*, octobre et novembre 1881).

Précis d'anatomie à l'usage des artistes, Paris, 1882.

Manuel de l'anatomiste (anatomie descriptive et dissection),
en collaboration avec le professeur C. Morel, Paris, 1883.

Dictionnaire usuel des sciences médicales, par A. Dechambre,
Mathias Duval et Lereboullet, Paris, 1885.

Le Darwinisme, leçons professées à l'École d'anthropologie
(1 volume de la *Bibliothèque des sciences anthropologiques*),
Paris, 1886.

De la formation du blastoderme dans l'œuf d'oiseau, mémoire
accompagné de 5 planches et de 66 figures schématiques
dans le texte (*Annales des sciences naturelles, zoologie*,
1884, t. XVIII, nos 1, 2, 3).

Les annexes des embryons d'oiseau. Organe placentoïde,
mémoire avec 4 planches (*Journal de l'anatomie*, mai
1881).

Atlas d'embryologie, 1 vol. in-4 de 40 planches doubles, en
noir et en couleur, comprenant ensemble 652 figures.

(Pour les mémoires plus spéciaux, voy. *Laboratoire et Bibliothèque des hautes études*.)

HERVÉ (Georges), né à Strasbourg, le 19 février 1855, docteur en médecine, secrétaire général adjoint de la Société
d'anthropologie.

(Pour tous les travaux, voy. *Laboratoire et Bibliothèque
anthropologique*.)

HOVELACQUE (Abel), né à Paris, le 14 novembre 1843.

*Instructions pour l'étude élémentaire de la linguistique indo-
européenne*, Paris, 1871, in-12.

Grammaire de la langue zende, Paris, 1889, in-8.

Euphonie sanskrite, Paris, 1872, in-8.

Mémoire de la primordialité et la prononciation du R vocal sanscrit, Paris, 1872, in-8.

Sept crânes tsiganes, Paris, 1874, in-8.

Contribution à l'étude de l'occipital, Lille, 1874, in-8 (Association française pour l'avancement des sciences).

Observation sur un passage d'Hérodote concernant certaines institutions perses, Paris, 1875, in-8.

Langues, races, nationalités, Paris, 1875, in-8.

Lettre sur l'homme préhistorique du type le plus ancien, Paris, 1875, in-8.

Le chien dans l'Avesta, les soins qui lui sont dus, son éloge, Paris, 1876, in-8.

Les Slaves du Sud en Hongrie, Rouen, 1876, in-8.

Notre ancêtre, Paris, 1877, in-8.

Études de linguistique et d'ethnographie, Paris, 1878, in-12.

L'Avesta, Zoroastre et le Mazdéisme, Paris, 1878, in-12.

Mélanges de linguistique et d'anthropologie, Paris, 1880, in-8 (en collaboration avec MM. Picot et Vinson).

La langue khasia, Paris, 1880, in-8.

Les débuts de l'humanité, Paris, 1881, in-8.
(Voy. *Bibliothèque anthropologique*.)

J.-M. LETOURNEAU, né à Auray (Morbihan), le 23 septembre 1831, docteur en médecine de la Faculté de Paris.
(Voy. *Bibliothèque anthropologique* et *Bibliothèque des sciences contemporaines*.)

La physiologie des passions, in-12.

Science et matérialisme, in-12.

Pensées du cardinal de Retz (extraits de ses *Mémoires*), in-36.

TRADUCTION DE L'ALLEMAND

Histoire de la création naturelle, par HAECKEL, in-8.

L'anthropogénie, du même auteur, in-8.

Notes d'un voyageur dans l'Inde, du même auteur, in-8.

L'homme selon la science, par BUCHNER, in-12.
Lumière et vie, du même auteur, in-12.
La vie psychique des bêtes, du même auteur, in-12.

TRADUCTION DE L'ITALIEN

La physiologie de la volonté, par A. HERZEN.

(Nombreux articles ou communications dans le *Dictionnaire encyclopédique des sciences médicales*, dans le *Dictionnaire des sciences anthropologiques*, dans les *Bulletins de la Société d'anthropologie de Paris*.)

MANOUVRIER (Léonce-Pierre), né à Guéret (Creuse), le 28 juin 1850, docteur et lauréat de la Faculté de médecine de Paris; préparateur particulier de Broca (1878-80); préparateur au Laboratoire d'anthropologie de l'École des hautes études depuis 1880; professeur suppléant à l'École d'anthropologie de 1883-84 à 1887-88; professeur titulaire à cette école en 1888 (chaire d'anthropologie physiologique); archiviste et ancien secrétaire de la Société d'anthropologie de Paris; président de la section d'anthropologie de l'Association française pour l'avancement des sciences au Congrès de 1888; secrétaire de la Société zoologique de France; membre de la Société de psychologie physiologique; membre honoraire de l'*Anthropological Institute* de Londres; membre correspondant des Sociétés d'anthropologie de Bordeaux, de Lyon, de Florence, de Bruxelles, de Moscou, etc.
(Pour tous les travaux, voy. *Laboratoire*.)

Gabriel de MORTILLET, né à Meylan, près Grenoble (Isère), le 29 août 1821, fut successivement attaché au laboratoire de chimie des Arts et Métiers, à Paris; au Musée d'histoire naturelle de Genève; directeur du Musée d'Annecy; ingénieur pour la construction des chemins de fer italiens; sous-directeur du Musée des antiquités nationales de Saint-Germain-en-

Laye. Il a été chargé de l'organisation de la première salle de l'histoire du travail à l'Exposition universelle de 1867, et de l'organisation de l'Exposition anthropologique de 1878. Fondateur des Congrès internationaux d'archéologie préhistorique et ancien président de la Société d'anthropologie.

Ses principales publications sont : .

Conchyliologie :

Coquilles fluviatiles et terrestres des environs de Nice, 1851 ; *Mollusques de la Savoie et du Léman*, 1856 ; *Coquilles nouvelles d'Arménie*, 1853 ; *Zonites de l'Italie septentrionale*, 1862, etc.

Géologie :

Géologie et minéralogie de la Savoie, 1858 ; *Terrains du versant italien des Alpes comparés à ceux du versant français*, 1862 ; *Carte glaciaire du versant italien des Alpes*, 1861, et de nombreux mémoires.

Archéologie et palethnologie :

Le signe de la croix avant le christianisme, 1866 ; *Promenades à l'Exposition universelle de 1867* ; *Promenades au Musée de Saint-Germain*, 1869 ; *Les potiers Allobroges*, etc.

Le tout a été résumé dans le *Préhistorique*, 1883, qui avait été précédé d'un album de 1262 figures dessinées par A. de Mortillet : *Le Musée préhistorique*, 1881.

M. G. de Mortillet, comme publications périodiques, a fait paraître la *Revue scientifique italienne*, 1862, fondé les *Matériaux pour l'histoire de l'homme* en 1864, et l'*Homme* en 1884.

Topinard, né à l'Isle-Adam, en 1830, docteur en médecine, préparateur au Laboratoire d'anthropologie, puis sous-directeur au même Laboratoire, professeur à l'École d'anthropologie.

(Pour les travaux, voy. *Laboratoire* et *Bibliothèque des sciences contemporaines.*)

DEUXIÈME DIVISION

Fondations accessoires :

SOCIÉTÉ D'AUTOPSIE
RÉUNION LAMARCK
BIBLIOTHÈQUE DES SCIENCES CONTEMPORAINES
BIBLIOTHÈQUE ANTHROPOLOGIQUE
DICTIONNAIRE DES SCIENCES ANTHROPOLOGIQUES

CHAPITRE PREMIER

SOCIÉTÉ D'AUTOPSIE

Président-Fondateur : Dr COUDEREAU

Président actuel : Dr FAUVELLE

En 1876, un groupe de membres de la Société d'anthropologie adressèrent au public l'appel suivant, dans lequel ils annonçaient la constitution d'une *Société d'autopsie mutuelle*.

Les soussignés, préoccupés de cette pensée scientifique que l'avenir intellectuel de l'humanité dépend entièrement des notions plus ou moins exactes qu'on possède sur les fonctions cérébrales et sur la localisation des diverses facultés, sont d'accord sur les points suivants :

1° L'expérimentation sur les animaux, si féconde en résultats pour élucider les problèmes qui concernent les fonctions physiologiques (mouvements, sensations, sécrétions, etc.), n'ont jusqu'ici jeté qu'une lumière insuffisante sur l'étude des phénomènes de l'intelligence.

2° Seule, l'étude de l'encéphale humain a enrichi la science de notions positives à cet égard.

3° Or les notions que nous possédons sur les fonctions cérébrales sont presque toutes le résultat d'autopsies grâce auxquelles on a pu constater qu'une lésion de telle partie du cerveau coïncidait avec la perte de telle fonction.

4° Nous ne possédons guère, jusqu'à présent, que l'étude pathologique, à peine encore ébauchée, de la psychologie basée sur l'observation rigoureuse des faits.

5° L'étude physiologique de la psychologie, c'est-à-dire la détermination du rapport existant entre telle fonction spéciale et telle portion nettement délimitée du cerveau, est encore très incomplète.

6° Cette lacune provient de ce qu'on ne fait guère d'autopsies que dans les hôpitaux et que l'examen ne porte sur le cerveau que dans les cas où le sujet a présenté pendant sa vie quelque lésion cérébrale.

7° L'étude directe qui nous préoccupe, ne saurait se compléter dans un tel milieu, où le médecin ne sait généralement rien de la vie, du caractère, ni des aptitudes spéciales du sujet confié à ses soins. D'ailleurs, les sujets qu'on peut observer dans les hôpitaux, fussent-ils mieux connus, que l'étude de leur encéphale ne pourrait nous fournir que des notions insuffisantes, parce qu'ils appartiennent à cette partie déshéritée de la population à laquelle les défectuosités de notre organisation sociale n'ont pas laissé les moyens de développer les aptitudes cérébrales qu'elle possède en germe.

8° L'observation, pour être féconde, devra porter sur l'encéphale d'individus appartenant à la classe cultivée, c'est-à-dire d'individus connus, ayant eu une valeur comme savants, littérateurs, industriels, politiques, etc... Chez ceux-là, dont la vie aurait été en partie publique, l'étude comparative des circonvolutions saines et des facultés en action devra conduire à des notions positives.

9° Au point de vue purement médical, l'étude approfondie des organes après la mort est appelée à devenir une sauvegarde contre le développement des maladies héréditaires. Réduite à ce qu'elle est aujourd'hui, elle est loin de rendre les services qu'elle comporte. Il y a à cela deux raisons : 1° quand une autopsie est faite dans un hôpital, les résultats n'en sont jamais portés à la connaissance des principaux intéressés, les parents du mort; 2° les médecins chargés de soigner ses descendants, héritiers de sa constitution, l'ignorent également. Si la science médicale profite toujours des bienfaits généraux de ces observations quotidiennes, la famille ne profite jamais du bienfait immédiat qu'elle retirerait de la communication d'un procès-verbal d'autopsie auquel elle a, croyons-nous, des droits incontestables.

10° Dans l'intérêt de la santé publique et de la longévité des générations à venir, il serait donc fortement à désirer que la pratique des autopsies se généralisât, non seulement dans les hôpitaux, mais encore dans la pratique médicale de la ville, et que toujours un procès-verbal en fût remis à la famille pour être conservé et communiqué par la suite en temps utile aux médecins.

11° Le procès-verbal d'autopsie, sous son double aspect pathologique et pyschologique, est appelé à constituer l'état civil de sortie de l'humanité. L'hygiène et l'éducation y trouveront les grands éléments propres à hâter la réalisation de ce grand desideratum : *Mens sana in corpore sano.*

Des préjugés nombreux, qui ont leur source dans une sentimentalité irréfléchie, s'opposeront longtemps encore à la généralisation de cette pratique féconde.

Les soussignés estiment que le meilleur moyen de vaincre les préjugés est de donner l'exemple. En conséquence, ils forment entre eux une Société sur les bases suivantes :

ARTICLE PREMIER. — Chaque sociétaire, résolu à concourir

au double but scientifique et humanitaire, énoncé ci-dessus, dispose qu'il sera procédé à son autopsie.

ART. 2. — Afin de lever par avance tout obstacle qui pourrait être apporté, après sa mort, à l'exécution de sa volonté, il laissera, écrit et signé de sa main, en double exemplaire, et confiera à des personnes de son choix, avec le pieux devoir de le faire respecter, un testament conçu dans les termes suivants :

« Je soussigné, désire et veux qu'après ma mort il soit procédé à mon autopsie, afin que la découverte des vices de conformation ou des maladies héréditaires à laquelle elle pourrait donner lieu puisse servir de guide dans l'emploi des moyens propres à en combattre le développement chez mes descendants.

« Je désire en outre que mon corps soit utilisé au profit de l'idée scientifique que j'ai poursuivie pendant ma vie. Dans ce but, je lègue mon cadavre, et notamment mon cerveau et mon crâne, au Laboratoire d'anthropologie, où il sera utilisé de la façon qui semblera convenable, sans que qui que ce soit puisse faire opposition à l'exécution de ces clauses, qui sont ma volonté expresse, spontanément exprimée ici.

« Les parties de mon cadavre qui ne seront pas utilisées seront inhumées de la façon suivante..... »

Nota. — Chacun réglera, suivant son désir, les détails de la cérémonie de son enterrement.

Ont signé comme fondateurs :

Dʳ COUDEREAU, Dʳ COLLINEAU, Dʳ THULIÉ, DE MORTILLET, GIRY, JACQUET, ASSELINE, Dʳ OBÉDÉNARD, E. VÉRON, ROBERT HALT, Dʳ TOPINARD, YVES GUYOT, E. BARBIER, Dʳ DELAUNAY, ISSAURAT, A. HOVELACQUE, GILLET-VITAL, ERNEST CHANTRE, Dʳ BERTILLON, Dʳ LETOURNEAU.

(Extrait du *Bien public* du 24 octobre 1876.)

La presse libérale politique et scientifique s'empressa d'ouvrir ses colonnes à l'appel de ces hommes dévoués à la science. Aussi les adhésions affluèrent-elles bientôt de toute part, non seulement de Paris, mais de la province. Dès le commencement de 1877, la nouvelle Société comprenait près de cent cinquante membres appartenant à toutes les classes de la société : magistrats, artisans, prêtres, militaires, nobles et prolétaires. Des femmes même n'hésitèrent·pas à léguer leur corps dans le but de faire progresser la science.

Quand on compulse la volumineuse correspondance que reçut à cette époque le docteur Coudereau, on est vraiment surpris de voir avec quel zèle, on pourrait même dire avec quel enthousiasme, tous se montrent déterminés à concourir à cette œuvre philanthropique.

Mais, pour que la nouvelle Société pût fonctionner régulièrement sans rencontrer d'obstacle de la part du pouvoir judiciaire, l'approbation du gouvernement était indispensable. Malheureusement, en raison des circonstances politiques, elle se fit longtemps attendre.

Nous reproduisons ici l'arrêté d'autorisation et d'approbation des statuts, en date du 29 novembre 1880.

RÉPUBLIQUE FRANÇAISE

—

PRÉFECTURE
DE
POLICE

—

CABINET

—

2ᵐᵉ BUREAU

—

1ʳᵉ SECTION

—

Nᵒ DU DOSSIER
18,389

—

SOCIÉTÉ D'AUTOPSIE

—

ARRÊTÉ
QUI EN AUTORISE
LA CONSTITUTION

—

Nous, Préfet de police,

Vu la demande à nous adressée le 12 juil--let 1880 par les personnes dont les noms et adresses figurent sur la liste ci-jointe, demande ayant pour but d'obtenir l'autorisation nécessaire à la constitution régulière d'une association fondée à Paris, sous la dénomination de :

Société d'autopsie,

Dont le siège serait galerie Vivienne, nᵒ 13 ;

Ensemble les statuts de ladite association ;

Vu les instructions de M. le Ministre de l'Intérieur, en date du 12 juin 1879 ;

Vu les instructions contenues dans la dépêche de M. le Ministre de l'Intérieur et des Cultes, en date du 22 décembre 1880, portant qu'il y a lieu d'autoriser le fonctionnement de ladite association ;

Vu l'article 291 du code pénal et la loi du 10 avril 1834 ;

ARRÊTONS :

ART. 1ᵉʳ.

L'association organisée à Paris sous la dénomination de : *Société d'autopsie,* est autorisée à se constituer et à fonctionner régulièrement.

Art. 2.

Sont approuvés les statuts susvisés tels qu'ils sont annexés au présent arrêté.

Art. 3.

Les membres de l'association devront se conformer strictement aux conditions suivantes :

1° Justifier du présent arrêté au Commissaire de police du quartier sur lequel auront lieu les réunions ;

2° N'apporter, sans notre autorisation préalable, aucune modification aux statuts tels qu'ils sont annexés ;

3° Faire connaître à la Préfecture de police, au moins cinq jours à l'avance, le local, le jour et l'heure des réunions générales ;

4° N'y admettre que les membres de la Société et ne s'y occuper, sous quelque prétexte que ce soit, d'aucun objet étranger au but indiqué dans les statuts, sous peine de suspension ou de dissolution immédiate ;

5° Ne former aucune section départementale sans autorisation préalable ;

6° Nous adresser, chaque année, une liste contenant les noms, prénoms, professions et domiciles des sociétaires, la désignation des membres du bureau.

Art. 4.

Ampliation du présent arrêté, qui devra être inséré en tête des statuts, sera transmise au Commissaire de police du quartier

Vivienne, qui le notifiera au Président de l'association et en assurera l'exécution en ce qui le concerne.

Fait à Paris, le 29 décembre 1880.

Le Député Préfet de police,

Signé : ANDRIEUX.

Pour ampliation :

Le Secrétaire général,

Signé : CAMBON.

L'an mil huit cent quatre-vingt-un, le huit janvier,

Nous, Commissaire de police du quartier Vivienne,

Avons notifié et remis à M. le docteur Coudereau, président de la *Société d'autopsie*, demeurant galerie Vivienne, 13, à Paris, l'arrêté dont la teneur précède.

Le Commissaire de police,

Signé : ROLLY DE BALNÈGRE.

———

SOCIÉTÉ D'AUTOPSIE

Il y a deux siècles, peu de personnages marquants, surtout peu de rois, de princes, d'évêques, etc., mouraient sans qu'on se crût obligé de faire leur autopsie. En cela, on obéissait un peu à la curiosité scientifique, beaucoup au besoin de s'occuper, même après leur mort, de personnages ayant fait beaucoup de bruit de leur vivant. L'autopsie était comme la consécration de la notoriété ou de la célébrité. Ces nécropsies pratiquées à une époque où les sciences naturelles étaient encore dans l'enfance ont été d'une médiocre utilité. Néanmoins cet exemple est bon à suivre, car il y a là, pour la science en général, pour les familles en particulier, des intérêts d'ordre majeur.

Nous avons depuis peu d'années des laboratoires d'anatomie pathologique; mais les médecins des hôpitaux sont à peu près les seuls qui puissent y étudier et ils ne peuvent examiner que le corps des individus ayant succombé à l'hôpital. La grande majorité des médecins et des anthropologistes ne peut puiser à cette source d'instruction. De plus, les sujets examinés sont inconnus; on ne possède pas le moindre renseignement sur les antécédents, les aptitudes, les qualités et les défauts qu'ils ont montrés. Toutes ces autopsies portent donc sur des anonymes.

Or personne ne conteste plus aujourd'hui la relation intime entre la structure du cerveau et les fonctions de cet organe. Mais la psychologie scientifique destinée à jeter tant de lumière sur toutes les sciences sociales ne pourra faire de progrès sérieux tant qu'il sera impossible d'étudier scientifiquement le cerveau des personnalités connues soit par leurs actes et leurs œuvres, soit par les renseignements fournis par eux ou par leurs familles.

Au point de vue des familles, l'intérêt n'est pas moins grand. De quelle utilité ne serait-il pas pour elles d'avoir à la mort de chacun de leurs membres un procès-verbal d'autopsie scientifique? Les enfants, les parents du décédé, ainsi avertis des affections héréditaires qui les menacent, pourraient se mettre en garde contre elles. On arriverait par là à constituer une hygiène préventive encore à l'état embryonnaire.

S'inspirant des considérations précédentes, les soussignés ont résolu de prêcher d'exemple en fondant une Société d'autopsie. Ils s'adressent, sans distinction sociale, d'opinion politique ou religieuse, à toutes les personnes qui ont souci des intérêts de la science et de l'humanité, à tous ceux qui, s'étant efforcés d'être utiles pendant leur vie, ont la noble ambition de l'être encore après leur mort.

STATUTS

La Société d'autopsie est fondée sur les bases suivantes :

ARTICLE PREMIER. — Chaque sociétaire résolu à concourir au double but scientifique et humanitaire énoncé ci-dessus dispose qu'il sera procédé, après sa mort, à son autopsie.

ART. 2. — Afin de lever, par avance, tout obstacle qui pourrait être apporté, après sa mort, à l'exécution de sa volonté, il laissera écrit et signé de sa main, en double exemplaire, dont l'un sera confié à des personnes de son choix, avec le strict devoir de le faire respecter, un testament conçu dans les termes suivants :

« Je soussigné, désire et veux qu'après ma mort, il soit procédé à mon autopsie par les soins de la Société.

« Dans le but d'être utile à la science, je lègue mon cerveau (ou toute autre partie de mon corps) au Laboratoire d'anthropologie.

« Je désire, en outre, que mon corps soit utilisé au profit de l'idée scientifique que j'ai poursuivie pendant ma vie. Dans ce but, je lègue mon corps au Laboratoire d'anthropologie, où il sera utilisé de la façon qui semblera convenable, sans que qui que ce soit puisse faire opposition à l'exécution de ces clauses, qui sont ma volonté expresse spontanément exprimée ici. »

Ce testament pourra être fait sur papier libre, mais *entièrement* écrit, daté et signé de la main du sociétaire.

Le deuxième exemplaire dudit testament sera adressé au trésorier de la Société.

Si le sociétaire rédige plus tard un testament pour le règlement de ses affaires personnelles, il devra rappeler dans cet acte, par un codicille, ses intentions relatives à la Société d'autopsie.

ART. 3. — Pour les sociétaires résidant à Paris, l'autopsie sera faite gratuitement par les soins de la Société (1).

_____

(1) Les sociétaires qui n'habitent pas Paris, ou, à leur défaut, leur famille

La famille devra faire les démarches nécessaires auprès de l'autorité.

ART. 4. — Un procès-verbal d'autopsie sera rédigé, soit dans un intérêt scientifique, soit dans celui de la famille. Dans ce dernier cas, les frais d'autopsie et de procès-verbal seront supportés par la famille du décédé.

ART. 5. — Chaque sociétaire réglera, suivant son désir, les détails de la cérémonie de son enterrement où la Société n'a pas à intervenir.

ART. 6. — Chaque sociétaire s'engage à payer chaque année une cotisation minima de 5 francs ou à verser, une fois pour toutes, une somme de 50 francs.

ART. 7. — La Société est gérée par trois membres élus chaque année en assemblée générale.

ART. 8. — Il y a deux sièges de la Société :

L'un chez M. le docteur Coudereau, 13, galerie Vivienne ; l'autre chez M. l'ingénieur Gillet-Vital, 74, quai Jemmapes.

Les membres fondateurs :

Louis ASSELINE (décédé), ASSÉZAT (décédé), Dr J. BERTILLON, Ernest CHANTRE, Dr COLLINEAU, Dr COUDEREAU, Dr DELAUNAY, GILLET-VITAL, GIRY, Yves GUYOT, A. HOVELACQUE, Robert HALT, ISSAURAT, JACQUET, Dr LETOURNEAU, DE MORTILLET, Dr OBÉDÉNARD, Dr THULIÉ, Dr TOPINARD, Eugène VÉRON.

Nota. — Les sociétaires sont priés de faire connaître s'ils consentent à ce que leurs noms soient publiés dans les comptes rendus de la Société.

Comme on le voit par ce qui précède, les fondateurs de la Société d'autopsie avaient surtout pour but de faciliter l'étude du cerveau considéré comme organe de la fonction intellectuelle. En conséquence, comme cette étude, pour être fruc-

ou leurs exécuteurs testamentaires, devront faire connaître le nom et la demeure du médecin qui sera chargé de leur autopsie.

tueuse, nécessite de la part de ceux qui s'y livrent des connaissances spéciales et un outillage particulier, ils ont décidé que ce serait le Laboratoire annexé à l'École et à la Société d'anthropologie, qui serait chargé, à Paris, de faire l'autopsie, et que ce serait à lui que les cerveaux des sociétaires des départements devraient être adressés. Par ces sages prescriptions, les statuts garantissent aussi complètement que possible les intérêts de la science.

Mais, dans la pratique, une foule de difficultés surgissent. Sans parler des obstacles sans nombre que la famille peut opposer à l'exécution de la volonté du défunt, les formalités légales entraînent des retards qui, durant les chaleurs, compromettent singulièrement le résultat désiré. C'est qu'en effet, le cerveau est un organe très altérable non seulement dans sa forme et sa consistance, mais surtout dans sa structure. Les recherches d'anatomie microscopique sont donc, en général, très difficiles et souvent impossibles.

Pour obvier à ces inconvénients, les députés membres de la Société, MM. Yves Guyot et G. de Mortillet, ont cherché à introduire dans la loi du 15 novembre 1887, sur la liberté des funérailles, des clauses qui simplifient les formalités, lorsque les recherches nécroscopiques doivent être faites par un établissement reconnu par l'État, ce qui est précisément le cas du Laboratoire d'anthropologie qui fait partie de l'École des hautes études. Malheureusement, le Parlement n'a pas voulu entrer dans cette voie. Le règlement d'administration publique du 27 avril 1889, qui détermine les conditions applicables aux divers modes de sépulture, ne prévoit pas non plus le cas d'autopsie réclamée par testament. Cependant il formule des prescriptions relativement à l'incinération, qui, si elle finissait par entrer dans nos mœurs, rendrait certainement indispensable l'autopsie préalable. En effet, la crémation, si elle n'est précédée d'un examen cadavérique complet, annulera désormais l'action judiciaire contre bien des crimes, tels qu'empoisonnements, voies de fait n'ayant produit que des lésions internes, etc.

Les certificats du médecin traitant et le rapport du médecin assermenté sont absolument insuffisants pour établir d'une manière certaine la cause de la mort. Ces formalités existent déjà, et tous les jours la Justice est obligée d'ordonner des exhumations.

La nécessité de l'autopsie avant l'incinération est démontrée par ce qui se passe à Milan, ville où jusqu'ici ce mode de sépulture a rencontré le plus d'adhérents. On lit, en effet, dans l'*Homme*, journal illustré des sciences anthropologiques, en date du 25 mai 1887 :

« Un véritable ami des sciences, P.-M. Loria, convaincu de l'importance scientifique des autopsies, a donné à la ville de Milan 1000 francs de rente, en rente italienne 5 pour 100, à la condition :

« Que, le capital restant intact, les intérêts annuels soient employés à fournir la salle mortuaire (annexée au four crématoire) de tout ce qui est nécessaire pour pratiquer des examens anatomiques sur les décédés ;

« Que chaque autopsie soit résumée dans un procès-verbal destiné à être conservé dans les archives municipales, pour être mis à la disposition des gens d'étude ;

« Que ces autopsies soient dirigées par le professeur, sénateur Andrea Verga, qui a accepté, ou par un suppléant de son choix. C'est lui aussi qui désignera son successeur. »

Ce legs, qui contribue à sauvegarder les intérêts de la science et ceux de la vindicte publique, n'a rencontré aucune opposition de la part des autorités du pays et a été exécuté dans tous ses détails.

En France, au contraire, la loi n'autorise expressément que les autopsies prescrites par la Justice et l'Administration. Certainement la volonté d'un testateur, bien et dûment formulée, peut suppléer à cette lacune de notre législation ; elle a force de loi. Mais cette loi peut être contestée, et, malgré la simplicité des formalités judiciaires en pareille matière, toute contestation peut annuler, si ce n'est en droit, du moins en fait, la volonté expresse du défunt.

Quoi qu'il en soit, la Société d'autopsie, telle qu'elle est constituée, a déjà rendu de grands services à la science de l'homme, comme on le voit par la description des cerveaux dont les moulages et les dessins sont exposés dans le premier compartiment de la première vitrine.

Ces résultats sont d'autant plus précieux, que les manifestations intellectuelles dont ces cerveaux ont été le siège sont parfaitement connues et sont venues jeter une vive lumière sur la signification des particularités qu'ils présentent. On ne saurait donc trop engager les membres de la Société à rédiger eux-mêmes, comme plusieurs l'ont déjà fait, l'histoire détaillée de leur fonction intellectuelle.

L'important est de bien spécifier les aptitudes qui se manifestent durant la période de la vie où l'organisme est en pleine maturité.

En première ligne se place l'état des organes des sens. Le tact, le goût et l'odorat sont-ils délicats, quelles que soient les excitations dont ils sont le siège? En conserve-t-on facilement le souvenir?

L'ouïe est-elle capable de distinguer les sons les plus divers, même lorsqu'ils se présentent simultanément? L'oreille est-elle musicale? Le langage parlé est-il retenu facilement sans le secours de l'écriture?

L'œil embrasse-t-il sans peine tous les détails d'un tableau naturel ou représenté par le dessin ou la peinture? Retient-on facilement le langage écrit ou imprimé? Indiquer si les couleurs sont bien appréciées.

Toutes ces sensations développent-elles rapidement ou avec lenteur une suite d'idées plus ou moins complexes? Les idées transmises par la parole ou l'écriture sont-elles saisies sans difficultés dans tous leurs détails et retenues fidèlement?

Exposer l'état de la force musculaire en général, et signaler les régions du corps qui en sont le mieux douées. Indiquer le plus ou moins d'agilité ou de dextérité des membres inférieurs, puis des membres supérieurs. Le dessin et l'écriture ont-ils été appris avec facilité ? Les résultats obtenus sont-ils bien exacts et corrects ?

Enfin la parole est-elle facile, l'articulation des mots bien nette ? Les sensations bien perçues, les idées bien comprises et bien retenues, sont-elles énoncées clairement ou avec difficulté ?

Il serait également utile d'indiquer la nature du tempéramant et du caractère.

Toutes ces particularités se traduisent dans le cerveau par le nombre et la qualité des éléments nerveux qui composent son écorce grise et influent consécutivement sur la forme et le volume des circonvolutions. Elles sont donc indispensables pour permettre d'apprécier les constatations nécroscopiques.

Le moulage de la face, en reproduisant exactement les traits du défunt, complète les données qui peuvent servir à l'appréciation de la conformation des hémisphères.

Les adhésions doivent être adressées à M. le docteur FAUVELLE, 11, rue de Médicis, Paris.

CHAPITRE II

RÉUNION LAMARCK

Fondateur : Paul NICOLE. — Président : Gabriel de MORTILLET.

COMITÉ EN 1889

Président :

GABRIEL DE MORTILLET, député, professeur à l'École d'anthropologie.

Vice-Présidents :

BIN, maire de Montmartre, artiste peintre.

H. THULIÉ, docteur, ancien président du Conseil municipal de Paris.

Questeur :

DEROY, dessinateur.

Secrétaire :

ADRIEN DE MORTILLET, secrétaire de la Société d'anthropologie.

Membres :

A. BORDIER, docteur, professeur à l'École d'anthropologie.

JULES CARRET, docteur, député.

COLLINEAU, docteur, secrétaire général de la Société pour l'instruction élémentaire.

FERNAND DELISLE, publiciste.

MATHIAS DUVAL, docteur, professeur à la Faculté de médecine, à l'École des beaux-arts et à l'École d'anthropologie.

FAUVELLE, docteur, trésorier de la Société d'anthropologie.

GACHET, docteur.

Yves Guyot, député, publiciste, ministre des Travaux publics.

Georges Hervé, docteur, professeur à l'École d'anthropologie.

Abel Hovelacque, ancien président du Conseil municipal de Paris, professeur à l'École d'anthropologie.

C. Issaurat, homme de lettres.

André Lefèvre, homme de lettres.

Ch. Letourneau, docteur, professeur à l'École et secrétaire général de la Société d'anthropologie.

Émile Mas, artiste peintre.

Mondière, médecin de la marine en retraite.

Paul Nicole, membre de la Société d'anthropologie.

Jules Philippe, député.

Eugène Piketty, palethnologue.

Philippe Salmon, vice-président de la Commission des monuments mégalithiques.

Paul Sébillot, secrétaire général de la Société des traditions populaires.

Simoneau, conseiller municipal de Paris.

La réunion Lamarck avait le devoir de présenter à l'Exposition de 1889, où figurent les grands travaux, les découvertes et les progrès accomplis en tous genres depuis un siècle, la doctrine et le nom de l'illustre Français Lamarck, le père du transformisme.

Cette doctrine s'impose aujourd'hui aux études sérieuses, elle rayonne parmi les plus brillantes découvertes de ce siècle, si fécond ; elle sera le plus sûr instrument de rénovation pour toutes les connaissances humaines.

Tels sont les titres qui l'ont fait admettre à l'Exposition du centenaire.

A l'occasion de cette solennité, les admirateurs et les disciples de Lamarck se proposent également d'exposer publiquement cette doctrine dans un congrès transformiste qui sera prochainement inauguré par eux.

Cette manifestation sera un nouvel hommage à la gloire si pure de ce grand homme.

Avant de parler ici de son œuvre et de lui-même, il a paru bon de dire comment était née cette réunion Lamarck, qui s'est donné pour mission de propager le souvenir et les principes de ce maître illustre.

En octobre 1884, plusieurs disciples et admirateurs de Lamarck se trouvaient réunis chez un ami commun. Chacun s'étonnait que cet homme de génie, une des plus pures et des plus grandes gloires de la France, n'eût pas encore sa statue, son monument.

« Eh bien, dit Paul Nicole, réparons cette injustice. Formons un groupe, et comme nous sommes tous fort occupés, instituons un dîner où nous nous réunirons pour traiter la question et la mener à bonne fin. »

C'est ainsi que se forma la réunion Lamarck.

On n'a pas d'exemple d'un homme aussi illustre si complètement négligé. Les biographes font naître Lamarck aux dates les plus diverses. Ainsi, le *Dictionnaire biographique* de Michaud le fait naître au 1er avril, d'autres le 11 avril, enfin il en est qui indiquent comme date de sa naissance le 1er août. Ce sont ces derniers qui ont raison, comme l'a constaté Philippe Salmon en relevant son acte de naissance. Il y a également erreur sur la date précise de sa mort. Les biographies indiquent le 19 décembre. Le docteur Mondière, en recherchant l'acte mortuaire, a reconnu que Lamarck était mort non le 19, mais bien le 18 décembre. Aussi les *Dictionnaires* classiques, comme Dezobry, Bouillet, Lachâtre, etc., pour ne pas se tromper, ne donnent-ils que l'année de la naissance et de la mort, sans indiquer le mois et le quantième.

Jean-Baptiste-Pierre-Antoine de Monet, chevalier de Lamarck, est né le 1er août 1744, à Bazentin, petite commune de la Somme, qui n'a que 356 habitants. Si son père, seigneur du lieu, n'avait pas une brillante fortune, il possédait en revanche une nombreuse famille. Lamarck était son onzième enfant. Quand l'heureux père eut doté l'aîné qui devait maintenir le nom, casé plusieurs de ses fils dans le militaire, il ne restait plus pour le onzième enfant que l'état ecclésiastique, et, bien que celui-ci ne ressentît aucun goût pour cet état, il fut envoyé au collège des Jésuites, à Amiens. Après la mort de son père, Lamarck, qui avait alors dix-sept ans, s'empressa de quitter le séminaire. Il se procura un mauvais cheval, ses faibles ressources ne lui permettant pas d'en avoir un meilleur, et, accompagné d'un jeune homme de son village, il chevaucha à travers toute la France pour se rendre à l'armée française qui guerroyait alors en Allemagne. Grâce à une lettre de recommandation qui lui avait été donnée par une vieille dame, amie de sa famille, il fut, en juillet 1761, incorporé dans le régiment de Beaujolais. Peu après, le maréchal de Broglie, commandant les troupes françaises contre le prince de Soubise, perdit la bataille de Willinghausen. La compagnie de grenadiers dont faisait partie le jeune Lamarck se maintint pendant toute l'action sur un point où elle eut à subir le feu de l'artillerie ennemie, et on l'oublia dans le trouble du premier mouvement de retraite. Tous les officiers et sous-officiers avaient succombé ; il ne restait plus que quatorze grenadiers. Le plus ancien proposa d'opérer un mouvement de recul. Lamarck s'y opposa avec énergie, et avec ses compagnons tint bon jusqu'au moment où il reçut l'ordre de se replier.

Ce fait mit en évidence le jeune militaire, qui ne tarda pas à être nommé officier. Après la paix conclue en 1763, il fut envoyé en garnison dans le midi de la France. C'est là qu'en jouant avec un de ses camarades, il lui arriva un accident qui le força à venir se faire soigner à Paris. Esprit investigateur, il comprit vite que la vie militaire ne pouvait plus le satisfaire. Au milieu du tourbillon intellectuel de la capitale, il voulut se livrer à l'étude, et, avant même d'entrer en pleine convalescence, il avait donné sa démission d'officier et s'était mis à étudier la médecine. Son ardeur au travail était grande, mais ses ressources pécuniaires étaient faibles. Il ne possédait qu'une modeste pension de 400 livres. Pour subvenir à ses besoins, il accepta une place de commis chez un banquier.

Lamarck n'avait pas encore trouvé sa voie. Un moment, il songea à se livrer entièrement à la musique. Mais bientôt, abandonnant définitivement l'état militaire, la médecine, la banque et la musique, il se livra exclusivement aux sciences naturelles. Ce goût s'était peu à peu développé chez lui en suivant au Jardin du Roi, actuellement Jardin des Plantes, un cours de botanique. C'était le moment où le système de Linné, très commode pour la détermination des espèces, mais malheureusement les groupant d'une manière un peu artificielle, était dans son plus bel épanouissement. C'était aussi le moment où les de Jussieu proposaient le système des familles naturelles, beaucoup plus rationnel, mais plus difficile pour la détermination. Frappé de cette double opposition, Lamarck conçut et proposa la méthode dichotomique pour arriver facilement à la détermination des espèces. Elle consiste à grouper deux par deux des caractères opposés, de manière qu'en éliminant successivement l'un d'eux, on arrive au bout d'un certain nombre d'opérations au nom de l'objet que l'on étudie.

Cette méthode fut appliquée pour la première fois dans la *Flore française*, le plus ancien ouvrage de Lamarck. Il a été publié en trois volumes in-8, en 1773. Imprimée aux frais de l'État, l'édition entière fut mise à la disposition de l'auteur. Le succès fut très grand et valut l'année suivante à Lamarck son élection à l'Académie des sciences, à l'âge de trente ans. Une seconde édition parut en 1780, et une troisième, entièrement refondue par de Candolle, en six volumes, fut publiée de 1805 à 1815.

Ces succès, Lamarck les méritait; mais il les dut moins à ses mérites qu'aux petites passions de la science officielle. L'illustre Buffon, qui était en même temps un grand seigneur bien en cour, jalousait Linné. Il ne pouvait pas supporter qu'on comparât ses brillantes et éloquentes peintures d'animaux aux froides et méthodiques descriptions du célèbre naturaliste suédois. Aussi cherchait-il à le combattre sur un autre terrain : la botanique. C'est pour cela qu'il protégea et poussa Lamarck, qui, comme vulgarisateur des familles naturelles, lui semblait devoir contrecarrer le développement du système de Linné. Mais l'ancien séminariste Lamarck manquait complètement de style ; Buffon aimait le beau et bon français, aussi pria-t-il Haüy de revoir, sous le rapport de la langue, le livre de Lamarck.

L'animosité de Buffon contre Linné allait si loin que, intendant du Jardin du Roi, il voulut, ainsi que le raconte L.-A. Bourguin, s'opposer à ce que Jussieu mît sur les étiquettes de plantes les noms de la nomenclature linnéenne. De Jussieu déclara qu'il donnerait plutôt sa démission. Buffon dut céder, mais il exigea que les noms des genres, établis, pour la majeure partie, par Tournefort, fussent écrits en grosses lettres, et les noms des espèces, les noms linnéens, en petits caractères. Linné se vengea spirituellement. Jouant sur le mot *Bufo*, qui signifie crapaud, sous le nom de *Buffonnia*, il consacra à Buffon une plante marécageuse sous laquelle s'abritent ces batraciens.

Buffon, qui destinait son fils à lui succéder à l'intendance du Jardin du Roi, fit donner une mission à Lamarck pour qu'il pût accompagner le jeune homme dans les principaux pays d'Europe. Lamarck rentra à Paris au bout de deux ans et fut nommé au modeste emploi de conservateur des herbiers du roi. Cela suffisait à peine à son entretien ; aussi, pour augmenter ses ressources, se chargea-t-il avec plaisir de la partie botanique de l'*Encyclopédie méthodique*. Il rédigea entièrement les volumes I et II et en partie le volume III. Il compléta ce travail par les *Illustrations des genres*.

Tout consacré à ses études, Lamarck n'avait pas intrigué sous la monarchie croulante, aussi était-il toujours resté dans une position gênée et inférieure à ses mérites. Cela lui valut de ne pas être inquiété par la Révolution. Et, lorsque le nom de Jardin du Roi faillit être fatal à cet établissement, ce fut lui qui présenta un mémoire pour le transformer, sous le nom de Jardin des Plantes, en un établissement d'instruction supérieure avec six charges d'officiers démonstrateurs. En 1793, Lakanal s'empara du projet de Lamarck et, l'élargissant, fit créer douze chaires pour l'enseignement des sciences naturelles. Lamarck fut chargé de celle des vers et insectes, division inférieure des animaux d'après Linné. Le nouveau professeur changea ce nom vague et complexe en celui beaucoup plus exact et bien mieux caractérisé d'invertébrés. C'est ce qui a mené Lamarck à écrire son grand ouvrage : *Histoire naturelle des animaux sans vertèbres*, dont il publia sept volumes in-8, de 1815 à 1822.

Cet ouvrage est la plus grande preuve de la haute valeur de Lamarck. Ce naturaliste, qui ne s'était jusque-là occupé que de botanique, est tout à coup, sans préparation préalable, chargé d'enseigner la zoologie, et encore la partie de la zoologie la plus vaste, la plus difficile, la moins connue, cela à l'âge de quarante-neuf ans. Il accepte cette lourde tâche, se met courageusement à l'œuvre, et non content de professer sans relâche pendant vingt-cinq ans, il publie un ouvrage capital qui restera toujours comme la solide base de l'histoire des invertébrés. Il ne renonce à son professorat que lorsqu'il devient aveugle : chemin faisant, le savant professeur sépare et détermine d'une manière nette et précise divers groupes bien distincts, qui étaient tout d'abord mêlés et confondus.

Lamarck peut avec raison être considéré comme le vrai créateur de la nomenclature zoologique moderne ; non seulement il a reconnu le véritable caractère qui sépare tous les animaux en deux grandes divisions, les Vertébrés et les Invertébrés, mais encore il a subdivisé les invertébrés en classes naturelles très bien définies :

Les Crustacés, en 1799 ;

Les Arachnides, en 1800 ;

Les Annélides, en 1802 ;

Les véritables Insectes, les Cirrhipèdes, les Échinodermes, les Infusoires, en 1807.

Cuvier, dans sa classification publiée en 1812, a adopté toutes ces divisions, qui sont généralement admises aujourd'hui ; seulement il a négligé d'indiquer que l'honneur en revenait à Lamarck !

Les travaux scientifiques de Lamarck lui faisaient grand honneur, quand on ne les lui subtilisait pas, mais lui rapportaient fort peu. Esprit ardent et investigateur, le professeur du Jardin des Plantes s'occupait volontiers aussi de météorologie. Comme Mathieu de la Drôme, il eut l'idée de publier un annuaire de météorologie. Ces annuaires généralement n'apprennent pas grand'chose, mais sont très consultés, par conséquent se vendent bien. C'était donc une petite ressource pour l'auteur. Le premier parut l'an VIII de la République (1799), et ils se succédèrent jusqu'en 1810. Le début avait été encouragé par Chaptal, alors ministre de l'Intérieur; mais en 1809, Napoléon, dans une réception de l'Institut aux Tuileries, fit comprendre à Lamarck qu'il n'était pas convenable de s'occuper ainsi de prédictions du temps et le plaisanta devant tous ses collègues sur ses calculs météorologiques. Ce fut l'arrêt de mort des annuaires. Le puissant empereur enlevait ainsi un morceau de pain au professeur.

Nous venons de voir que Lamarck a été, comme observateur et nomenclateur, un très grand et très habile naturaliste. Il nous reste à étudier Lamarck comme philosophe.

En 1809 parut, à Paris, sa *Philosophie zoologique* en deux volumes in-8. Elle fut rééditée, également en deux volumes, en 1830, puis en 1873, par les soins de Charles Martins. Dans la première partie de sa carrière, Lamarck acceptait les idées courantes d'alors, la fixité de l'espèce. Ce n'est que vers 1801 qu'il conçut des doutes à cet égard et qu'il devint transformiste. La base du système de Lamarck est l'appropriation de la forme aux besoins. Ce principe contient en germe tous les développements donnés plus tard par Darwin et les autres vigoureux champions du transformisme. C'est donc à Lamarck que revient l'honneur d'avoir formulé dans son principe essentiel la grande théorie nouvelle. Venu le premier, il peut être moins complet, moins précis, moins clair que ses successeurs, mais il a l'immense mérite d'être l'initiateur!

Comme Darwin, et presque dans les mêmes termes, Lamarck fait jouer un rôle de premier ordre à l'hérédité, pour la transformation évolutive des types : « Tout ce que, dit-il, la nature a fait acquérir ou perdre aux individus par l'influence des circonstances où leur race se trouve depuis longtemps exposée, elle le conserve par génération aux nouveaux individus qui en proviennent. » La valeur de l'espèce a été définie par lui avec une netteté à laquelle il n'y a plus rien eu à ajouter depuis : « L'espèce est l'individu répété dans le temps et dans l'espace, » définition qui comprend à la fois la notion empirique de l'espèce et la notion philosophique de sa mutabilité. En effet, comme les faibles variations individuelles se changent dans le cours des temps, en différences essentielles, il en résulte que, après un grand nombre de générations successives, les individus qui appartenaient primitivement à une espèce, appartiennent à une nouvelle espèce. La durée de notre vie nous a habitués à considérer des laps de temps si courts qu'il en est sorti l'hypothèse vulgaire et fausse de l'invariabilité.

C'est encore à Lamarck que revient le mérite d'avoir le premier fait ressortir l'importance de l'activité ou de la non-activité sur le développement des parties. « Le développement, dit-il, et la force d'action des organes sont constamment en raison de l'emploi de ces organes. Le défaut d'emploi d'un organe devenu constant par les habitudes prises, appauvrit graduellement cet organe et finit par le faire disparaître. » En cela les explications de Lamarck sont parfaitement conformes à tout ce qui est admis aujourd'hui par les transformistes. C'est seulement lorsque Lamarck entre dans les exemples particuliers que sa théorie a pu être mal comprise de ses contemporains et mal interprétée de nos jours. Ainsi, pour Lamarck, selon l'exemple si souvent cité, la girafe possède un cou long et élevé parce que cet animal, à force de tendre la tête pour atteindre aux feuilles élevées des arbres, a allongé ses vertèbres cervicales. Or c'est à tort que, partant de cet exemple, on l'a accusé d'avoir dit ou cru que, durant la vie d'un individu, une espèce pourrait se transformer ainsi en une espèce nouvelle. C'est qu'on ne l'a pas compris et qu'on a voulu jeter le ridicule sur sa conception. Lorsque Lamarck dit que le cou de la girafe s'est allongé à force d'être tendu pour

atteindre aux feuilles des arbres, il n'entend jamais parler
d'un individu, ou même de plusieurs, mais bien d'une longue
série de générations et de variétés successives chez lesquelles
le cou, s'étant peu à peu allongé, à mesure qu'elles broutaient
des arbres de plus en plus élevés, trouvait l'occasion de s'al-
longer encore. Le mot girafe est ici employé dans son sens
générique et abstrait comme type de genre ou d'espèce, et
désigne tous les ancêtres individuels ou spécifiques de la girafe
actuelle, en remontant jusqu'à un ancêtre génériquement différent, dont le cou et le train de devant n'étaient pas plus
développés que celui du chameau et du lama. Et la preuve
que telle est bien sa pensée, c'est qu'il donne comme exemples-
types de transformation la transformation lente des espèces
domestiques, dont les races ne se sont formées et fixées que
grâce à une longue suite de générations.

Lamarck tenait compte de l'hérédité et de l'adaptation ; il
ne manque à sa théorie que la notion de la lutte de tous contre
tous et de la sélection naturelle. Si, lorsqu'il nous décrit les
changements acquis graduellement et transmis de même, il
avait ajouté que ces changements se conservent et s'accen-
tuent à la condition qu'ils soient utiles à la conservation des
individus en leur donnant quelques avantages sur ceux qui
sont moins modifiés, il n'aurait plus rien laissé à faire à Darwin.
C'est donc à juste titre qu'il est aujourd'hui considéré comme
le grand initiateur de la théorie nouvelle.

Ce mérite, du reste, il l'a payé bien cher. Comme les initia-
teurs en général, il n'a pas été compris de ses contemporains,
qui l'ont accablé de quolibets et de mauvaises plaisanteries. Il
a eu surtout contre lui toutes les réputations acquises, qui ne
voulaient ou ne pouvaient pas le suivre sur un terrain nouveau.
Les infaillibles du dogme se sont unis aux infaillibles de la
science pour étouffer une théorie nouvelle qui menaçait ou
semblait menacer les idées reçues et les réputations faites. De
là une redoutable coalition qui a cherché à étouffer la théorie
nouvelle tout en poursuivant son auteur. C'est au milieu de
cette conspiration du silence et de l'isolement que Lamarck

finit ses jours. On a même eu toutes les peines du monde à retrouver la place de sa tombe.

L'ouvrage le moins connu peut-être de Lamarck, et qui, après sa *Philosophie zoologique*, mérite le plus de l'être, est sans contredit le *Système analytique des connaissances positives de l'homme*. Dans cet ouvrage, dicté dans les dernières années de sa vie, l'auteur, après avoir insisté « sur les maux nombreux » produits par l'ignorance, le faux savoir, le défaut d'exercice du jugement, l'abus du pouvoir, nous montre « la nécessité de nous renfermer dans le cercle des objets que présente la nature » et de ne jamais en sortir si nous ne voulons nous exposer à tomber dans l'erreur, parce que, seule, l'étude approfondie de la nature et de l'organisation de l'homme, parce que, seule, l'observation exacte des faits nous dévoile « les vérités qu'il nous importe le plus de connaître » pour éviter les vexations, les perfidies, les injustices et les oppressions de toutes sortes qui font naître, dans le corps social, « des désordres incalculables »; pour découvrir et acquérir les moyens de nous procurer la jouissance des avantages que nous sommes en droit d'attendre de notre état de civilisation. En un mot, ce livre est la recherche des services que la science peut et doit rendre à la société; c'est l'exposé des sources où l'homme doit puiser ses connaissances positives, sources qui constituent « le champ des réalités »; c'est l'analyse des principes qui devraient « régler la pensée, le jugement, le sentiment et les actions de l'homme civilisé », en vue de réaliser la plus grande somme de perfectionnement et de bien-être dont il est capable. Certes, tout n'est pas parfait dans cet ouvrage, mais nous croyons qu'il y aurait bien peu de chose à changer, à modifier, pour en faire le guide éclairé et sûr de quiconque s'occupe de science politique et sociale.

Lamarck occupait au Muséum ou Jardin des Plantes l'appartement habité autrefois par Buffon, actuellement par de Quatrefages, dans la maison qui porte le numéro 2 de la rue de Buffon, entre le grand bâtiment de la zoologie et la bibliothèque.

Il s'y éteignit le 18 décembre 1829, à l'âge de quatre-vingt-cinq ans. Il avait perdu la vue depuis quelques années et laissait sa famille presque dans le dénuement. Déjà, de son vivant, il fut obligé de se défaire de sa collection de coquilles sans que le Muséum songeât à l'acquérir. Il en fut de même pour son herbier qui, après sa mort, fut acquis par Rœper, professeur de botanique à l'Université de Rostock, grand-duché de Mecklembourg-Schwerin. Fait singulier, Rœper mourut comme Lamarck à l'âge de quatre-vingt-quatre ans. Cette mort a eu lieu le 17 mars 1885. Plus patriote que le gouvernement français, le gouvernement mecklembourgeois acquit l'herbier du professeur Rœper pour l'Institut botanique de Rostock.

Ce gouvernement n'est pourtant pas bien riche, puisque, pour avoir les fonds nécessaires à l'amélioration de son Jardin botanique, il a été obligé de revendre l'herbier de Lamarck. Heureusement, un disciple de Lamarck, comme lui professeur au Jardin des Plantes, Bureau, veillait. Grâce à lui, le célèbre herbier est réinstallé dans les galeries du Muséum, qu'il n'aurait jamais dû quitter. C'est une réparation !

Une autre réparation a été faite il y a quelques années. Les filles de l'homme de génie se trouvaient dans une affreuse détresse. Le gouvernement de la République leur est venu en aide, acquittant ainsi une véritable dette nationale !

Il reste à accomplir une dernière réparation, qui ne doit pas être uniquement l'œuvre du gouvernement, mais surtout celle des nombreux savants qui, dans leurs études, ont pris Lamarck pour guide. Ils sont peut-être encore plus nombreux à l'étranger, principalement en Italie et en Suisse, qu'en France. Le père du transformisme est l'un des génies qui font honneur à l'humanité tout entière, et à ce point de vue il a droit aux sympathies des savants de tous les pays.

La postérité a paru jusqu'ici trop oublieuse des services de Lamarck. Sa statue et même son buste ne se trouvent nulle part. Tout au plus à Paris et dans quelques autres villes, le nom d'une rue rappelle-t-il son souvenir. En lui érigeant un monument au moment du centenaire de 1789, ses admirateurs montreront que, si la justice est tardive, il est pourtant une heure solennelle où elle se manifeste.

EXPOSITION DE LA RÉUNION LAMARCK

1. Portrait de Lamarck par Thévenin, gravé par Fremy.

2. Portrait de Lamarck par Ambroise Tardieu, publié par Panckoucke.

3. Portrait de Lamarck aveugle, dessiné et gravé d'après nature en 1824 par Ambroise Tardieu.

4. Essai d'une reconstitution du profil de Lamarck, eau-forte, par le docteur Gachet, 1888.

5. Autographe de Lamarck remontant à l'an X.

6. Photographie de l'acte de naissance de Lamarck, retrouvé par Philippe Salmon.

7. *Lamarck*, par un groupe de transformistes ses disciples, brochure in-8°, avec six figures, Paris, 1887.

8. Statuette de Lamarck, par Étienne Leroux.

CHAPITRE III

BIBLIOTHÈQUE DES SCIENCES CONTEMPORAINES

Dirigée par MM. A. Hovelacque, C. Issaurat, André Lefèvre, Ch. Letourneau, G. de Mortillet, Thulié, Eugène
Véron, mort récemment.

Éditeur : C. Reinwald, 15, rue des Saints-Pères, Paris.

Depuis le siècle dernier, les sciences ont pris un énergique
essor en s'inspirant de la féconde méthode de l'observation et
de l'expérience. On s'est mis à recueillir, dans toutes les directions, les faits positifs, à les comparer, à les classer et à en tirer
les conséquences légitimes.

Les résultats déjà obtenus sont merveilleux. Des problèmes
qui sembleraient devoir à jamais échapper à la connaissance
de l'homme ont été abordés et en partie résolus, et cet immense
trésor de faits nouveaux, non seulement a renouvelé les sciences
déjà existantes, mais a servi de matière à des sciences nouvelles
du plus saisissant intérêt.

L'*Archéologie préhistorique* nous a reconquis, dans la
profondeur des siècles disparus, des ancêtres non soupçonnés
et reconstitue, à force de découvertes, l'industrie, les mœurs,
les types de l'homme primitif à peine échappé à l'animalité.

L'*Anthropologie* a ébauché l'histoire naturelle du groupe
humain dans le temps et dans l'espace, le suit dans ses évolu-
tions organiques, l'étudie dans ses variétés, races et espèces,
et creuse ces grandes questions de l'origine de la vie, de l'influence des milieux, de l'hérédité, des croisements, des rapports avec les autres groupes animaux, etc., etc.

La *Linguistique* retrouve, par l'étude comparée des idiomes, les formes successives du langage, les analyse et prépare, pour ainsi dire, une histoire de la pensée humaine, saisie à son origine même et suivie à travers les âges.

La *Mythologie comparée* nous fait assister à la création des dieux, classe les mythes, étudie les lois de leur naissance et de leur développement à travers les innombrables formes religieuses.

Toutes les autres sciences, Biologie, Astronomie, Physique, Chimie, Zoologie, Géologie, Géographie, Botanique, Hygiène, etc., ont été, sous l'influence de la même méthode, étendues, régénérées, enrichies et appelées à se prêter un mutuel secours. Cette influence s'est même étendue à des sciences que la fantaisie et l'esprit de système avaient dépouillées de toute précision et de toute réalité, l'Histoire, là Philosophie, la Pédagogie, l'Économie politique, etc.

Mais jusqu'à présent ces magnifiques acquisitions de la libre recherche n'ont pas été misés à la portée des gens du monde : elles sont éparses dans une multitude de recueils, mémoires et ouvrages spéciaux. Le public ne les trouve nulle part à l'état d'ensemble, d'exposition élémentaire et méthodique, débarrassées de l'appareil scientifique, condensées sous une forme accessible.

Et cependant il n'est plus permis de rester étranger à ces conquêtes de l'esprit scientifique moderne, de quelque œil qu'on les envisage. A chaque instant, dans les conversations, dans les lectures, on se heurte à des controverses sur ces nouveautés : le Darwinisme, la Théorie mécanique de la chaleur, la Corrélation des forces naturelles, l'Atomisme, la Descendance de l'homme, la Prévision du temps, les Théories cérébrales, etc. ; on se sent honteux de se trouver pris en flagrant délit d'ignorance. Et puis, considération bien supérieure, c'est par la science universalisée, déposée dans toutes les consciences, que nous mettrons fin à notre anarchie intellectuelle et que nous marcherons vraiment à la régénération.

De ces réflexions est née la présente entreprise. On s'est

adressé à des savants pour obtenir de chacun d'eux, dans la spécialité qui fait l'objet constant de ses études, le *Manuel* précis, clair, accessible, de la science à laquelle il s'est voué, dans son état le plus récent et dans son ensemble le plus général. Par conséquent, pas de compilations de seconde main. Chacun s'est renfermé dans le domaine où sa compétence est incontestable. Chaque traité forme un seul volume, avec gravures, quand c'est nécessaire, et de prix modeste. Jamais la vraie science, la science consciencieuse et de bon aloi ne s'est faite ainsi toute à tous.

Un plan uniforme, fermement maintenu par un comité de rédaction, préside à la distribution des matières, aux proportions de l'œuvre et à l'esprit général de la collection.

CONDITIONS DE LA SOUSCRIPTION

Cette collection paraît par volumes in-12, format anglais, aussi agréable pour la lecture que pour la bibliothèque; chaque volume a de 10 à 15 feuilles, ou de 350 à 500 pages au moins. Les prix varient, suivant la nécessité, de 3 à 5 francs.

EN VENTE

I. *La Biologie*, par le docteur Charles LETOURNEAU. 3e édition. 1 vol. de 518 pages, avec 112 gravures sur bois.

II. *La Linguistique*, par Abel HOVELACQUE. 5e édition. 1 vol. de 454 pages.

III. *L'Anthropologie*, par le docteur Paul TOPINARD, avec préface du professeur Paul BROCA. 4e édition. 1 vol. de 576 pages, avec 52 gravures sur bois.

IV. *L'Esthétique*, par M. Eugène VÉRON, directeur du journal l'*Art*. — Origine des Arts. — Le Goût et le Génie. — Définition de l'Art et de l'Esthétique. — Le Style. — L'Architecture. — La Sculpture. — La Peinture. — La Danse. — La Musique. — La Poésie. — L'Esthétique de Platon. — 2e édition. 1 vol de 524 pages.

V. *La Philosophie*, par M. André LEFÈVRE. 2e édition. 1 vol. de 640 pages.

VI. *La Sociologie* d'après l'Ethnographie, par le docteur Charles LETOURNEAU. 2e édition. 1 vol. de 624 pages.

VII. *La Science économique*, par M. Yves Guyot. 2ᵉ édition. 1 vol. de 600 pages, avec 67 figures graphiques.

VIII. *Le Préhistorique*, antiquité de l'homme, par G. DE MORTILLET. 2ᵉ édition. 1 vol. de 678 pages, avec 64 figures.

IX. *La Botanique*, par M. DE LANESSAN. 1 vol. de 570 pages, avec 132 figures intercalées dans le texte.

X. *La Géographie médicale*, par le docteur A. BORDIER. 1 vol. de 688 pages, avec figures dans le texte.

XI. *La Morale*, par M. Eugène VÉRON. 1 vol. de 516 pages.

XII. *La Politique expérimentale*, par M. Léon DONNAT. 1 vol. de 504 pages.

XIII. *Les Problèmes de l'histoire*, par M. Paul MOUGEOLLE. 1 vol. de 498 pages.

XIV. *La Pédagogie*, par M. C. ISSAURAT. 1 vol. de 512 pages.

XV. *L'Agriculture et la Science agronomique*, par Albert LARBALÉTRIER. 1 vol. de xxiv-568 pages.

XVI. *La Physico-chimie*, son rôle dans les phénomènes naturels, astronomiques, géologiques et biologiques, par le docteur FAUVELLE. 1 vol. de xxiv-512 pages.

CHAPITRE IV

BIBLIOTHÈQUE ANTHROPOLOGIQUE

Dirigée par MM. MATHIAS DUVAL, GEORGES HERVÉ, ABEL
HOVELACQUE, CH. LETOURNEAU, GABRIEL DE MORTILLET
et THULIÉ.

Éditeurs : LECROSNIER et BABÉ, place de l'École-de-Médecine, Paris.

D'immenses progrès dans toutes les branches des sciences
naturelles ont marqué les trente dernières années. De ce grand
mouvement est sorti tout le groupe des sciences anthropologiques. Pour ces dernières, la date de leur naissance, ou mieux
de leur renaissance, peut être fixée en 1859, année où fut
fondée la *Société d'anthropologie de Paris* sur l'initiative de
Paul Broca, et où parut l'*Origine des espèces* de Darwin.
Depuis lors nous avons vu grandir et s'éclairer mutuellement
l'*Archéologie préhistorique*, l'*Ethnographie*, la *Linguistique*,
la *Science des religions*, le *Folk Lorisme* ou étude des traditions populaires, la *Pathologie comparée*, la *Sociologie*, surtout
la *Sociologie ethnographique*.

C'est de ce faisceau scientifique ajouté à l'*Anatomie* que se
compose aujourd'hui l'*Anthropologie*. Cette science, si vaste,
possède actuellement ses sociétés savantes, ses congrès, ses
laboratoires, son enseignement, ses revues spéciales; mais elle
n'a encore que fort peu d'ouvrages où les résultats généraux,
acquis par elle, soient exposés d'ensemble et pour le grand
public.

C'est à combler cette lacune que sert la *Bibliothèque anthropologique*. Dans une série de volumes, cette bibliothèque

aborde successivement, non seulement toutes les branches, mais encore toutes les grandes questions anthropologiques, dont ne saurait plus se désintéresser aujourd'hui aucun esprit éclairé.

Confiés à des auteurs que recommande leur compétence spéciale, ces volumes contiennent chacun une vue d'ensemble sur le sujet traité.

Au point de vue de la doctrine, le Comité de la Bibliothèque veillera au maintien de l'homogénéité entre tous les ouvrages.

Tome Ier. — THULIÉ (H.). *La Femme. Essai de sociologie physiologique.* Ce qu'elle a été, ce qu'elle est. Les théories; ce qu'elle doit être. 1 vol. in-8, 1885. 7 fr. 50

Tome II. — DUVAL (MATHIAS). *Le Darwinisme.* 1 vol. in-8, avec figures intercalées dans le texte, 1886. 10 fr.

Tome III. — LETOURNEAU (CH.). *L'Évolution de la morale.* Leçons professées pendant l'hiver de 1885-1886. 1 vol. in-8, 1887. 7 fr. 50

Tome IV. — HOVELACQUE (A.) et G. HERVÉ. *Précis d'anthropologie.* 1 vol. in-8, avec 20 figures intercalées dans le texte, 1887. 10 fr.

Tome V. — VINSON (J.). *Les Religions actuelles; leurs doctrines, leur évolution, leur histoire. Peuples sans religion. Fétichisme. Brahmanisme. Bouddhisme. Parsisme. Judaïsme. Mahométisme. Christianisme. Sectes extravagantes.* 1 vol. in-8, 1888. 9 fr.

Tome VI. — LETOURNEAU (CH.). *L'Évolution du mariage et de la famille.* 1 vol. in-8, 1888. 7 fr. 50

Tome VII. — LACOMBE (P.). *La Famille dans la société romaine,* étude de moralité comparée. 1 vol. in-8, 1889. 7 fr.

Tome VIII. — LETOURNEAU (CH.). *L'Évolution de la propriété.* 1 vol. in-8, 1889. 8 fr.

Tome IX. — HOVELACQUE (A.). *Les Nègres de l'Afrique sus-équatoriale,* 1889.

Tome X. — BORDIER (A.). *Pathologie comparée,* 1889. 8 fr.

CHAPITRE V

DICTIONNAIRE DES SCIENCES ANTHROPOLOGIQUES

ANATOMIE, CRANIOLOGIE, ARCHÉOLOGIE PRÉHISTORIQUE, ETHNOGRAPHIE (MŒURS, LOIS, ARTS, INDUSTRIE), DÉMOGRAPHIE, LANGUES, RELIGIONS

Dirigé par MM. A. BERTILLON, COUDEREAU, A. HOVELACQUE, ISSAURAT, ANDRÉ LEFÈVRE, CH. LETOURNEAU, G. DE MORTILLET, THULIÉ et E. VÉRON.

Collaborateurs : MM. J. BERTILLON, BLANCHARD, BORDIER, CHANTRE, CHERVIN, CHUDZINSKI, DELISLE, DENIKER, MATHIAS DUVAL, FAUVELLE, GATTEYRIAS, HERVÉ, KUHFF, DE LANESSAN, MAHOUDEAU, MANOUVRIER, MONDIÈRE, A. DE MORTILLET, PICOT, GIRARD DE RIALLE, Mme CLÉMENCE ROYER, DE QUATREFAGES, SALMON, VARAMBEY, JULIEN VINSON, WEISSGERBER, ZABOROWSKI.

Éditeur : OCTAVE DOIN, place de l'Odéon, 8, Paris.

PRÉFACE

L'*anthropologie* est et devait être la plus jeune des sciences contemporaines.

C'est bien tardivement que l'homme a songé à se replier sur lui-même, à se demander quelle place il occupait dans l'univers, qui il était, d'où il venait, où il allait.

Longtemps les religions seules répondirent à ces questions. Les réponses étaient puériles; mais l'esprit humain, mal éveillé encore, ne s'avisait guère de les contrôler. Pour douter, il faut savoir, et les sciences d'observation ne pouvaient se développer qu'avec lenteur. C'est depuis un siècle à peine qu'elles ont décidément pris le pas sur les sciences mathématiques.

A partir de ce moment, la vérité se fit jour de tous côtés.

Déjà l'astronomie avait prouvé que, relativement au grand Cosmos, le globe terrestre n'est qu'un grain de poussière.

Par l'observation patiente les naturalistes montrèrent que l'homme est physiquement un mammifère comme les autres et que même, par son embryologie, il se rattache aux vertébrés inférieurs.

En même temps, les linguistes classaient les langues d'après leur lexique et leur structure, en retraçaient l'évolution. Pour les religions, la mythologie comparée faisait un travail analogue; elle mettait hors de doute l'analogie essentielle des croyances soi-disant sublimes avec le grossier animisme des sauvages.

D'autre part, l'archéologie préhistorique exhumait les archives de l'humanité; Tournal, Boucher de Perthes et leurs émules dévoilaient la prodigieuse antiquité de l'homme et ses très humbles commencements.

Enfin, les ethnographes, les voyageurs retrouvaient partout, vivantes encore, les ébauches de l'humanité, les races inférieures et les primitives civilisations.

Les résultats généraux de ces fécondes enquêtes donnèrent naturellement l'idée de fonder une science ayant pour objet l'homme étudié sous tous les aspects, dans le temps et dans l'espace.

Pour mener à bonne fin une œuvre aussi vaste, le concours de nombreux collaborateurs était nécessaire. Un homme d'un grand mérite, prématurément enlevé à la science, P. Broca, donna le signal en fondant à Paris, en l'année 1859, la première Société d'anthropologie qui eut bientôt des sœurs nombreuses dans tous les pays civilisés.

Anatomiste avant tout, P. Broca poussa la science nouvelle dans la voie des minutieuses recherches relatives à la structure physique des diverses races et variétés humaines. L'étude comparée du crâne l'occupa longtemps et il en tira une branche de l'anatomie anthropologique : la crâniologie.

Que ces travaux d'anatomie soient nécessaires, qu'ils fussent bien à leur place au début de la science nouvelle, cela est incontestable ; mais le cadre ne pouvait manquer de s'élargir considérablement.

Pas une société d'anthropologie, qui, aujourd'hui, ne considère comme un strict devoir d'étudier l'homme à tous les points de vue, de le suivre dans toutes les manifestations de son activité.

L'anatomie descriptive, *l'anatomie comparée*, *l'embryologie* ne forment plus qu'un grand département de la science de l'homme.

On en rapproche *l'archéologie préhistorique*, la *linguistique*, la *psychologie*, la *géographie médicale*, la *mythologie*, la *démographie*, la *sociologie*. En s'aidant, s'éclairant mutuellement, toutes ces maîtresses branches de la science constituent vraiment *l'anthropologie* : c'est bien le cas de dire que l'union fait la force.

Sans doute l'exploration est loin d'être terminée ; déjà pourtant les principales données se dégagent, et l'application à l'anthropologie de la grande doctrine transformiste n'y contribue pas médiocrement.

L'homme sait aujourd'hui qu'il s'est lentement et péniblement dégagé du monde animal ; que le citadin le plus raffiné de Paris ou de Londres a eu pour lointains ancêtres des êtres analogues aux Australiens actuels ; que la plus extrême sauvagerie a constitué le premier stade psychique de l'humanité ; que nos écrivains les plus brillants, nos poètes les plus exquis, nos orateurs les plus diserts, descendent d'hommes pithécoïdes, qui, pour exprimer leurs pauvres idées, avaient seulement des gestes, des cris, des onomatopées.

Les merveilles de notre industrie nous enorgueillissent ; mais elles sont seulement l'épanouissement d'efforts millénaires ; elles ont été précédées de cycles incommensurables pendant lesquels l'homme n'avait pour armes et pour outils que des silex taillés.

On s'efforce encore de nous faire admirer les grandes religions indo-européennes ; mais nous savons que toutes tiennent au plus grossier fétichisme, à la puérile extérioration des sentiments, des désirs, etc., de l'homme primitif, qui dote généreusement le monde extérieur d'une vie consciente, analogue à la sienne, et, se leurrant de l'espoir d'une vie future, projette au delà du tombeau une image corrigée de sa vie terrestre.

Portons-nous nos regards vers l'évolution sociale, nous trouvons que toutes les sociétés ont eu pour embryon la horde anarchique, d'où sont successivement sorties la tribu, les castes, la monarchie absolue. Puis nous voyons peu à peu les chaînes se détendre, les privilèges s'atténuer ou disparaître, les iniquités sociales soulever de plus en plus l'indignation publique.

De tout cela se dégage une grande et fortifiante idée, l'idée du progrès toujours nécessaire et de plus en plus rapide, bien que souvent enrayé.

Comme nous l'avons déjà remarqué, tous ces résultats généraux, si consolants, proviennent d'enquêtes minutieuses, variées, de milliers de faits épars, mis en lumière par des observateurs qui le plus souvent s'ignoraient les uns les autres. Tous ces matériaux, tous ces faits si suggestifs, qui, rapprochés, acquièrent une valeur centuple, nous nous sommes efforcés de les réunir dans un *Dictionnaire des sciences anthropologiques*, rédigé par les spécialistes les plus compétents et les esprits les plus libres.

De ce concours résulte une *Encyclopédie anthropologique*, dont l'analogue n'existe encore nulle part, et qui est pour tout homme quelque peu cultivé un *vade mecum* indispensable.

- *Les membres du Comité de publication :*

A. HOVELACQUE, professeur à l'École d'anthropologie, auteur de la *Linguistique*.

ISSAURAT, membre de la Société d'anthropologie, auteur de la *Pédagogie*,

André Lefèvre, professeur à l'École d'anthropologie, auteur de la *Philosophie*.

D^r Ch. Letourneau, secrétaire-général de la Société d'anthropologie, auteur de la *Sociologie*.

G. de Mortillet, professeur d'anthropologie préhistorique à l'École d'anthropologie, auteur du *Préhistorique*.

Dr Thulié, ancien président de la Société d'anthropologie.

E. Véron, auteur de l'*Esthétique*.

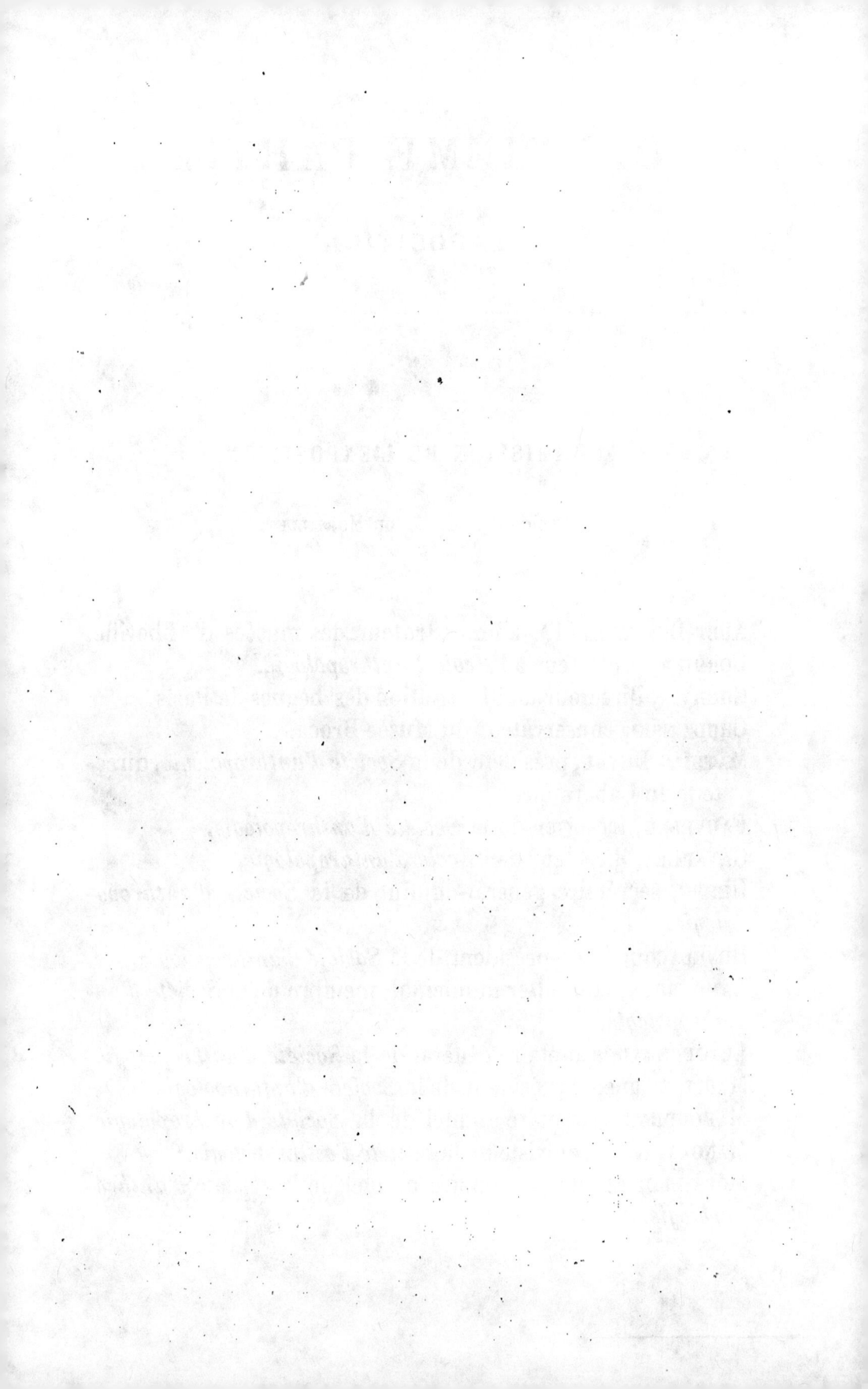

DEUXIÈME PARTIE

EXPOSITION

COMMISSION DE L'EXPOSITION

Président : M. G. DE MORTILLET.

MM.

AULT-DUMESNIL (d'), administrateur des musées d'Abbeville.

BORDIER, professeur à l'*École d'anthropologie*.

CHERVIN, directeur de l'Institution des bègues de Paris.

CHUDZINSKI, conservateur du Musée Broca.

MATHIAS DUVAL, président de la *Société d'anthropologie*, directeur du Laboratoire.

FAUVELLE, trésorier de la *Société d'anthropologie*.

GAVARRET, directeur de l'*École d'anthropologie*.

HERVÉ, secrétaire général-adjoint de la *Société d'anthropologie*.

HOVELACQUE, vice-président de la *Société d'anthropologie*.

LAMOUROUX, conseiller municipal, membre de la *Société d'anthropologie*.

LETOURNEAU, secrétaire général de la *Société d'anthropologie*.

MAGITOT, ancien président de la *Société d'anthropologie*.

MAHOUDEAU, secrétaire annuel de la *Société d'anthropologie*.

MANOUVRIER, archiviste de la *Société d'anthropologie*.

MORTILLET (A. de), secrétaire annuel de la *Société d'anthropologie*.

Pozzi, ancien président de la même Société.

Salmon (Ph.), vice-président de la Commission des monuments mégalithiques.

Thulié, ancien président de la *Société d'anthropologie*.

Vinson (J.), professeur à l'*École des langues orientales*.

INTRODUCTION

Comme on l'a vu dans la partie historique, ce n'est qu'à partir de 1859 que l'Anthropologie a été généralement reconnue comme méritant de former une des branches les plus importantes des sciences naturelles.

Mais ce classement, si bien justifié qu'il fût, ne suffisait pas pour donner à cette sœur puînée de la Zoologie et de la Botanique toute la maturité de ses devancières. Il fallait recueillir tous les documents épars, les coordonner d'une manière méthodique, signaler les nombreuses lacunes et commencer les recherches nécessaires pour les combler. C'est à ce travail que se consacrèrent tout entiers Broca et ses courageux collaborateurs, dont l'exemple fut bientôt suivi par un grand nombre de savants étrangers.

Une entreprise aussi considérable demandait de longues années de labeur pour que les résultats obtenus méritent d'être exposés en public. Aussi, lors de l'Exposition universelle de 1867, les anthropologistes comprirent ce qu'il y aurait de dangereux pour l'avenir de leur science d'en montrer prématurément les premiers essais; ils s'abstinrent donc et firent bien.

L'ethnographie préhistorique possédait seule des documents assez précis pour permettre de les faire figurer dans l'Histoire du travail. Ce fut M. Gabriel de Mortillet qui fut chargé d'organiser la salle dans laquelle furent exposés les restes des industries des premiers âges de l'humanité; et l'on sait quel succès obtint, en France et à l'étranger, la classification adoptée par lui.

Pendant les onze années qui s'écoulèrent jusqu'à l'Exposition universelle de 1878, l'Anthropologie s'était enrichie, dans toutes ses subdivisions, d'une multitude de travaux importants, émanant des hommes les plus autorisés de tous les pays. L'abstention eût été alors aussi nuisible qu'elle avait été utile en 1867. De l'avis de tous, l'heure était venue pour l'Anthropologie de s'affirmer publiquement. Aussi le 29 mars 1877, sur la proposition du Commissaire général de l'Exposition, le Ministre de l'Agriculture et du Commerce prit un arrêté décidant qu'une exposition des sciences anthropologiques serait ouverte dans les locaux de l'Exposition universelle, du 1er mai 1878 jusqu'au 31 octobre suivant, et que l'organisation et l'installation de cette exposition serait confiée à la Société d'anthropologie.

Tout le monde a encore présent à la mémoire l'éclatant succès qu'elle obtint. Quinze États européens et la grande République américaine répondirent à l'appel de la France et vinrent confondre leur exposition avec la sienne. Tous ces matériaux furent groupés en cinq classes : 1° Anthropologie générale et Biologie ; 2° Ethnologie, Ethnographie et Linguistique ; 3° Anthropologie préhistorique ; 4° Démographie ; 5° Bibliographie. Malgré la situation à l'écart du local, ce fut un des points les plus fréquentés par le public.

En 1889, une exposition synthétique n'était plus possible. Chaque nation avait trouvé chez elle un nombre suffisant de travailleurs pour constituer soit une Société spéciale, soit au moins une section d'anthropologie dans le sein des associations scientifiques. En France même, deux groupes d'anthropologistes s'étaient réunis à Lyon et à Bordeaux, pour concentrer les résultats de leurs travaux. Il était donc indispensable de laisser à chacun son initiative personnelle. Un coup d'œil général sur les expositions anthropologiques va montrer qu'on a eu raison de compter sur cette initiative.

L'intérêt que le public avait pris en 1878 à l'exposé de

l'histoire de l'homme, spécialement dans les temps préhistoriques, avait stimulé le zèle d'une foule de chercheurs plus
ou moins étrangers à l'anthropologie. On trouve donc, dans
les sections de la Guerre, du Commerce et de l'Agriculture,
des collections très intéressantes d'objets représentant les
armes et l'industrie des premiers âges de l'humanité. Les
instituteurs primaires, ces modestes vulgarisateurs, ont également suivi l'impulsion; on pourra voir dans leurs expositions
bien des pièces préhistoriques d'un grand intérêt. Il en est
même qui montrent des représentations vraiment remarquables des monuments mégalithiques observés dans les contrées qu'ils habitent.

Si l'on parcourt l'exposition des missions scientifiques, on
voit que les jeunes savants français qui ont pénétré dans tant
de contrées jusqu'alors inexplorées, ont rapporté de leurs
voyages de véritables trésors anthropologiques. Parmi ces
collections on remarque surtout celle que le docteur Verneau,
membre de la Société d'anthropologie, a recueillie aux îles
Canaries.

On trouve encore d'intéressantes réunions d'objets d'ethnographie préhistorique et contemporaine dans les divers pavil-
lons des colonies françaises, à l'esplanade des Invalides.

Enfin, un certain nombre de chercheurs, suivant en cela
l'ancienne tradition de 1867, ont exposé, dans les premières
salles de l'Histoire du travail, de riches vitrines dont l'examen
présente un intérêt réel.

Parmi les nationalités qui étaient restées étrangères,
jusqu'en 1878, au mouvement scientifique vers l'anthropologie, mais qui s'y sont ralliées depuis avec un zèle des plus
louables, nous devons citer les républiques de l'Amérique
centrale et de l'Amérique méridionale. Nommons tout d'abord
le Salvador dont le petit pavillon, si reconnaissable à son revê-
tement en faïences polychromes, est rempli de richesses
ethnographiques de tous les âges.

Mais, au point de vue réellement anthropologique, l'exposition du Vénézuela l'emporte sur toutes les autres. Le zèle

pour la science d'un de ses plus illustres hommes d'État, M. le général GUSMAN BLANCO, si bien secondé par M. le docteur Marcano, le savant membre de la Société d'anthropologie de Paris, a su y réunir de magnifiques collections d'objets préhistoriques et de crânes provenant des populations qui, avant la conquête, habitaient les contrées équatoriales. Grâce à la munificence de l'ancien président des États-Unis du Vénézuela, le Musée Broca va se trouver enrichi de ces précieux restes des anciens habitants du nouveau monde. Pour en bien comprendre l'importance, il faut consulter, dans le premier fascicule du quatrième volume (deuxième série) des *Mémoires* de la Société, une étude remarquable sur l'ethnographie précolombienne du Vénézuela, due aux recherches persévérantes de M. Marcano, qui, pour l'étude des crânes, a été, pendant plus d'un an, l'un des travailleurs les plus assidus du Laboratoire.

Dans ce résumé succinct des richesses anthropologiques que renferme l'Exposition de 1889, on ne doit pas oublier de signaler cette multitude de races humaines qui, parties des confins les plus éloignés de la surface du globe, se trouvent réunies pour la première fois en un seul point, grâce à l'extension considérable de l'empire colonial de la France. Tous les anthropologistes peuvent aujourd'hui étudier par eux-mêmes les mœurs, l'industrie et les caractères ethniques des populations de l'extrême Orient, de l'Afrique occidentale et de l'Océanie. C'est pour eux une occasion, qui peut-être ne se renouvellera plus, de contrôler directement les récits et les descriptions des voyageurs.

Voyons maintenant quel rôle se sont réservé la Société, l'École et le Laboratoire de Paris, au milieu de cette espèce d'effervescence scientifique.

A partir de 1878, les tendances de cet Institut anthropologique, comme Broca aimait à l'appeler, le portèrent vers l'enseignement. En effet l'École, à peine née et encore fort discutée à cette époque, a pris depuis un développement considérable, grâce aux libéralités de l'État, du Département de la Seine et de la Ville de Paris (voy. la partie historique). Aujourd'hui toutes les branches de l'anthropologie y sont largement développées devant un nombre toujours croissant d'auditeurs parmi lesquels se vulgarisent, sinon la science elle-même, du moins ses résultats les plus importants.

C'est cet enseignement que la Commission de l'Exposition résolut de transporter au Champ de Mars. Pour exécuter un semblable projet, il fallait renoncer à accumuler dans un vaste local ces nombreuses collections qui, dans chaque genre, se ressemblent plus ou moins, et dans lesquelles se glissent souvent des inutilités et même des erreurs. Il s'agissait de faire un choix méthodique de pièces importantes et de les grouper d'après leurs affinités naturelles, de manière à en faire ressortir les enchaînements. C'était en un mot l'enseignement par les yeux qu'il fallait organiser.

L'entreprise était des plus délicates, car, avant tout, il était indispensable d'obtenir d'un certain nombre d'anthropologistes de toutes classes, qu'ils veuillent bien renoncer à toute exposition purement personnelle et confier, pendant un temps relativement fort long, les pièces les plus importantes de leurs collections. Heureusement la Commission a rencontré parmi nos collègues des hommes qui, par dévouement à la science, n'ont pas hésité à faire abstraction complète de leur personnalité, pour la seconder dans les limites de leur pouvoir; elle saisit cette occasion pour leur adresser ses plus chaleureux remerciements.

Elle prie également M. le Ministre de l'Instruction publique de vouloir bien agréer l'expression de sa profonde gratitude pour l'accueil qu'il a bien voulu lui faire dans les salles de l'Enseignement où elle devait se trouver dans son milieu naturel.

Certainement les résultats obtenus sont loin d'atteindre la perfection; mais tels qu'ils sont, ils suffisent pour montrer tout le parti que l'on peut tirer d'une exposition collective à caractère didactique, et cet essai pourra être, nous l'espérons du moins, le point de départ d'une transformation dans les méthodes suivies jusqu'ici, pour les expositions scientifiques.

— L'exposition de la Société, du Laboratoire et de l'École d'anthropologie comprend quatre vitrines et un meuble à volets, situés dans les salles du Ministère de l'Instruction publique au premier étage, galerie de gauche, pavillon des Arts libéraux.

CHAPITRE PREMIER

ANTHROPOLOGIE ANATOMIQUE

---

§ 1ᵉʳ. — **Société d'autopsie.**

Les cerveaux dont les moulages sont exposés dans la première travée de droite de la première vitrine, ont été l'objet
d'une étude morphologique très détaillée de la part du personnel du Laboratoire. A de rares exceptions près, ces travaux
ne peuvent encore donner de résultats décisifs; mais ce sont
des éléments précieux qui, dans l'avenir, serviront à préciser
les rapports qui doivent exister entre cette morphologie et la
fonction intellectuelle. On ne peut citer ici que les traits saillants, renvoyant pour les détails aux séances de la *Société
d'anthropologie* dans lesquelles ils ont été exposés.

1° Jules Assézat, homme de lettres, mort, le 24 juin 1876,
des suites d'une maladie du cœur, à l'âge de quarante-cinq ans.

« Sous des dehors modestes et même timides, dit Broca
(*Revue d'anthropologie*, 1876, p. 742), Assézat cachait une
érudition, une volonté énergique, un esprit actif, persévérant,
généreux, ouvert à tous les progrès. » Il collabora à plusieurs
journaux ou revues politiques, littéraires et scientifiques. On
lui doit la première édition complète des œuvres de Diderot
(Garnier frères). Lors de sa mort il était secrétaire de la
Société d'anthropologie.

Autopsie par P. Broca et Chudzinski. — Description des
hémisphères cérébraux par MM. Mathias Duval, Chudzinski
et Hervé. — Moulage de M. Chudzinski (fig. 1).

« Dans les deux hémisphères, le sillon pariétal se prolonge

sans interruption jusqu'à la scissure pariétale (1). » (Voy. séance de la *Société d'anthropologie* du 19 avril 1883.)

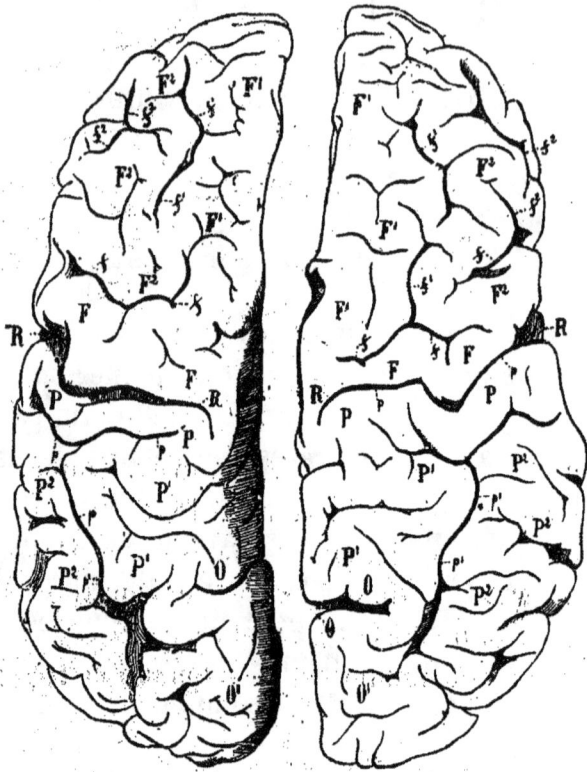

Fig. 1.

2° Louis ASSELINE, homme de lettres, mort, en avril 1878, d'une rupture du cœur, à l'âge de quarante-neuf ans.

Asseline avait une puissance de travail considérable. Ce fut un lutteur énergique; toute sa vie il combattit pour détruire l'erreur et la superstition et propager l'idée républicaine avec toutes ses conséquences. En 1865, il fut un des hommes qui

(1) Légende applicable à toutes les figures représentant les cerveaux dont les moulages sont exposés : R, sillon de Rollando; S, scissure de Sylvius; O, scissure occipitale; F, circonvolution frontale ascendante; F¹, F², F³, première, deuxième et troisième frontales ; P, pariétale ascendante; P¹, P², première et deuxième pariétales; T¹, T², T³, T⁴, T⁵, circonvolutions temporales; O¹, O², O³, O⁴, O⁵, circonvolutions occipitales.

fondèrent les Conférences de la rue de la Paix. Les siennes étaient très suivies et se faisaient remarquer par la lucidité de

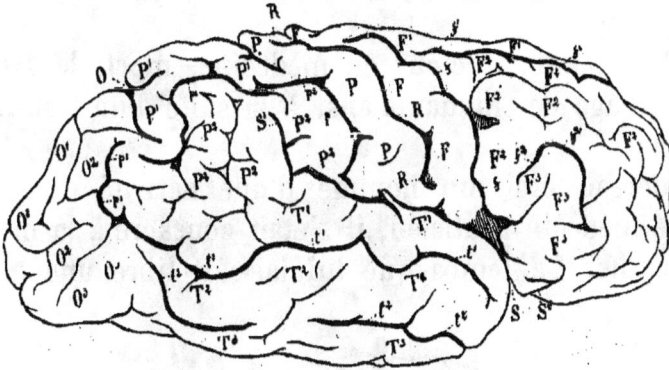

Fig. 2.

l'exposition et la richesse des détails. (Voy. Thulié, séance de la *Société d'anthropologie* du 18 avril 1878.)

Autopsie par P. Broca et Chudzinski. — Description du cerveau par MM. Mathias Duval, Chudzinski et Hervé. — Moulage de M. Chudzinski (fig. 2 et 3).

« La scissure occipitale est très longue et très profonde,

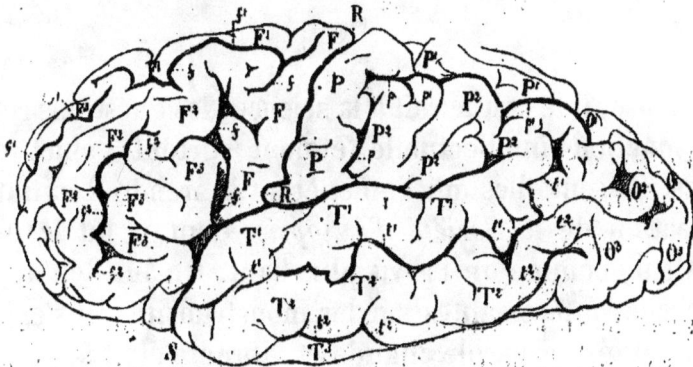

Fig. 3.

surtout du côté gauche. Cette longueur, jointe à la situation enfoncée du premier pli de passage pariéto-occipital, déter- mine le détachement presque complet du lobe occipital. Cette disposition rappelle la calotte des primates. La troisième cir-

convolution frontale gauche est nettement limitée et extrêmement flexueuse. » (Voy. séance de la *Société d'anthropologie*
du 5 avril 1883.)

3° COUDEREAU, docteur en médecine, mort, le 19 juillet
1882, à l'âge de cinquante ans, à la suite d'un traumatisme
intestinal.

Coudereau était un homme d'une activité prodigieuse.
Comme médecin praticien, il s'était consacré à la médecine
des enfants. Le temps que lui laissait libre une clientèle

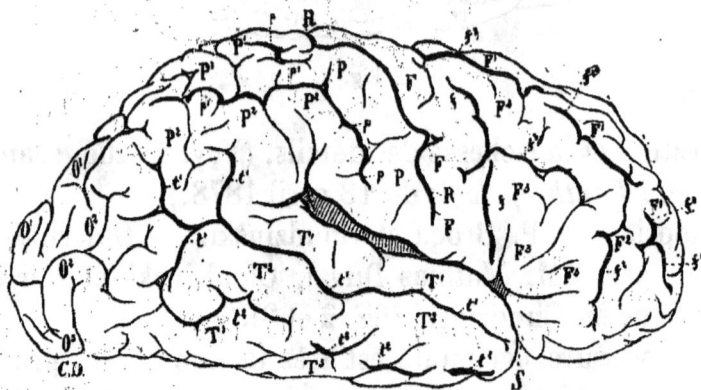

Fig. 4.

nombreuse, il le consacrait à la science ; les questions relatives
à la fonction intellectuelle étaient surtout l'objet de ses
études. Ce sont elles qui l'amenèrent à prendre l'initiative de
la création de la *Société d'autopsie*, dont il fut le premier
président, comme on l'a vu plus haut. On lui doit aussi des
recherches intéressantes sur les monstruosités. Il s'exprimait
avec facilité ; sa parole chaude et vibrante était soutenue par
un geste plein d'animation.

Autopsie par MM. Laborde, Hervé, Rondeau et Chudzinski.
— Étude du cerveau par MM. Mathias Duval, Chudzinski et
Hervé. — Moulage du cerveau par M. Chudzinski (fig. 4 et 5).

« Scissure de Rolando presque rectiligne. Scissure sous-
frontale peu flexueuse, se continue avec le sillon sous-pariétal.

Les circonvolutions sont relativement grosses et assez simples. La deuxième circonvolution frontale gauche est plus large que la droite et subdivisée incomplètement en deux. La troisième de gauche, moins large que la droite mais plus ondulée, n'est pas subdivisée. La première circonvolution temporale gauche

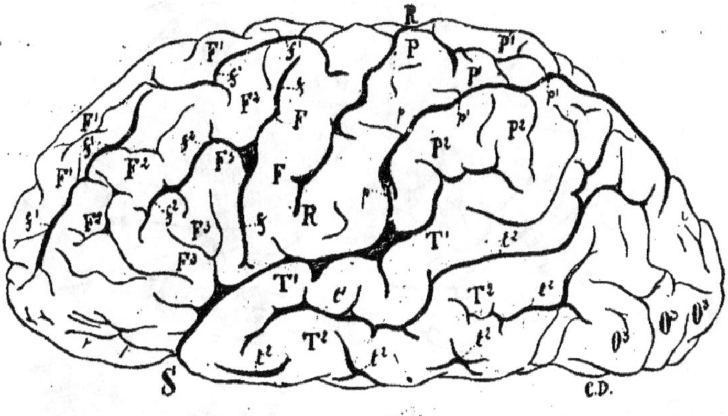

Fig. 5.

est plus large et plus flexueuse que la droite. » (Voy. séance de la *Société d'anthropologie* du 3 mai 1883.)

4° Léon GAMBETTA, homme politique, mort, le 31 décembre 1882, d'une pérityphlite, à l'âge de quarante-trois ans.

« Gambetta fut avant tout et par-dessus tout un orateur. Dans l'ensemble des hautes et brillantes facultés dont il était doué, celle qui dominait en lui et planait pour ainsi dire au-dessus de toutes les autres, instrument merveilleux et incomparable de son action et de sa puissance, c'était la faculté de la parole » (*Un cerveau illustre*, par le Dr Laborde. Inédit).

Autopsie par le docteur Fiéuzal et le docteur Laborde, membre de l'Académie de médecine, directeur des travaux physiologiques de la Faculté de médecine, vice-président de la *Société d'anthropologie*. — Description morphologique des hémisphères par MM. Mathias Duval et Chudzinski. — Moulage du cerveau par M. Chudzinski; de la cavité crânienne par M. Talrick.

« Le lobe occipital est extrêmement réduit, notamment du côté droit (fig. 6). Le lobule quadrilatère droit est très compliqué ; il est divisé en deux parties par un sillon qui part de la scissure occipitale ; de ces deux parties, l'inférieure est

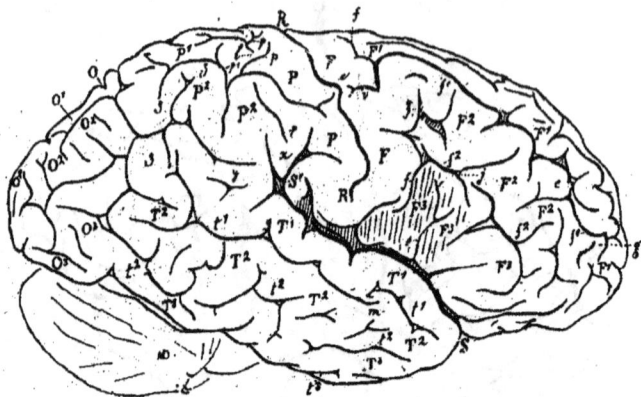

Fig. 6.

subdivisée en plusieurs méandres, par la présence d'une incisure à branches multiples disposées en étoile. On constate un développement extrême de la troisième circonvolution fron-

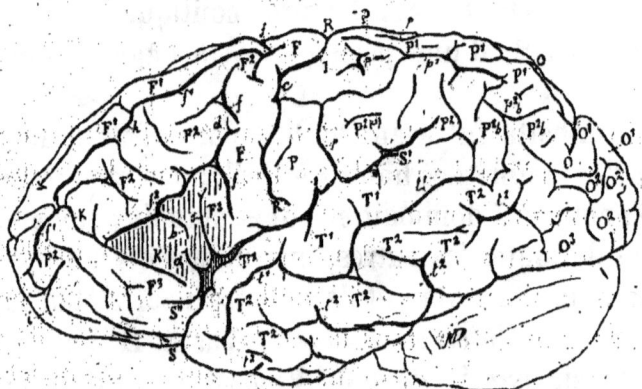

Fig. 7.

tale gauche ; tel que jusqu'ici il n'en a été signalé de semblable (fig. 7), on peut même la distinguer sur le moulage de la cavité crânienne. Tout le monde sait que cette circonvolution est le siège de l'aptitude pour le langage articulé. D'une manière générale, le cerveau paraît beau en ce que ses plis, malgré leur complexité, présentent, dans leur diposition, une régularité en quelque sorte schématique (fig. 8). » (Voy. séance de la *Société d'anthropologie* du 18 mars 1886.)

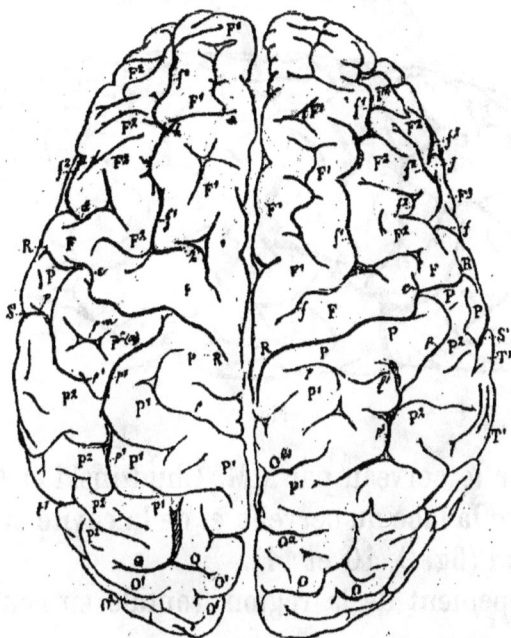

Fig. 8.

5° Adolphe BERTILLON, docteur en médecine, professeur de démographie à l'École d'anthropologie, mort, le 1er mars 1883, à l'âge de soixante-deux ans.

« Ses œuvres, variées et profondément originales, témoignent de sa puissance intellectuelle. Son caractère fortement trempé, se manifestait dans la vie privée, dans la vie publique et dans ses travaux scientifiques, par un amour du vrai et du devoir poussé jusqu'au scrupule. Il s'exprimait assez difficilement, cherchant ses mots et construisant péniblement ses phrases. Ce défaut de mémoire pour les mots et les phrases s'étendait à la musique, au point qu'il ne pouvait distinguer les airs les plus connus. Il écrivait également avec difficulté, obligé de recourir fréquemment au dictionnaire pour l'ortho-

graphe des mots, dont le souvenir lui échappait. Primitivement *gaucher*, il devint ambidextre grâce à l'exercice; il était
du reste très adroit de ses doigts. » (Voy. *Bull. de la Soc.
d'anthropol.*, séance du 21 juillet 1887, p. 558.)

Autopsie par MM. Mathias Duval, Chudzinski et G. Hervé.

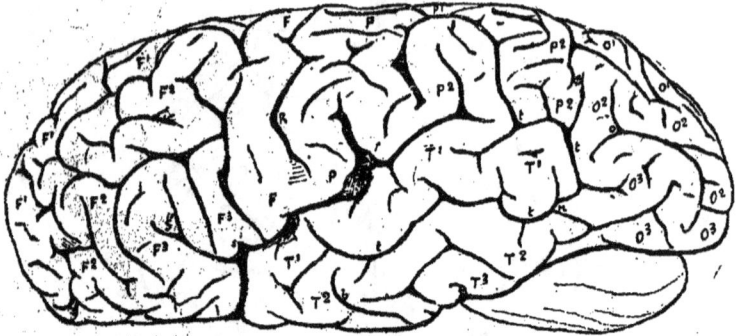

Fig. 9.

— Étude sur le cerveau par MM. Chudzinski et Manouvrier.
— Moulage de la face du cerveau et de la cavité crânienne par
M. Chudzinski (fig. 9, 10 et 11).

« Développement de la région frontale en général, visible

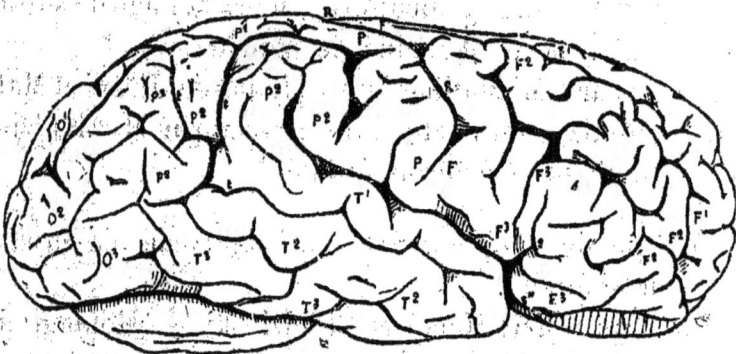

Fig. 10.

surtout sur le moule intra-crânien. Première circonvolution
temporale (siège de la mémoire des mots) mince à *droite*, plus
épaisse à gauche. Deuxième frontale droite (siège des mouvements de l'écriture) peu large; de plus, contrairement à ce
qui a lieu ordinairement, moins large que la première; à

gauche, elle présente un peu plus de largeur. La troisième frontale est bien développée dans son ensemble sur l'un et l'autre hémisphère. » (Voy. séance de la *Société d'anthropologie* du 21 juillet 1887.)

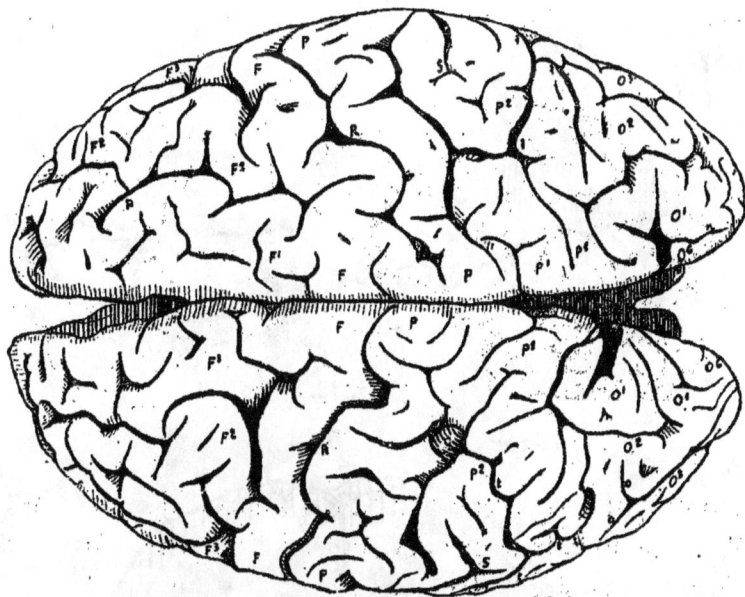

Fig. 11.

6° GILLET-VITAL, ingénieur civil, mort, à l'âge de soixante-trois ans, d'un accès d'angine de poitrine.

Autopsie par MM. Mathias Duval, Laborde, Hervé et Mahoudeau. — Moulage du buste et du cerveau par M. Chudzinski. Le cerveau n'a pas été encore étudié.

7° Masque du sculpteur SAUZEL. Le cerveau n'a pu encore être moulé ni étudié.

Autopsie par MM. Hervé et Chudzinski. — Moulage de la figure par M. Chudzinski.

8° Série de dessins de M. le docteur Manouvrier, représentant diverses parties des cerveaux de Gambetta et de Bertillon et rapprochés de façon à indiquer une relation entre certaines particularités psychologiques et certains caractères anatomiques.

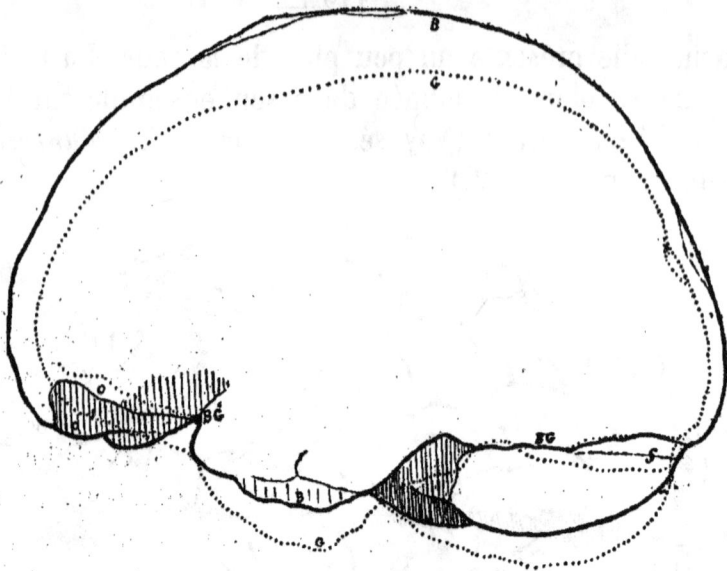

Fig. 12.

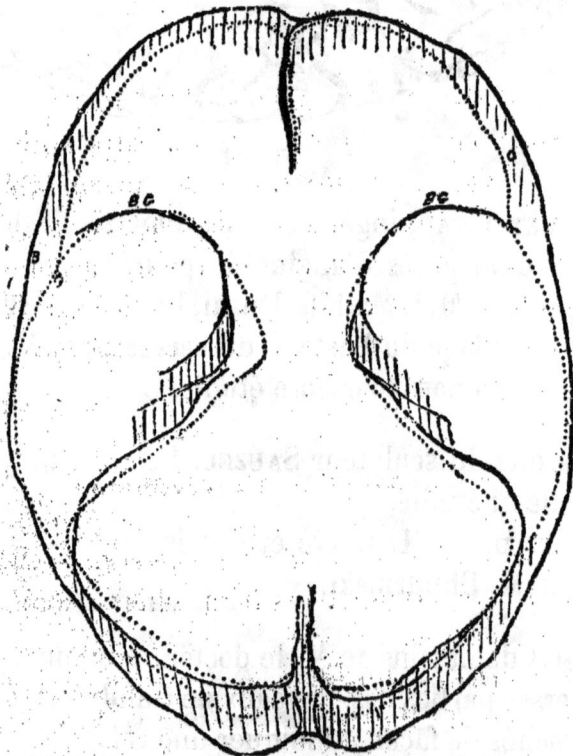

Fig. 13.

1° Superposition des profils encéphaliques et des contours de la base de l'encéphale de Gambetta (G) et de Bertillon (B) (fig. 12 et 13). Ces dessins indiquent la forme générale du cerveau et les parties plus ou moins développées chez l'un et chez l'autre de ces deux hommes remarquables et très différents à divers points de vue psychologiques. Voyez à ce sujet les mémoires suivants : *Étude comparative des cerveaux de Gambetta et de Bertillon* (*Bull. de la Soc. de psychologie physiologique*, 1887, et *Revue philosophique*, 1888).

2° Représentation planisphérique de la région moyenne des hémisphères droit et gauche du cerveau de Bertillon. Ces dessins coloriés ont été publiés à l'appui de plusieurs rapprochements anatomo-physiologiques et notamment pour montrer que la surdité gauche de Bertillon coïncidait avec un faible développement de la première circonvolution temporale gauche (*Ibid.* et *Bull. de la Soc. d'anthropol. de Paris*, 1888).

9° Série de dessins exposés par M. Manouvrier, représentant sous toutes ses faces le cerveau de l'illustre anthropologiste démographe *Adolphe Bertillon*. Ces dessins ont été faits avec le stéréographe de Broca, d'après des moulages de M. Chudzinski. Ce sont les originaux des figures qui accompagnent la description du cerveau de Bertillon publiée par MM. Chudzinski et Manouvrier (*Bull. de la Soc. d'anthropol. de Paris*, 1887). (Voy. fig. 9, 10 et 11).

§ 2. — Morphologie cérébrale.

Étude de morphologie cérébrale comparée. — MM. Chudzinski et G. Hervé exposent les hémisphères cérébraux suivants, grossis trois fois :

1. Hémisphère de l'Ouistiti ;
2. Hémisphère du Magot ;
3. Hémisphère du Gibbon ;
4. Hémisphère du Chimpanzé

Hémisphère de l'Orang ;

6. Hémisphère du Gorille ;
7. Hémisphère de l'Homme.

L'étude de cette évolution des circonvolutions des Primates, quoique respectant la base de la classification de Paul Broca, en diffère cependant par quelques détails qui concernent le lobe occipital et surtout les lobes frontaux.

Cerveaux d'assassins décapités. — 1° Lemaire ; 2° Menesclou, moulé et décrit par M. Chudzinski ; 3° Prevost, décrit par Broca, moulé par M. Chudzinski.

Cerveaux d'imbéciles. — Sarah, mulâtresse ; Crétin des Batignolles (deux hémisphères) ; Mazarin, idiot (deux hémisphères).

Étude des ventricules de l'encéphale. — Troisième ventricule moulé sur nature (deux pièces) ; Toile choroïdienne, moulée sur nature (une pièce) ; Voûte à trois piliers, moulée sur nature (une pièce) ; Partie sphénoïdale des ventricules cérébraux, moulée sur nature, au soufre (deux pièces) (M. Chudzinski).

Profils encéphaliques superposés d'un Gorille jeune de deux à trois ans, d'un Gorille adulte, d'un enfant de deux ans et demi et d'un homme adulte. M. Manouvrier a dessiné cette figure demi-schématique d'après les planches de son mémoire sur les *Modifications du profil encéphalique dans le passage à l'état adulte chez les Anthropoïdes et chez l'Homme* (*Bull. de la Soc. d'anthropol. de Bordeaux*, 1884), et d'après d'autres dessins inédits reproduisant la coupe endocrânienne de plusieurs Anthropoïdes jeunes ou adultes : Gorilles, Orangs, Chimpanzés ; dessins obtenus au moyen des aiguilles courbées du stéréographe de Broca. En mesurant les différentes régions de la base du crâne, il constata que la région ponto-présphénoïdale ne s'agrandit plus chez les Anthropoïdes à partir de l'âge de deux à trois ans, tandis que la région basi-occipito-sphénoïdale continue à croître considérablement. La longueur totale interne de la voûte crânienne elle-même ne s'acccroît point, de sorte que c'est l'agrandissement de la portion basi-occipito-sphénoïdale du crâne qui détermine le changement de forme générale si marqué de l'ensemble et de la voûte de l'endocrâne pendant l'adolescence. Le trou occipital se trouve, en effet, repoussé en arrière et, comme la voûte endo-crânienne ne s'allonge pas, ce trou change nécessairement de direction en même temps que la portion pariéto-occipitale de la voûte se trouve relevée comme par un mouvement de bascule. On pourrait donc reproduire tous ces changements sur un crâne en caoutchouc dont on allongerait simplement la portion basi-occipito-sphénoïdale. Mais le mécanisme de ces diverses modifications morphologiques apparaît tout aussi nettement au moyen des superpositions graphiques dont il s'agit. Le repère de ces superpositions a été naturellement la portion fixe ponto-présphénoïdale.

La figure montre aussi que chez l'Homme il n'en est pas de même que chez les Anthropoïdes : la base du crâne continue à croître dans toute son étendue après l'enfance, ainsi que la voûte endocrânienne, fait correspondant à l'accroissement intellectuel de l'Homme jusqu'à l'âge adulte, tandis que cet accroissement subit un arrêt précoce chez les Anthropoïdes.

Série de dessins exposés par M. Manouvrier, représentant le *cerveau d'une femme microcéphale* âgée de cinquante-cinq ans (Nini) et le *cerveau d'un nain rachitique et aliéné* (Michelet). Les cerveaux de ces deux individus ont été décrits en collaboration par MM. Manouvrier et Doutrebente : le premier dans les *Bulletins de la Société d'anthropologie de Paris* (1887), le second dans le *Compte rendu de l'Association française pour l'avancement des sciences*, 1888. Les dessins ont été faits avec le stéréographe de Broca, d'après les moulages de M. Chudzinski. Le cerveau de Nini a été dessiné d'après nature, mais desséché et ratatiné.

Série de dessins exposés par M. Manouvrier, représentant sous diverses faces les cerveaux de plusieurs *assassins décapités* : Campi, Menesclou, Prevost. Ces dessins inédits doivent servir à une étude d'ensemble, entreprise en collaboration par MM. Chudzinski et Manouvrier, de tous les cerveaux d'assassins conservés à Paris. Ils ont été obtenus à l'aide du stéréographe de Broca qui permet de représenter les circonvolutions cérébrales avec leurs dimensions et leurs rapports exacts. Ces dessins, réduits de moitié par la photographie, doivent accompagner le texte des descriptions et de l'étude comparative qui seront publiées dans les *Mémoires de la Société d'anthropologie de Paris*.

Tableau graphique exposé par M. Manouvrier, montrant l'influence de la taille sur le poids de l'encéphale d'après les registres de Broca mis en œuvre dans son mémoire sur l'*Interprétation de la quantité dans l'encéphale* (*Mém. de la Soc. d'anthropol. de Paris*, t. VI). Grâce au procédé graphique employé, l'influence en question renaît avec évidence, tandis qu'en employant le procédé des courbes binomiales, même de couleurs différentes, on n'obtient que des tableaux illisibles. L'auteur a ajouté aux séries formées d'après la taille la série des hommes distingués, afin de montrer la supériorité du poids encéphalique de ces derniers, même sur les hommes quelconques de la plus haute taille. On peut voir dans ce tableau que le poids encéphalique des Femmes est inférieur à celui des Hommes, même à taille égale. Mais l'auteur a démontré, dans le mémoire cité plus haut, que ce fait provient uniquement de l'insuffisance de la taille comme terme représentant le développement de la masse active de l'organisme.

§ 3. — **Histologie des circonvolutions cérébrales.**

Depuis que Broca, en découvrant le siège du langage articulé, a établi l'existence réelle de localisations cérébrales, la morphologie du cerveau, obéissant à cette idée émise par lui que chaque circonvolution, chaque partie de circonvolution, chaque méandre pouvait être le siège d'une faculté spéciale, s'est appliquée à décrire avec un soin minutieux toutes les variations de forme que peuvent offrir les circonvolutions et les sillons du cerveau. Mais là évidemment ne pouvaient s'arrêter, se restreindre les connaissances que nous sommes en droit d'attendre de l'étude des hémisphères cérébraux, ces parties essentiellement intellectuelles de l'encéphale. Comme complément indispensable de leur morphologie devait venir l'étude histologique des circonvolutions, laquelle, en s'appuyant sur les données précises fournies par l'anatomie pathologique et par l'expérimentation physiologique, a pour but de rechercher les différences que peut présenter la répartition des éléments de la substance grise dans les diverses régions de l'écorce cérébrale. Ces recherches, qui ont été entreprises au Laboratoire d'anthropologie à l'instigation du directeur, M. Mathias Duval, par son préparateur particulier, M. Mahoudeau, ont déjà permis de constater que, dans les points reconnus comme centres moteurs, les grandes cellules pyramidales de la troisième couche se trouvent en très grande abondance, qu'elles y forment des groupements composés d'un nombre plus ou moins grand d'éléments, et que, de plus, ces cellules pyramidales sont surtout remarquables par le développement qu'acquièrent certaines d'entre elles. Les préparations exposées, appartenant à la partie supérieure de la frontale ascendante gauche et du lobule paracentral, présentent ces particularités.

Une des difficultés de ces recherches histologiques consistait surtout à obtenir des coupes bien sériées se succédant sans interruption, de telle façon qu'on pût suivre méthodiquement un même groupement, constater au besoin la direction d'une même cellule divisée par le rasoir. Tant qu'on était obligé de plonger séparément des coupes dans un réactif colorant, on pouvait facilement se tromper et intervertir l'ordre de ces coupes; M. Mathias Duval a supprimé cette

cause d'erreur, grâce au procédé du collage des coupes par
l'albumine qui permet de fixer les préparations avant de les
colorer. Un certain nombre de larges coupes de l'écorce cérébrale ainsi préparées sont exposées, elles peuvent dans cet
état se conserver très longtemps sans inconvénient, et sont
toujours utilisables. (Voy. *Procédé pour coller les coupes histologiques préparées à la paraffine*, par MM. Mathias Duval et
P.-G. Mahoudeau, in *Bull. de la Soc. d'anthropol. de Paris*,
29 novembre 1888.)

§ 4. — Craniologie.

Le caractère principal en craniologie est l'indice céphalique. Voici ce qu'en disent MM. Abel Hovelacque et Georges
Hervé, dans leur excellent *Précis d'anthropologie*, page 242 :

« C'est l'un des éléments les plus importants de la carac-
térisation des races. L'indice céphalique exprime, en effet, la
forme générale du crâne. Lorsqu'on examine celui-ci par sa
face supérieure, on remarque que le contour en est toujours
plus ou moins ovale, plus long que large et plus large en
arrière qu'en avant; mais cet ovale est plus ou moins allongé.
De là des formes crâniennes très différentes, dont le caractère
général est indiqué par le rapport centésimal du diamètre
transverse maximum au diamètre longitudinal ou antéro-
postérieur maximum : ce rapport est l'*indice céphalique*. Le
diamètre antéro-postérieur part du point culminant de la
glabelle et aboutit au point de l'écaille occipitale le plus dis-
tant du précédent sur la ligne médiane. Le diamètre transverse maximum peut tomber aussi bien sur les temporaux que
sur les pariétaux. »

Le diamètre longitudinal pris comme mesure fixe est représenté par 100. Le diamètre transversal, étant toujours plus
petit, n'est qu'une fraction de 100. C'est cette fraction qui
devient le chiffre de l'indice. Plus la différence entre les deux
diamètres est considérable, plus l'ovale s'allonge; au contraire, plus les deux diamètres se rapprochent comme gran-

deur, plus la tête s'arrondit. De là deux types bien distincts : les crânes allongés auxquels on a donné le nom de *dolichocéphales*, et les crânes plus ou moins arrondis qu'on a nommé *brachycéphales*. C'est le célèbre anthropologue suédois A. Retzius, qui, en 1842, a établi cette distinction et proposé ces deux dénominations. Paul Broca les a acceptés en les complétant, et depuis l'usage en est devenu général.

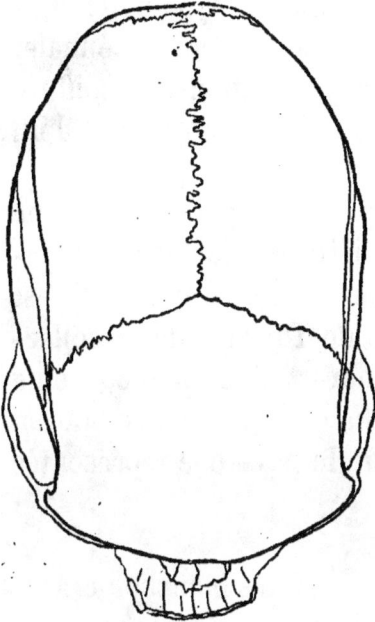 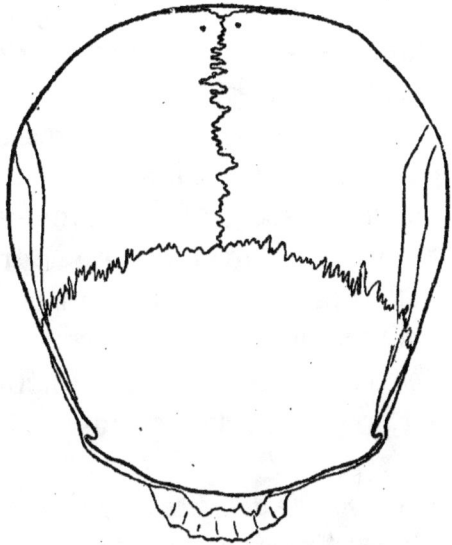

Fig. 14.   Fig. 15.

Retzius ne tenait pas compte des intermédiaires qui sont fort nombreux. Broca a proposé d'abord de nommer *mésaticéphales* les crânes moyens ou intermédiaires. Puis il a présenté la classification suivante, généralement admise maintenant à quelques modifications près :

Dolichocéphales (indices)........ 75,00 et au-dessous.
Sous-dolichocéphales.. .... 75,01 à 77,77.
Mésaticéphales................. 77,78 à 80,00.
Sous-brachycéphales........... 80,01 à 83,33.
Brachycéphales................. 83,34 et au delà.

La *dolichocéphalie* (fig. 14) est représentée par : 1° un crâne de Néo-Calédonien, recueilli par le docteur Boyer; indice céphalique, 65. D'après Broca, qui a mesuré cinquante-quatre crânes néo-calédoniens, leur indice moyen serait 71,7. L'indice le plus bas serait celui de onze Vitiens, mesurés par Flower, 66,00 en moyenne; 2° le moule intracrânien d'Abdallah, nègre de Tombouctou, vingt-sept ans, mort à Paris en 1861; 3° une photographie de femme du Bourg-Saint-Maurice (Savoie), à figure d'un bel ovale. Ce type dolichocéphale, dans un département essentiellement brachycéphale, est un exemple très net de mélange de populations. La coiffure toute spéciale vient confirmer l'introduction en ce point d'un groupe étranger.

La *brachycéphalie* (fig. 15) est représentée par : 1° un crâne d'Auvergnat de Saint-Nectaire, recueilli par le docteur Pommerol; indice, 90,86. L'indice moyen des Auvergnats est 84,08; 2° un moulage intracrânien de Tartare, de la collection royale des chirurgiens de Londres; 3° la photographie d'une Savoyarde des environs de Chambéry. L'indice moyen des Savoyards est 85,4. La figure de la paysanne représentée est presque complètement ronde.

Crânes de diverses races humaines. — Race blanche : crânes d'une Mingrélienne, d'un Espagnol et d'un Guanche. Race noire : crânes d'un nègre et d'une négresse. Race jaune : crânes d'un Mongol et d'un Chinois. Race américaine : trois crânes d'Indiens de l'Amérique du Nord.

Capacité crânienne. — Tableau graphique exposé par M. Manouvrier représentant la sériation de la capacité du crâne de diverses catégories d'individus, d'après son mémoire sur l'*Interprétation de la quantité dans l'encéphale* (*Mém. de la Soc. d'anthropol. de Paris*, 11° série, t. III). Ce tableau montre que deux séries de Parisiens quelconques, ayant une moyenne identique, n'en diffèrent pas moins entre elles, quant à leur compensation, qu'elles ne diffèrent d'une série d'assassins. Au contraire, une série d'homme distingués diffère considérablement des trois autres par sa moyenne très supérieure, et, corrélativement, par sa composition.

M. F. de Macedo expose un tableau de la capacité crânienne dans trois catégories de Portugais contemporains, et un autre indiquant les degrés de complication et de soudure des sutures dans mille crânes portugais de toutes les provinces du royaume.

Moules intracrâniens. — Un moulage intracrânien d'une extrême brachycéphalie (Tartare de Fluxley) ;

Un moulage de la dolichocéphalie la plus prononcée (nègre Abdallah) ;

Encéphale momifié, extrait d'un crâne de la période précolombienne de Vénézuela ;

Moule intracrânien d'un Orang ;

Moule intracrânien d'un Gorille.

Topographie cérébrale. — Trois moulages peints et moulés sur nature ;

Une calotte naturelle sur laquelle on voit les circonvolutions dessinées par le procédé des fiches, par Paul Broca.

Os wormiens endocrâniens. — Dessin demi-schématique, exposé par M. Manouvrier, représentant la base de l'étage frontal de l'endocrâne humain, et, en rouge, un certain nombre d'os wormiens endocrâniens. Plusieurs de ces os appartiennent à une variété tout à fait spéciale que M. Manouvrier a décrite le premier (*Bull. de la Soc. d'anthropol. de Paris*, 1886). Ils ne sont pas intra-suturaux comme les wormiens ordinaires, mais ils sont enclavés complètement dans l'intérieur des os normaux. Autrement dit, ils sont « insulés ». Ils peuvent être aussi contigus à une suture ou « péninsulés ». Suivant leur siège, ils sont « endofrontaux » ou « endosphénoïdaux », etc. Ils sont assez fréquents. Leur intérêt consiste en ce qu'ils démontrent la possibilité du développement d'os surnuméraires et accidentels autrement que par des processus suturaux.

Crânes (déformations congénitales). — Acrocéphalie (trois crânes) ;

Scaphocéphalie chez un nègre et un blanc (deux crânes) ;

Plagiocéphalie, l'Homme et un Macaque (deux crânes) ;

Clinocéphalie (un crâne) ;

Hydrocéphalie (une calotte crânienne) ;

Microcéphalie, un crâne (Nini) et le moulage d'un crâne.

Déformation artificielle du crâne. — Un crâne Aymara (Pérou) ; un crâne déformé à la manière toulousaine ; un crâne déformé à la manière des macrocéphales d'Hérodote ;

Trois crânes déformés provenant des fouilles de la République de Vénézuela (exposant, M. Marcano) ;

Cinq crânes de la même provenance, non déformés (exposant, M. Marcano).

Mesure analytique de la plagiocéphalie. — Figure exposée par M. Manouvrier, représentant un moyen de mensuration, d'expression numérique, et en même temps d'analyse de la plagiocéphalie (déformation oblique du crâne).

En mesurant seulement quatre lignes et en calculant leurs rapports deux à deux, on peut exprimer numériquement : 1° le sens de la déformation générale ; 2° le degré de la déformation frontale ; 3° le degré de la déformation occipitale ; 5° le degré de compensation de la déformation antérieure par la déformation postérieure. (Voy. *Étude craniométrique sur la plagiocéphalie*, par L. Manouvrier, in *Bull. de la Soc. d'anthropol. de Paris*, 1883.)

Crânes d'assassins décapités. — Lemaire (dix-neuf ans), décapité à Paris en 1867 ;

Gagny (cinquante-trois ans), exécuté en 1885 ;

Marchandon (trente-deux ans) ;

Un crâne d'assassin décapité à Montpellier.

Bustes de décapités. — Rey, assassin, dit *Pas de Chance.* Cette phrase est tatouée sur son front ;

Rivière, assassin exécuté en même temps ;

Buste de l'assassin Pranzini ;

Buste de l'assassin Barré ;

Buste de pirate chinois décapité à Macao.

Bustes de microcéphales. — Un de ces bustes est remarquable par la persistance sur le front du duvet fœtal et par la distance qui sépare les deux oreilles.

Bustes de races humaines. — Ataï, chef de l'insurrection canaque en 1878 ;

Sorcier qui accompagnait Ataï ;

Un jeune Boschisman ;

Un buste de Kmer ;

Deux bustes de Néo-Hébridiens ;

Un médaillon d'une femme de Yolof ;

Un médaillon d'une jeune fille du Sénégal ;

Un buste de la négresse Keruca du Sénégal, moulé par M. Flandinette.

Instruments d'anthropométrie. — Les instruments suivants, dus à P. Broca ou modifiés par lui, sont exposés par M. Mathieu : trois équerres ; un goniomètre facial ; un goniomètre auriculaire ; un goniomètre mandibulaire ; un niveau occipital ; un craniomètre d'Antelme ; une roulette anthropométrique ; un rhinomètre.

Sont en outre exposés : un craniomètre de M. Bonier ; une équerre flexible de Mathieu ; une boîte à plomb.

§ 5. — Ostéologie.

Tableau graphique exposé par M. Manouvrier, représentant le *développement relatif de diverses parties du corps* suivant le sexe, la race, l'âge, la taille, etc. — Ce tableau résume les principaux faits démontrés par M. Manouvrier dans son mémoire intitulé : *Recherches d'anatomie comparative et philosophique sur les caractères du crâne et du cerveau*, et dans celui sur le *Développement quantitatif comparé de l'encéphale et de diverses parties du squelette* (*Bull. de la Soc. zool. de France* et thèses de la Faculté de médecine de Paris, 1882). Les trois parties du squelette envisagées dans ce mémoire sont celles qui ont les attributions physiologiques les plus nettement défi- nies : le crâne, qui est le réceptacle de l'encéphale et des principaux organes des sens, la mandibule qui représente l'appareil de la mastication, les fémurs qui représentent l'ap- pareil de la locomotion et indirectement le développement musculaire. Les rapports pondéraux de ces différentes parties soit entre elles, soit avec le poids de l'encéphale représenté par la capacité crânienne, subissent des variations dont l'éten- due considérable suffirait à révéler l'importance. Ces rapports sont exprimés numériquement par différents *indices* dont les principaux sont l'indice crânio-fémoral, l'indice crânio-céré- bral, l'indice crânio-mandibulaire et l'indice fémoro–mandi- bulaire. Les trois premiers donnent la série suivante : enfant, femme, homme, petite taille, fort stature, races sauvages, Anthropoïdes. Le dernier donne une série inverse. Il serait trop long d'aborder ici l'interprétation anatomo-physiologique de ces séries. On trouvera cette interprétation dans le mémoire indiqué ci-dessus, qui a été couronné par la Faculté de méde- cine de Paris en 1882, et dans le mémoire qui lui fait suite : *Recherches sur l'interprétation de la quantité dans l'encéphale* (*Mém. de la Soc. d'anthropol. de Paris*, t. VI).

Tableau graphique exposé par M. Manouvrier, représentant les principaux faits démontrés dans son mémoire sur les *Pro- portions du corps d'après la mesure de la taille et des os longs des membres*.

Ce mémoire, communiqué à la Société d'anthropologie en 1889, est la mise en œuvre des chiffres recueillis à Lyon par le docteur E. Rollet, sur 100 cadavres. La série des dia- grammes exposés montre clairement les variations suivant le sexe, l'âge et la taille : 1° de la longueur relative des membres inférieurs et supérieurs par rapport à la taille totale et au tronc; 2° de la longueur du membre supérieur par rapport au membre supérieur; 3° de la longueur de chacun des segments du membre supérieur par rapport aux segments homologues du membre inférieur, etc. En outre, deux diagrammes représentent les proportions en question chez deux sortes d'individus décrites dans le mémoire de M. Manouvrier sous le nom d'échassiers et de courtes-cuisses.

Ces diagrammes mettent en évidence les variations énormes qui se produisent dans une même race sous l'influence de causes susceptibles d'agir sur des races quelconques. M. Manouvrier a commencé des recherches sur ces causes, parmi lesquelles il a signalé déjà divers accidents qui peuvent troubler la croissance chez les adolescents. Son travail sur ce sujet doit paraître prochainement dans les *Mémoires de la Société d'anthropologie de Paris*.

Dessins exposés par M. Manouvrier, reproduisant les principales figures de son mémoire sur la *Platycnémie chez l'Homme et les Anthropoïdes* (*Mém. de la Soc. d''anthropol. de Paris*, t. VI) et représentant : 1° la face postérieure d'un tibia eurycnémique et celle d'un tibia platycnémique remarquable par la saillie de la *crête tibiale postérieure*; 2° la coupe au niveau du trou nourricier, des différentes variétés de tibias humains décrites dans le mémoire ci-dessus avec les variétés correspondantes chez les Anthropoïdes, puis la coupe d'un tibia de jeune Gorille et celle d'un tibia de Chien, l'un et l'autre non platycnémiques. Sur ces coupes, la surface d'immersion de chaque muscle est représentée par une couleur particulière : rouge pour le muscle tibial antérieur, bleue pour le tibial postérieur, bleue et rouge pour le long fléchisseur commun des orteils; 3° la théorie du passage de l'eurycnémie à la platycnémie d'après les recherches de l'auteur. On voit sur cette figure le mécanisme de cette transformation sous l'influence du muscle tibial postérieur au profit duquel elle s'effectue.

Cinq tibias humains exposés par M. Manouvrier, représentant les différentes variétés décrites dans son mémoire sur la *Platycnémie chez l'Homme et les Anthropoïdes* (*Mém. de la Soc. d'anthropol. de Paris*, t. VI) :

1° Tibia eurycnémique (forme classique) ;

2° Tibia platycnémique de la variété la plus ordinaire ;

3° Tibia platycnémique avec crête tibiale postérieure ;

4° Tibia platycnémique avec crête tibiale postérieure différente de celle du précédent ;

5° Tibia platycnémique sur lequel les surfaces d'immersion des trois muscles tibial antérieur, tibial postérieur et long fléchisseur commun des orteils sont situées sur un même côté de l'os, comme chez le Gorille et certains Chimpanzés. C'est seulement cette variété de platycnémie, assez rare, qui peut être considérée hypothétiquement comme atavique. (Voy. la planche du meuble à volets concernant la platycnémie.)

Portion supérieure d'un fémur humain exposée par M. Manouvrier et provenant de la sépulture préhistorique de Nanteuil-le-Haudouin, explorée par MM. René Lair et E. Collin. Ce fémur présente une variation morphologique des plus curieuses, consistant en un aplatissement et un élargissement très prononcé de la diaphyse au-dessous des trochanters. On est tenté, au premier abord, d'assimiler cet *aplatissement sous-trochantérien* à l'aplatissement antéro-postérieur du fémur chez les Anthropoïdes. Mais M. Manouvrier a fait à la Société d'anthropologie de Paris une communication (non encore publiée) tendant à démontrer que cette analogie n'est qu'apparente.

Tableau graphique exposé par M. Manouvrier, indiquant le *développement de différents organes et de différentes fonctions dans les deux sexes*, et démontrant, entre autres choses, que le poids du cerveau est relativement beaucoup plus grand chez la Femme que chez l'Homme, contrairement à tous les résultats obtenus antérieurement d'une façon vicieuse. Chacune des lignes de ce tableau représente dans sa totalité le développement d'un organe ou d'une fonction chez l'Homme, pris pour terme de comparaison = 100, et la partie rouge de

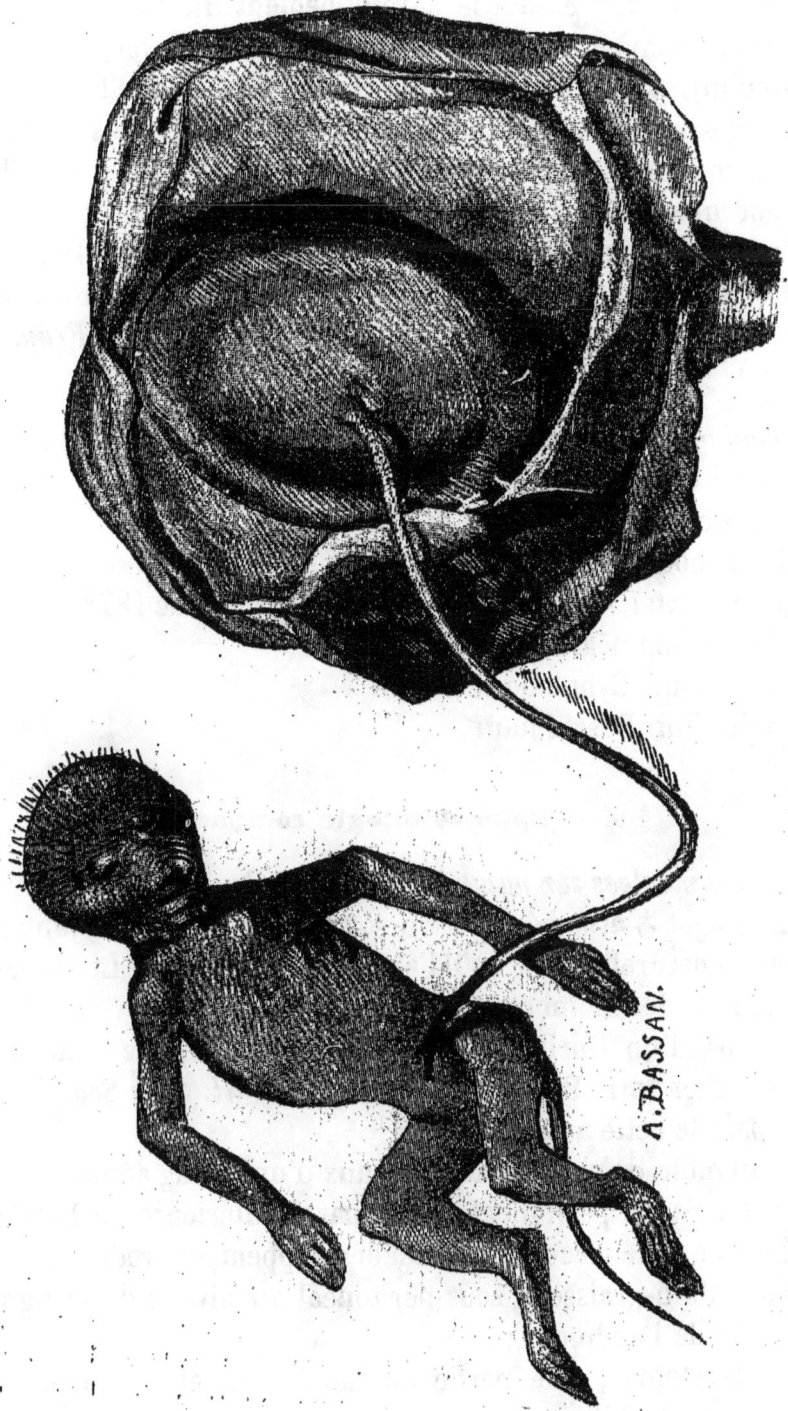

A.BASSAN.

Fig. 16.

chaque ligne représente le développement du même organe chez la Femme (exprimé en centièmes du développement masculin). De cette manière, les organes et les fonctions envisagés peuvent être aussi comparés entre eux dans chaque sexe; chaque quantité est relativement plus grande chez la femme que celles dont la ligne est moins étendue. (Voy. le mémoire suivant de M. Manouvrier : *Recherches sur le développement quantitatif comparé de l'encéphale et de diverses parties du squelette*, in *Bull. de la Soc. zoologique de France*, 1881.)

Moulage des extrémités des membres. — Pieds d'un Indien Guaroni et d'un Japonais;

Empreinte du pied d'un Annamite;

Pied modelé d'une Chinoise, avec son soulier;

Main d'Ataï, chef de l'insurrection canaque de 1878;

Main d'une négresse;

Main d'une Cynghalaise;

Main d'un Boschiman.

§ 6. — Splanchnologie comparée.

Pièces moulées sur nature par M. Ph. Chudzinski. — Fœtus d'un Magot ♂ attaché encore à son placenta et conservant sa position naturelle, telle qu'il l'avait dans la matrice. Le même, vu de face, les membres déployés (fig. 16);

Fœtus d'un Gorille, étudié avec beaucoup de soin par M. Deniker (prix Broca, en 1884) (voy. *Bull. de la Soc. d'anthropol.* de cette année);

Ensemble de viscères abdominaux d'un Orang adulte :

1° La partie péritonéale de la paroi antérieure de l'abdomen. Sur cette pièce, on voit un développement prodigieux du tissu cellulo-graisseux sous-péritonéal au niveau de la ligne blanche de l'abdomen;

2° L'estomac, une partie du duodénum et les vaisseaux hépatiques et biliaires;

3° Le foie du même sujet;

4° Cæcum du même sujet insufflé pour faire voir son développement (*Bull. de la Soc. d'anthropol.*, janvier 1881);

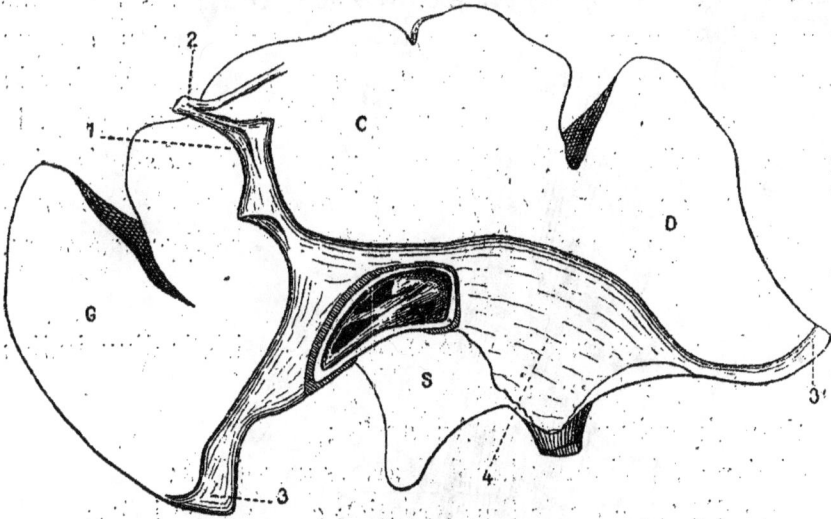

Fig. 17. — Foie de Gorille, face supérieure.

Foie de l'Homme. Une anomalie de position des vaisseaux qui résident au hile du foie;

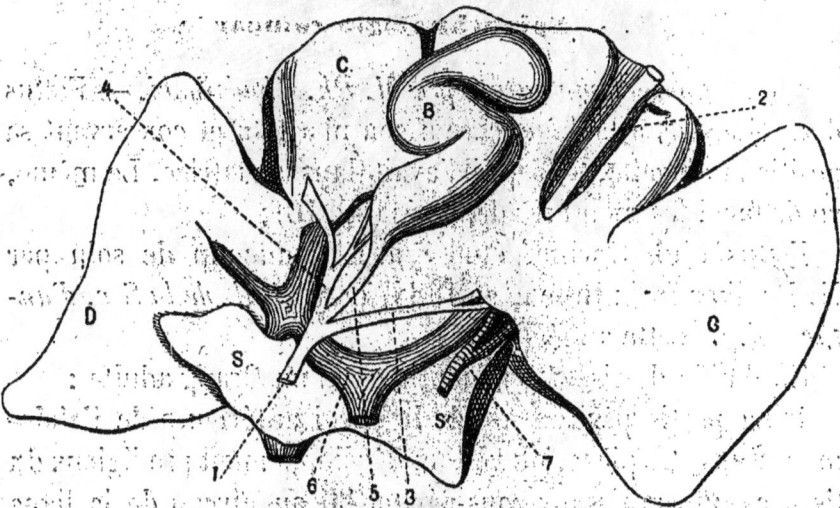

Fig. 18. — Foie de Gorille, face inférieure.

Foie d'un jeune Gorille (fig. 17 et 18) (*Bull. de la Soc. d'anthropol.*, séance du 2 octobre 1884);

Foie d'un Macaque moulé sur nature ;

Anomalie du foie observée chez un microcéphale (*Bull. de la Soc. d'anthropol.*, séance du 4 août 1881).

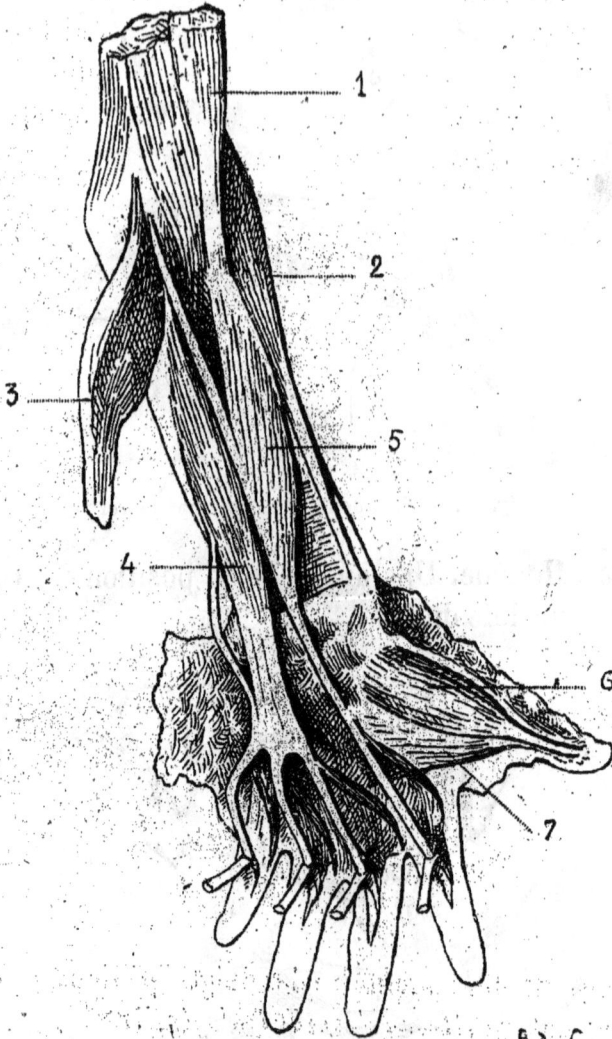

Fig. 19.

§ 7. — Myologie.

Anomalie (fig. 19) consistant dans l'absence complète du muscle long fléchisseur propre du pouce, absolument comme chez l'Orang, où cette absence est normale. Cette anomalie a été observée par M. Chudzinski chez un microcéphale. Pièce moulée sur nature (*Bull. de la Soc. d'anthropol.*, séance du 4 août 1881);

Anomalie du muscle grand pectoral observée chez Campi (*Bull. de la Soc. d'anthropol.*, séance du 15 mai 1884);

Anomalie du muscle deltoïde présentant une disposition simienne observée chez un nègre, moulée sur nature (fig. 20) (*Revue d'anthropologie*, 1884);

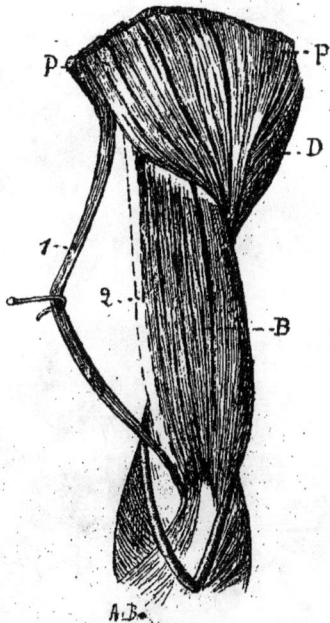

Fig. 20.

L'extenseur supplémentaire des doigts (pédieux de la main?) moulé sur nature (*Revue d'anthropologie*, 1884);

Muscles de la face du Néo-Calédonien Ataï, moulés sur nature;

Muscles de la face du sorcier néo-calédonien, moulés sur nature;

Muscles de la face d'un Homme blanc, moulés sur nature;

Muscles de la face d'un jeune Gorille (fig. 21) (*Bull. de la Soc. d'anthropol.*, séance du 16 juillet 1885);

Anomalie des longs fléchisseurs du pied, observée sur deux nègres (moulage de M. Chudzinski);

Anomalie des muscles de la main. Le faisceau moyen de

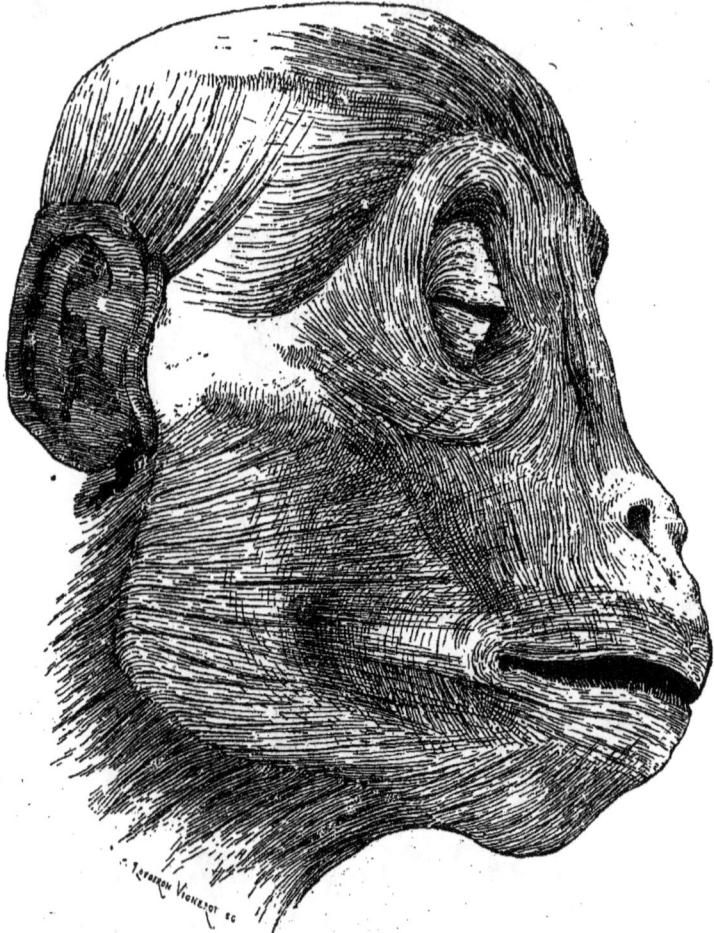

Fig. 21.

l'adducteur du pouce fait défaut; il en résulte une ressemblance frappante entre les muscles de la face palmaire et ceux de la face plantaire du pied (fig. 22 et 23) (*Bull. de la Soc. d'anthropol.*, séance du 17 novembre 1886);

Muscles du pied d'un Annamite, moulés sur nature par M. Chudzinski.

Fig. 23.

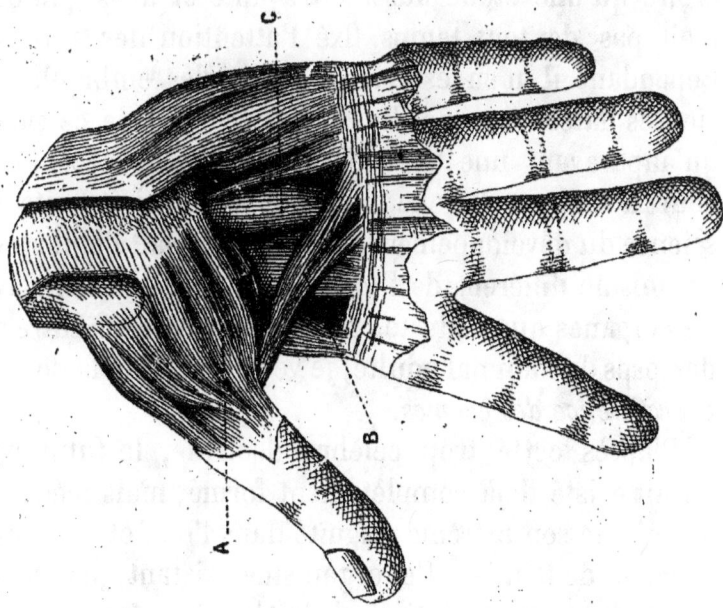

Fig. 22.

§ 8. — Anthropogénie.

Dans le meuble à volets sont exposées six planches représentant les premiers stades du développement de l'embryon du Poulet. A ces stades, tous les embryons des Vertébrés, y compris l'Homme, présentent une organisation analogue.

Ces planches sont extraites de l'*Atlas d'embryologie* du professeur Mathias Duval. Elles correspondent aux figures murales dont il se sert pour son *cours d'anthropogénie* (ou *embryologie comparée des Vertébrés et de l'Homme*) à l'École d'anthropologie.

L'embryologie, ou étude de la formation successive des organes, est une science assez récente pour qu'il ne soit pas inutile d'indiquer ses origines, son but et ses rapports avec les études anthropologiques en général. Quand, avec les idées modernes, familières aujourd'hui même aux gens du monde, on se représente le nouvel être comme se formant successivement, pièces à pièces, par l'apparition successive de parties dont aucune trace n'existait primitivement, on a peine à croire qu'une étude aussi attrayante et aussi philosophique n'ait pas de tout temps fixé l'attention des investigateurs. Cependant il n'en est rien ; les études embryologiques sérieuses datent à peine du commencement de ce siècle. C'est qu'auparavant une doctrine généralement acceptée coupait court à toute recherche embryologique, niait toute espèce de science du développement, puisqu'elle niait l'embryon comme organisme différent de l'organisme adulte, vivant avec d'autres organes que l'adulte, présentant un corps autre que celui du corps de l'animal adulte, je veux parler de la doctrine de la *préexistence des germes*.

D'après cette trop célèbre doctrine, le futur organisme aurait existé déjà complètement formé, mais méconnaissable à cause de son extrême exiguïté dans l'œuf et dans les organes ovigènes de la mère. Cet organisme existant, je le répète, avec toutes ses futures parties, n'avait pas à se former ; il était *préformé* depuis l'origine de ses premiers ancêtres ; il n'avait qu'à *grossir* pour devenir apparent, visible : il ne se créait pas en lui de parties nouvelles; les parties, toutes préexistantes, n'avaient qu'à *évoluer*, c'est-à-dire à augmenter de volume; c'est pourquoi on a donné parfois à la théorie de la préexistence des germes le nom de théorie de l'*évolution*, dénomination qui a été aujourd'hui reprise pour désigner une théorie plus récente, celle de la transformation des espèces (évolution phylogénique).

Quoi qu'il en soit, avec la théorie de la préexistence, de la préformation de l'être, il n'y avait pas matière à études particulières de la part de l'anatomiste; il n'y avait pas lieu à une science de la nature de celle que nous nommons aujourd'hui embryologie; tout au plus le rôle de l'embryologiste aurait-il pu être de s'attacher à préciser le moment où les parties existantes, préformées mais invisibles, seraient devenues visibles soit à l'œil nu, soit à l'aide des instruments grossissants. Le petit être, qui n'avait qu'à grossir, était inclus dans l'œuf et par suite dans l'organisme producteur, comme celui-ci était inclus dans le corps de son générateur, et successivement ainsi de générations en générations, en remontant jusqu'au premier individu créé. C'est ce qu'on appela l'*emboîtement des germes*, emboîtement à l'infini, car la première Poule créée contenait, successivement inclus, les uns dans les autres, les germes de toutes les générations de i *ules à venir; de même, la première mère du genre humain avait été créée avec tous les germes des futures générations humaines incluses et emboîtées dans son sein. Au lieu d'études embryologiques, c'est-à-dire d'observations anatomiques et de recherches expérimentales, l'esprit humain était livré à ce sujet aux spéculations métaphysiques et théologiques : d'après l'âge de la terre, évalué alors à cinq ou six mille ans environ, on calculait le nombre de germes que la première Femme avait dû porter successivement inclus et emboîtés dans ses ovaires; nous ne nous arrêterons pas sur ces calculs fantastiques auxquels se sont cependant livrés les physiologistes les plus renommés de l'époque, et notamment Haller,

C'est à G.-F. Wolff qu'était réservée la gloire d'ouvrir la voie aux recherches de l'embryologie moderne. Dès 1759, étudiant la conformation du Poulet, et notamment la formation du tube intestinal, il montra que les diverses parties du corps prennent successivement naissance; qu'à une première ébauche s'ajoutent progressivement de nouveaux détails, absolument comme dans une construction architecturale qui s'élève et s'étend et à laquelle viennent s'ajouter graduellement de nouvelles pierres; cette conception de la formation de l'organisme par une sorte d'appositions successives, a reçu le nom de théorie de l'*épigénèse* (ἐπί, sur, ou en s'ajoutant; γεννάω, se former), dénomination qui indique assez combien elle diffère des doctrines de la préformation, puisque, d'après celle-ci, toutes les parties auraient préexisté avec leur connexion future et n'auraient eu qu'à augmenter en volume. C'est aux travaux de Wolff que remonte la théorie de l'*épigénèse*, si toutefois il faut donner le nom de théorie à ce qui est en réalité une exposition précise et une démonstration irrécusable de faits d'observation. En effet, il est à peine besoin de le dire, toutes les recherches des embryologistes modernes sont venues confirmer l'*épigénèse*; tous les faits rigoureusement observés montrent l'apparition graduelle du corps de l'embryon et de ses organes par des appositions successives de parties, par formation épigénétique en un mot, et il ne saurait plus être question aujourd'hui que comme d'une curiosité historique de la doctrine de la préexistence des germes; doctrine qui, alors même qu'elle était depuis longtemps rejetée par les embryologistes, a encore exercé une si grande influence sur l'esprit des naturalistes et a été un des principaux obstacles aux progrès des idées transformistes.

Voyons quel devait être alors le rôle de l'embryologie dans les études anthropologiques.

L'anthropologie, selon la définition même de Broca, étudie l'Homme dans son ensemble, dans ses détails et dans ses rapports avec les autres animaux.

Étudier l'Homme dans ses rapports avec les autres animaux, c'est chercher à déterminer, surtout à l'aide des données anatomiques, la place de l'Homme dans l'échelle animale. C'est sur ce dernier point de vue que nous devons insister, et c'est ici que nous allons voir intervenir les données empruntées à l'embryologie.

L'Homme occupe incontestablement le degré le plus élevé de l'échelle animale ; mais, quand on a voulu définir la distance qui sépare ce degré de celui placé immédiatement au-dessous de lui, l'accord a cessé entre les philosophes aussi bien qu'entre les zoologistes, et les manières de sentir les plus diverses se sont produites ; nous disons manières de sentir, car dans toutes les expressions exagérées des opinions en présence il y a plus de sentiment que de rigueur scientifique. C'est qu'ici l'Homme, ayant à déterminer sa place, se trouvait à la fois juge et partie : inquiété du voisinage en apparence humiliant des Singes, il n'a pas toujours voulu se contenter d'être le premier des animaux, il a voulu se considérer comme un animal à part, hors rang, d'une nature particulière. Comme ces empereurs romains qui, non contents d'être en puissance et en honneurs les premiers des humains, se faisaient d'une nature supérieure aux autres hommes, se proclamaient dieux, l'Homme à son tour n'a pas voulu appartenir au règne animal ; à côté du règne minéral, du règne végétal, du règne animal, et au-dessus, il a proclamé le règne humain. Mais, pour continuer la comparaison, de même que l'esclave antique, chargé de suivre le char du triomphateur et de le rappeler à sa réalité humaine (*memento te hominem esse*), de même l'anthropologie anatomique vient rappeler l'Homme à sa réalité animale et, en lui assignant sa place au sommet de l'échelle animale, mesurer la valeur réelle du degré qui le sépare de ses voisins sous-jacents.

C'est ce qu'a fait, d'une manière singulièrement magistrale, Broca dans son célèbre *Parallèle de l'Homme et des Singes*, ouvrage trop connu de tous pour qu'il soit nécessaire d'en rappeler les points principaux autrement qu'afin de montrer comment l'embryologie va intervenir à son tour et prêter un nouvel appui aux démonstrations purement anatomiques.

Les différences qui séparent l'Homme des Singes sont-elles assez considérables (toujours et uniquement au point de vue anatomique) pour qu'on doive en faire deux ordres à part : l'ordre des *Bimanes*, comprenant l'Homme, et l'ordre des *Quadrumanes*, comprenant les singes ? Ou bien ces caractères sont-ils d'une valeur inférieure à celle des caractères ordinaux, tout au plus égaux à ceux qui servent à subdiviser la famille des Quadrumanes en un seul ordre, désigné sous le nom de *Primates*, et subdivisé en familles ? Ce sont les preuves anatomiques de cette dernière interprétation que Broca a accumulées avec tant de force dans son mémoire sur l'*Ordre des Primates ou parallèle de l'Homme et des Singes*.

Il montre que les différences entre l'Homme et les Singes anthropoïdes (Gorille, Chimpanzé, Orang, etc.) ne sont pas plus considérables que celles qui existent entre les Anthropoïdes et les Singes pithéciens, que celles qui séparent les Pithéciens des Cébiens. Il arrive donc à constituer l'ordre des *Primates*, qui se subdivise en familles : la première famille est celle des *Hominiens* (Homme); la seconde, celle des *Anthropoïdes* (Gorille, Orang, etc.); la troisième est celle des Singes *pithéciens* (Macaque, Colobe, Guenon, etc.); la quatrième est celle des *Cébiens* (Atèle, Sajou, etc.); enfin, la cinquième est celle des *Lémuriens* (Maki, Indri, Avahi, etc.); mais cette dernière diffère des précédentes par des caractères assez importants, surtout en ce qui touche leur embryologie (type placentaire) pour qu'il y ait peut-être lieu de la détacher de l'ordre des Primates ou tout au moins d'en faire un sous-ordre particulier, ainsi que nous l'indiquerons dans un instant.

Or, parmi les caractères étudiés par Broca, il en est un certain nombre qui, au premier abord, pourraient paraître d'une importance majeure, peut-être d'une valeur ordinale et deviendraient peut-être des arguments en faveur des partisans des ordres bimanes et quadrumanes, si précisément l'embryologie ne venait pas jeter un jour tout nouveau sur ces caractères et les réduire à leur juste valeur. Je veux dire que tel organe, telle partie du squelette, qui paraît conformé d'une manière toute différente chez l'Homme et les Singes, se montre, lors de sa formation, configuré selon le même type chez l'un et chez les autres ; quelques différences dans le degré d'accroissement par exemple de ces parties apparaissent ultérieurement pendant leur développement, et il en résulte des caractères qui semblent de nature différente lorsqu'on compare des individus adultes, et qui ne se trouvent être que de simples modifications en plus ou en moins d'un type originairement commun, lorsqu'on remonte ainsi à l'étude de leurs conditions embryonnaires. Mais ici nous sommes en plein dans notre sujet et il faut procéder non plus par généralités, mais par exemples explicites.

Prenons d'abord l'*os intermaxillaire*, exemple d'autant mieux choisi que primitivement l'existence de cet os a été méconnue chez l'Homme, ce qui l'aurait différencié de tous les autres animaux, et qu'ensuite son mode de configuration fut invoqué pour établir une ligne absolue de démarcation entre l'Homme et les Singes.

Que l'os intermaxillaire existe chez l'Homme comme chez les autres mammifères, c'est là une question dès longtemps résolue par Gœthe, le poète anatomiste et philosophe. Mais sa disposition présente chez l'Homme et chez les Singes une certaine différence . chez l'Homme la suture qui réunit cet os au maxillaire supérieur est courte et aboutit par son extrémité supérieure à la partie inférieure de l'orifice des fosses nasales ; chez les Singes, au contraire, cette suture est très longue, car elle va aboutir en haut sur les parties latérales et supérieures de l'ouverture nasale, c'est-à-dire que l'os intermaxillaire se prolonge en haut en une sorte d'apophyse montante qui remonte jusqu'à l'os propre du nez, en bordant latéralement l'ouverture antérieure des fosses nasales. Or cette différence elle-même disparaît, ou du moins toute importance lui est enlevée, quand on examine chez l'Homme l'os intermaxillaire aux premières périodes de son développement. Sur des embryons humains de deux mois à deux mois et demi, le docteur Hamy (voy. son mémoire : *l'Os intermaxillaire de l'Homme à l'état normal et à l'état pathologique*, Paris, 1868) a constaté l'existence d'une petite lamelle osseuse dépendant de l'os intermaxillaire, lui formant une véritable apophyse montante, et se prolongeant sur les bords latéraux de l'orifice nasal jusqu'au contact des os propres du nez. Cette apophyse de l'intermaxillaire, identique alors à ce que les Singes présentent à un état permanent, n'a qu'une durée transitoire chez l'Homme en voie de développement, ou, pour mieux dire, sa disposition cesse bientôt d'être visible ; en effet, dès le troisième mois, cette partie de l'intermaxillaire est voilée par l'apophyse montante du maxillaire, qui, en se développant, s'élargit, passe au-devant d'elle, la déborde et, la recouvrant complètement, vient constituer le bord de l'ouverture des fosses nasales.

Un exemple plus frappant encore nous est fourni par le squelette de la main ; il s'agit de la petite pièce osseuse qu'on a appelée *os intermédiaire du carpe*. C'est un os qui, dans la main des Orangs, des Gibbons et de plusieurs autres Singes, sépare le scaphoïde et le semi-lunaire du trapézoïde et du grand os. Ce n'est pas, comme le fait remarquer Broca, un de ces petits osselets surnuméraires périphériques, développés dans les ligaments ou les tendons ; c'est une pièce osseuse toute particulière et constituant un caractère ostéologique d'une grande valeur, car elle ne se rattache ni à la première ni à la seconde rangée du carpe, elle se place au centre même du carpe, formant à elle seule comme une troisième rangée, de sorte qu'entre le radius et le métacarpe il y a trois lignes articulaires au lieu de deux. Cette disposition, avons-nous dit, existe chez l'Orang, le Gibbon, divers autres Singes et Mammifères des ordres sous-jacents ; elle ne se rencontre ni chez l'Homme, ni chez le Chimpanzé, ni chez le Gorille. Broca a très énergiquement insisté sur ce fait pour montrer que c'est là un caractère qui établirait une plus grande démarcation entre certains Singes qu'entre l'Homme et les premiers Anthropoïdes. « Si cette disposition, dit-il (*Primates*, p. 59), existait chez l'Homme et chez l'Homme seulement, on ne manquerait pas de faire ressortir l'avantage qui en résulterait pour la mobilité et la perfection de notre main. Comme elle ne se trouve que chez les Singes, je veux bien accorder que cet os intermédiaire constitue un caractère d'infériorité ; mais alors je ne puis me dissimuler que le Chimpanzé et le Gorille, qui en sont privés comme nous et dont le carpe est absolument pareil au nôtre, sont sous ce rapport plus rapprochés de nous que des Orangs et des Gibbons. » Or l'embryologie vient singulièrement amoindrir cette différence et rétablir une sorte d'harmonie ostéologique entre la famille des Hominiens et des Anthropoïdes d'une part, et entre les différents Anthropoïdes d'autre part. En effet, Henke et Regher, puis E. Rosenberg, ont découvert sur de jeunes embryons humains un cartilage répondant manifestement à l'os intermédiaire ou os central du carpe. D'après E. Rosenberg, ce cartilage apparaît chez les embryons du second mois, dès que les autres cartilages carpiens sont distincts, et dure jusqu'au commencement du troisième mois : à partir de cet âge, le cartilage homologue de l'os central disparaît en s'atrophiant de la face palmaire vers la face dorsale. Kœlliker a pu confirmer ces données sur quatre embryons du second mois et du troisième, et il a également constaté que l'os intermédiaire (représenté par son cartilage) disparaît bientôt sans s'unir au scaphoïde, car, sur un embryon du troisième mois, il l'a trouvé n'existant plus que sur la face dorsale du carpe, avec une taille de 14 millimètres, et il faisait entièrement défaut chez un embryon plus âgé chez lequel l'ossification des métacarpiens avait déjà commencé ; toutefois, une lacune remplie par un tissu conjonctif mou marquait encore la place que le cartilage intermédiaire avait occupée. La signification de ces faits n'a pas échappé à l'éminent embryologiste qu'on ne saurait songer à accuser d'enthousiasme pour les doctrines du transformisme et de l'évolution : « Ce cartilage, dit Kœlliker (traduction française, p. 511), répond manifestement à l'os central permanent du carpe de quelques Mammifères, des Reptiles et des Amphibies. »

L'étude du développement du cerveau nous fournirait bien d'autres exemples du même genre, qui sont du reste chaque année l'objet de notre enseignement à l'École d'anthropologie; mais nous devons nous contenter ici des exemples précédents.

Si maintenant nous récapitulons la marche des études d'embryologie depuis que Wolff renversa la théorie de la préexistence des germes, nous ne pourrons nous défendre d'une juste admiration pour les progrès accomplis et la haute portée philosophique des faits acquis. Il n'y a pas encore un siècle que tous les naturalistes admettaient la préexistence de l'être tout formé dans l'œuf, y existant avec tous ses organes. Comment, avec une pareille doctrine, les faits même les plus évidents de parenté probable entre diverses espèces pouvaient-ils arrêter l'attention des savants? Comment penser à une évolution de l'espèce, puisque chaque individu d'une espèce était censé créé depuis l'origine du monde avec ses organes et son origine propre? Si, au milieu d'une génération de naturalistes qui, avec les premiers principes de la zoologie, avaient appris à croire à cette préexistence des germes, un homme comme Lamarck a, par un trait de génie, entrevu les lois naturelles qui rattachent les formes organiques les unes aux autres, il faut admirer ce génie; mais il y a peu à s'étonner de l'ardeur de ses adversaires, car, avec l'éducation scientifique de l'époque, il était impossible qu'il ne fût pas combattu par tous. L'absence complète de notions embryologiques et surtout les idées fausses encore régnantes dans trop d'esprits, devaient rendre alors impossible le succès de l'hypothèse transformiste. Par contre, quand, de nos jours, l'étude plus attentive du monde vivant est parvenue, entre les mains de Darwin, à accumuler tant de preuves en faveur de cette hypothèse, c'est l'embryologie, à son tour, qui est maintenant appelée à venir, par la connaissance exacte des phénomènes évolutifs, fournir à l'hypothèse transformiste les preuves

les plus éclatantes et lui donner la valeur du fait démontré.
C'est pourquoi nous dirons en terminant que, outre ces applications particulières à l'étude de l'Homme, l'embryologie,
par sa haute portée en philosophie naturelle, devait trouver
place dans l'étude de l'anthropologie. Le Conseil de l'École
était pénétré de cette pensée, lorsqu'il créa une chaire d'Anthropogénie et d'Embryologie comparée, ces sciences étant
les plus aptes à déterminer la vraie place de l'Homme dans
l'échelle des êtres, ce qui est le principal but de l'anatomie
anthropologique, celui auquel ont été consacrés les principaux
travaux de Broca.

CHAPITRE II

ANTHROPOLOGIE PRÉHISTORIQUE

---

§ 1er. — Géologie palethnologique. — Étude des deux versants de la vallée de la Somme à Abbeville.

M. d'Ault du Mesnil expose une collection résumant ses recherches dans le terrain quaternaire des environs d'Abbeville.

Une grande exploitation ouverte dans les graviers des deux côtés de la vallée de la Somme, par l'administration du chemin de fer du Nord, lui a permis de faire une étude détaillée des alluvions quaternaires de cette région. Grâce à l'extrême obligeance de l'ingénieur et de l'entrepreneur chargés des travaux, M. d'Ault a pu dresser minutieusement les coupes du terrain et recueillir les ossements et les instruments en place, en déterminant exactement leur position respective.

Les outils se comptaient par milliers; les ossements étaient aussi très nombreux; on a trouvé plusieurs centaines de dents de Rhinocéros et toute une série de molaires des différents Éléphants.

Comme le montre le tableau ci-joint, dressé par M. d'Ault, le terrain quaternaire d'Abbeville se divise ainsi :

1° Quaternaire inférieur;

2° Quaternaire moyen subdivisé en trois assises;

3° Quaternaire supérieur.

TABLEAU *de la Classification des Terrains*

Par G. d'AULT

ÉTAGES			DIVISIONS PALÉONTOLOGIQUES	CARACTÈRES GÉOLOGIQUES
QUATERNAIRE SUPÉRIEUR.			**PRÉDOMINANCE** du *Cervus tarandus* (Renne). Un *Elephas primigenius* continue à vivre.	**LIMON ROUGE** à *Cervus tarandus*. Limon argilo-sableux rouge avec silex brisés. (DILUVIUM ROUGE) Dépôt transformé par les agents atmosphériques. Absence de stratification.
QUATERNAIRE MOYEN.	ASSISE SUPÉRIEURE.	*Elephas primigenius et Rhinoceros tichorhinus.*	**ASSISE** de transition à *Elephas primigenius* et *Equus caballus*. **PRÉDOMINANCE** d'un *Elephas primigenius* (dents à lames minces et serrées) et de l'*Equus caballus*. Le *Rhin. tichorhinus* disparaît.	**LIMON ET SABLE** à *Elephas primigenius* et *Equus caballus*. Assise à stratification horizontale. Couche fluvio-marine avec nombreuses coquilles marines. Toutes traces de l'action des glaces disparaissent.
	ASSISE MOYENNE.	ÉPOQUE DE GRANDE EXTENSION DES GLACIERS.	**PRÉDOMINANCE** d'un *Eleph. primigenius* (dents à lames larges et écartées) et du *Rhinoc. tichorhin.* Hippopotame émigré.	**GRAVIER, MARNE, ARGILE ET SABLE** à *Elephas primigenius* et *Rhinoceros tichorhinus*. Assise à stratification contournée, tourmentée. Traces de l'action des glaces.
	ASSISE INFÉRIEURE.		**ASSISE** de transition à *Elephas primigenius* et *Elephas antiquus*. **ASSOCIATION HABITUELLE** d'un *Elephas primigenius* et de l'*Elephas antiquus*.	**GRAVIER, MARNE, ARGILE ET SABLE** à *Elephas primigenius* et *Elephas antiquus*. Stratification inclinée, contournée. Cette assise ravine énergiquement le dépôt inférieur.
QUATERNAIRE INFÉRIEUR.			**PRÉDOMINANCE** de l'*Elephas antiquus* et du *Rhinoceros Merkii*. *Hippopotamus amphibius*.	**MARNE, GRAVIER ET SABLE** à *Elephas antiquus* et *Rhinoceros Merkii*. Stratification généralement horizontale.

CARACTÈRES INDUSTRIELS	CLIMATS	DIVISIONS PALETHNOLOGIQUES	
PRÉDOMINANCE de la pierre taillée en lames étroites.	**CLIMAT** FROID ET SEC. Retour à un climat froid.	**MAGDALÉNIENNE** (G. DE MORTILLET).	
PRÉDOMINANCE de la pierre taillée en lames larges. Époque de transition.	**CLIMAT** RADOUCI ET SEC.	**MENCHECOURIENNE** (G. D'AULT DU MESNIL).	**PÉRIODE PALÉOLITHIQUE**
PRÉDOMINANCE de la pierre taillée sur une seule face.	**CLIMAT** FROID ET HUMIDE.	**MOUSTÉRIENNE** (G. DE MORTILLET).	
PRÉDOMINANCE des instruments taillés à petits éclats sur les deux faces. Époque de transition.	**CLIMAT** REFROIDI ET HUMIDE.	**ACHEULÉENNE** (G. D'AULT DU MESNIL).	
PRÉDOMINANCE des instruments grossièrement taillés sur les deux faces.	**CLIMAT** CHAUD ET HUMIDE	**CHELLÉENNE** (G. DE MORTILLET).	

DESCRIPTION DES ÉTAGES

ÉTAGE QUATERNAIRE INFÉRIEUR

Première division, prédominance de l'*Elephas antiquus* et du *Rhinoceros Merkii*.

La stratification des graviers de l'étage inférieur est souvent horizontale, ce qui permet de fixer avec précision la puissance de cette alluvion dont une couche de marne grise, énergiquement ravinée, forme la limite exacte (fig. 24 à 40).

FAUNE

PROBOSCIDIENS

Elephas antiquus Falc.

PACHYDERMES

Rhinoceros Merkii Kaup.
Hippopotamus amphibius (var. major) Linné.
Sus scropha Linné.

SOLIPÈDES

Equus caballus Linné.

RUMINANTS

Cervus canadensis Brisson.
Cervus elaphus Linné.
Bos primigenius Boj.
Bison priscus (Aurochs) Schl.

RONGEURS

Trogontherium.

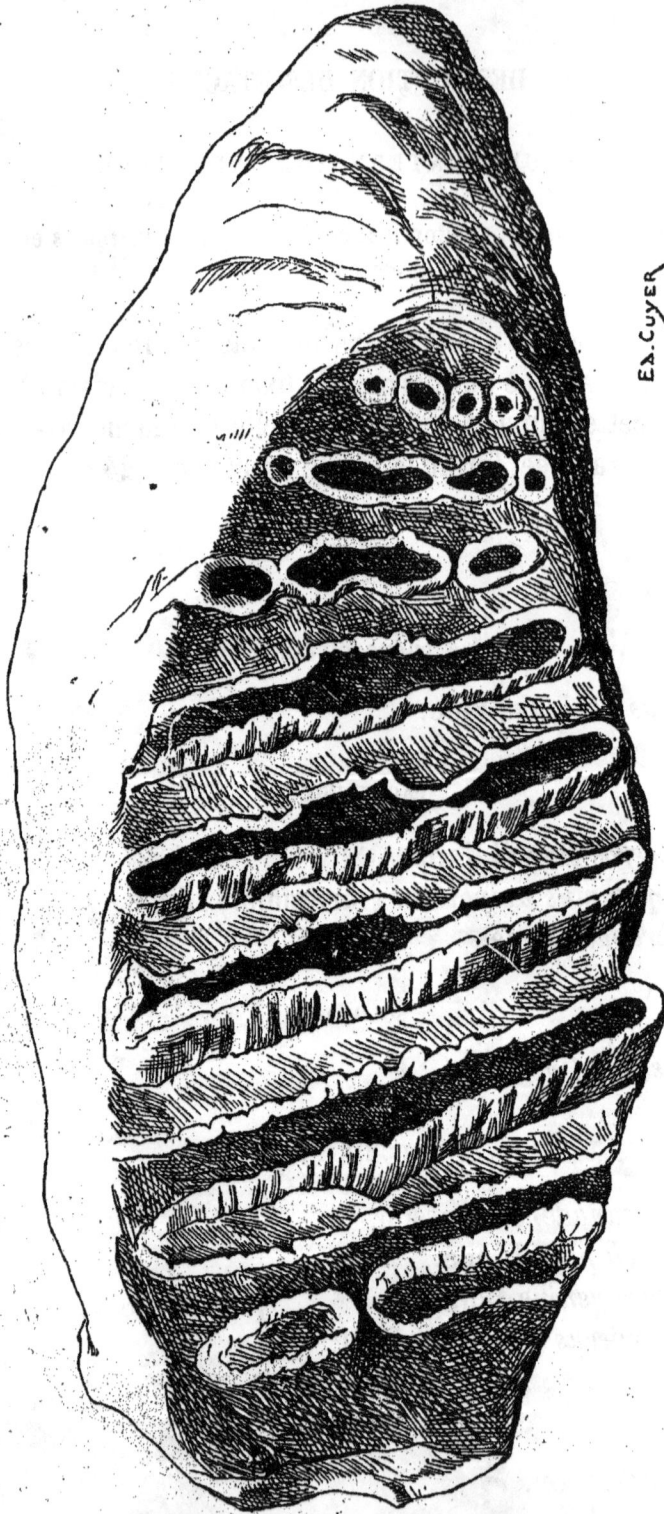

Ed. Cuyer

Fig. 24. Molaire d'*Elephas antiquus* (2/3). Quaternaire inférieur.

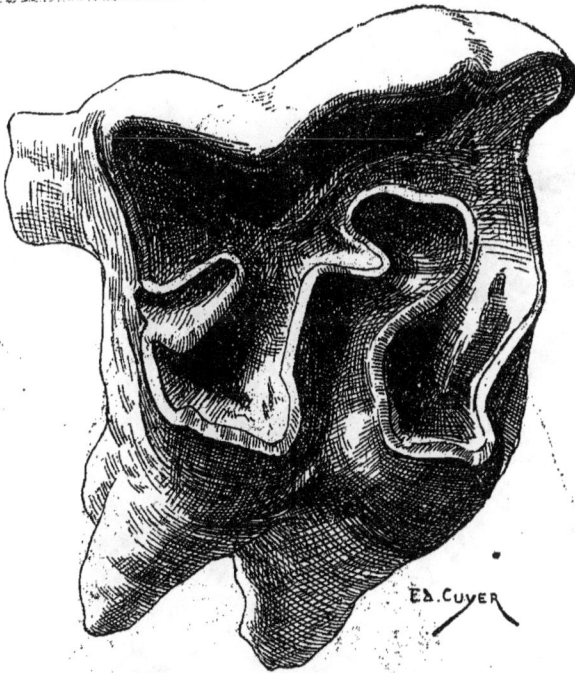

Fig. 25.

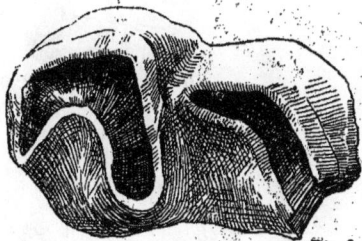

Fig. 26.

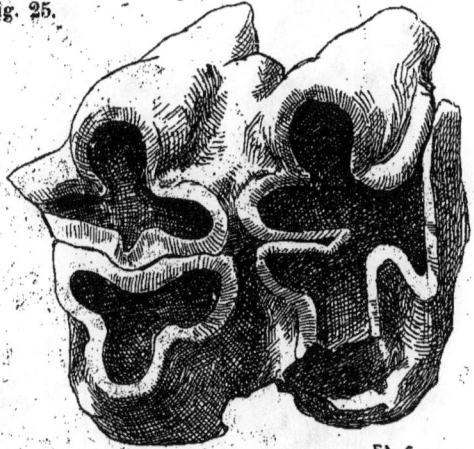

Fig. 27.

Fig. 28.

Fig. 25. Molaire inférieure de *Rhinoceros Merkii* (G. N.). Quaternaire inférieur.
Fig. 26. Molaire inférieure de *Rhinoceros Merkii* (G. N.). Quaternaire inférieur.
Fig. 27. Molaire d'*Hippopotamus amphibius* (G. N.). Quaternaire inférieur.
Fig. 28. Mandibule de *Sus scropha* (3/4). Quaternaire inférieur.

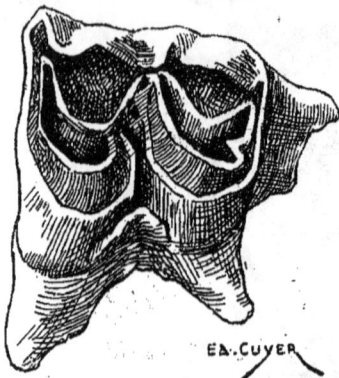

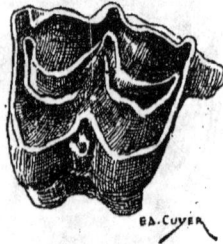

Fig. 29.

Fig. 30.

Fig. 31.

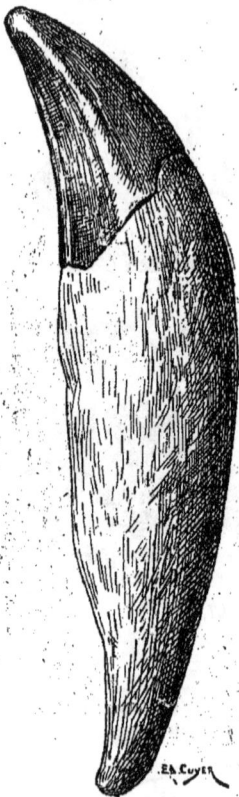

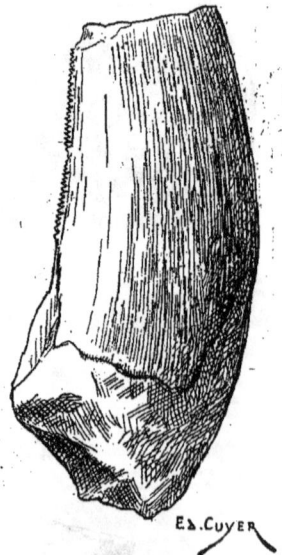

Fig. 33.

Fig. 32.

Fig. 34.

Fig. 29. Molaire de *Cervus elaphus* (plus grand que nature). Quaternaire inférieur.
Fig. 30. Molaire de *Cervus elaphus* (G. N.). Quaternaire inférieur.
Fig. 31. Canine de *Trogontherium* (G. N.). Quaternaire inférieur.
Fig. 32. Canine d'*Ursus spelœus* (3/4). Quaternaire inférieur.
Fig. 33. Canine de *Hyœna spelœa* (G. N.). Quaternaire inférieur.
Fig. 34. Canine de *Machœrodus* (G. N.). Quaternaire inférieur.

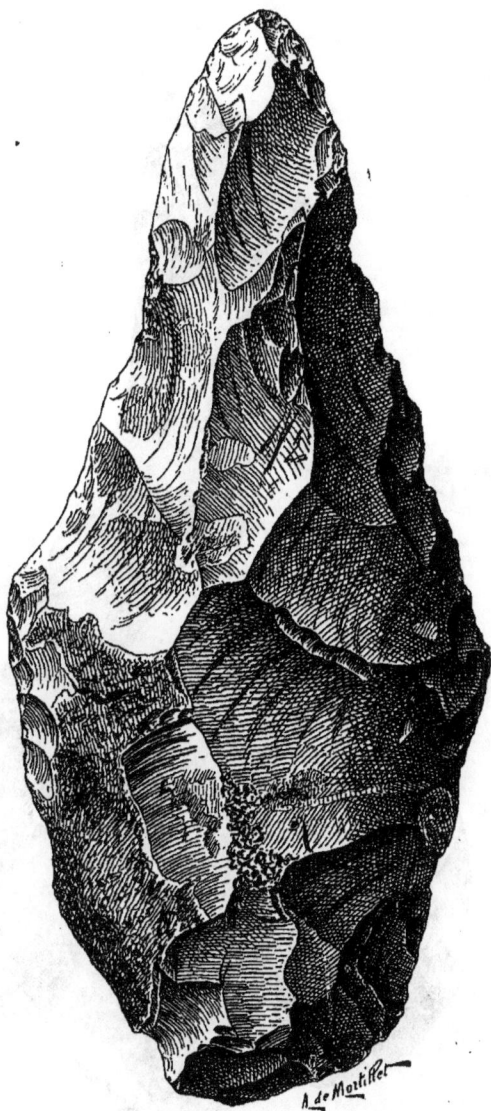

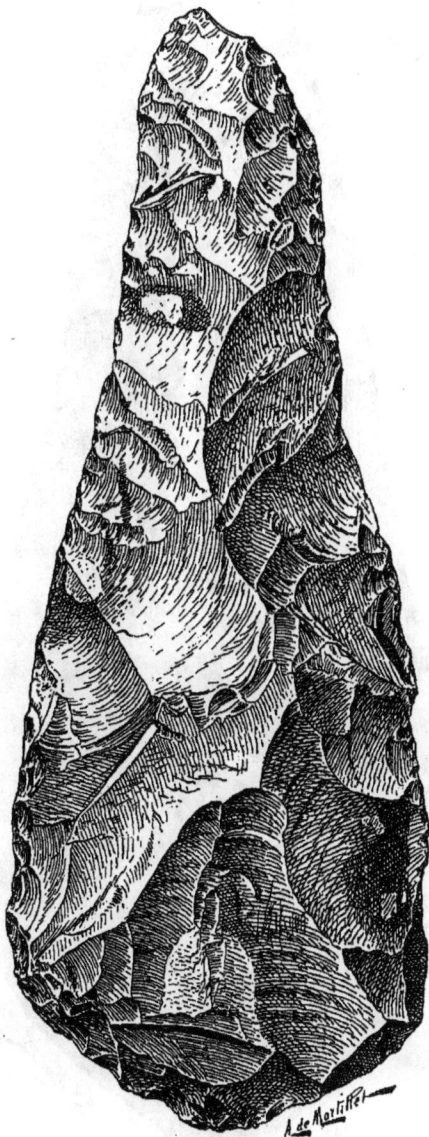

Fig. 35.

Fig. 36.

Fig. 35 et 36. Instruments de silex, grossièrement taillés (2/3). Quaternaire inférieur

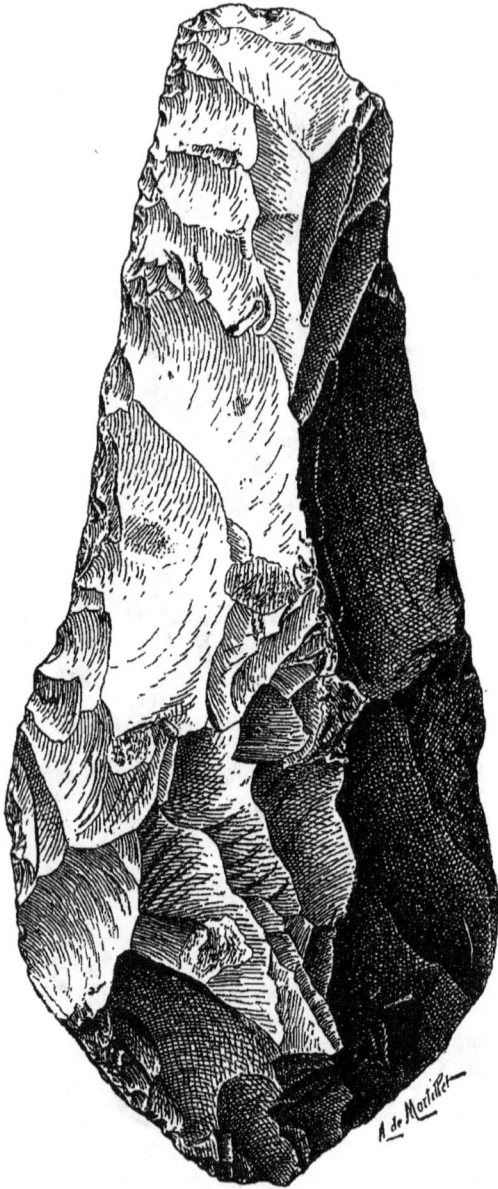

Fig. 37.   Fig. 38.

Fig. 37 et 38. Instruments de silex grossièrement taillés (2/3). Quaternaire inférieur.

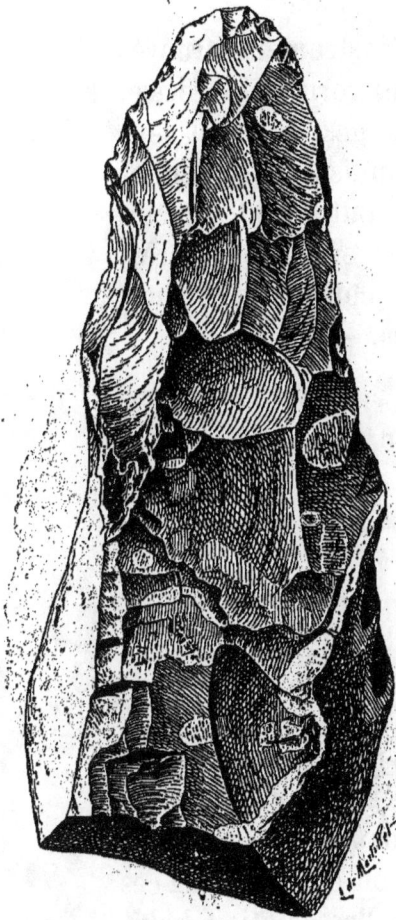

Fig. 39.

Fig. 40.

Fig. 39 et 40. Instruments de silex grossièrement taillés (2/3). Quaternaire inférieur.

CARNASSIERS

Ursus spelæus Blum.
Hyæna spelæa Gold.
Machærodus.

INDUSTRIE

Instruments grossièrement taillés. Les instruments trouvés dans ces couches ont pour caractères des formes lourdes et massives. Le procédé de fabrication à larges éclats et leur grande dimension donnent à ces outils un aspect particulier que personne ne peut méconnaître. Ces outils ont dû être employés à plusieurs usages, et, si on les examine de près, malgré leur apparence peu variée, on constatera bientôt qu'ils affectent des formes très différentes.

ÉTAGE QUATERNAIRE MOYEN

Deuxième division, prédominance de l'*Elephas primigenius* et du *Rhinoceros tichorhinus.*

1. *Assise inférieure de transition à* Elephas antiquus *et* Elephas primigenius.

Cette assise ravine profondément les lits inférieurs à *Elephas antiquus*. La stratification est contournée et inclinée.

Ici la transition est graduelle entre les deux étages inférieur et moyen, et c'est par cette raison que l'on observe dans ces couches une faune mixte caractérisée par l'association habituelle de l'*Elephas antiquus* et d'un *Elephas primigenius* (fig. 41 à 47).

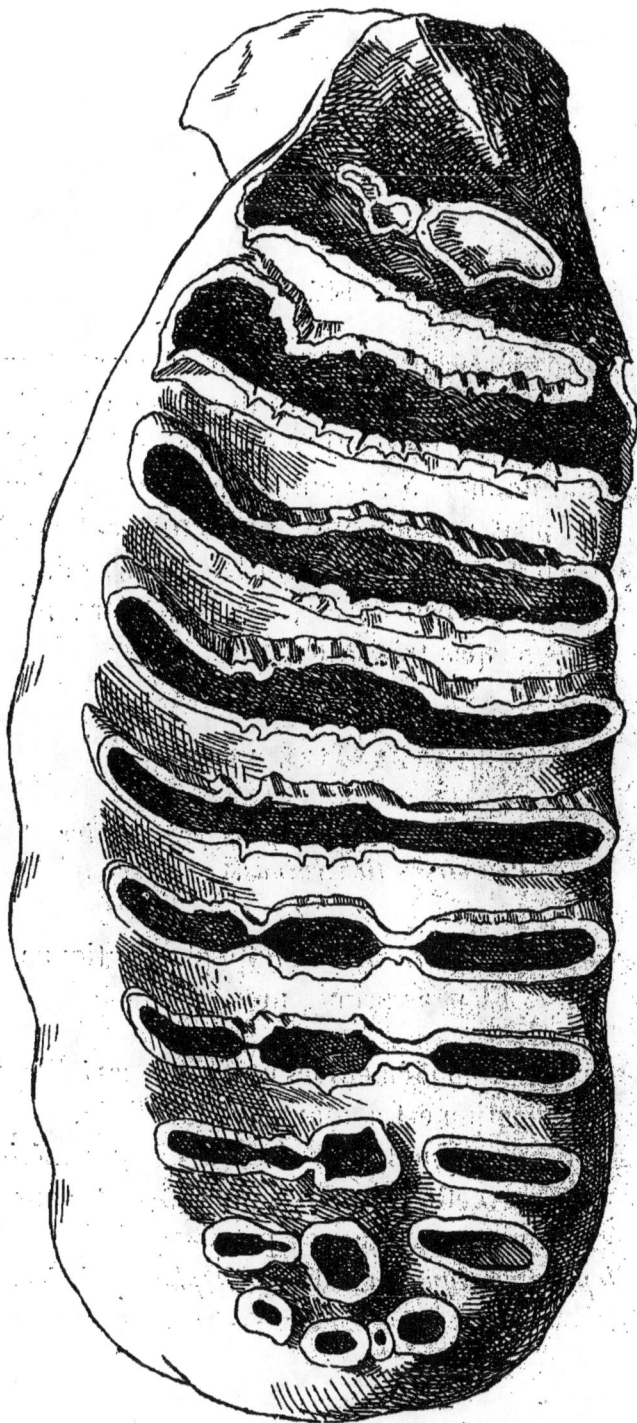

Ed. Cuyer

Fig. 41. Molaire d'*Elephas antiquus* (3/4). Quaternaire moyen, assise inférieure.

Fig. 42.

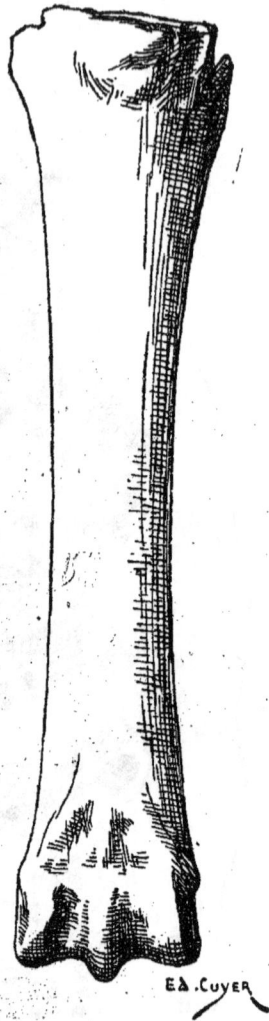

Fig. 43.

Fig. 44.

Fig. 42. Molaire de grand Bovidé (1/2). Quaternaire moyen, assise inférieure.
Fig. 43. Molaire d'*Equus caballus* (1/2). Quaternaire moyen, assise inférieure.
Fig. 44. *Equus caballus*. Métacarpien droit (1/2). Quaternaire moyen, assise inférieure

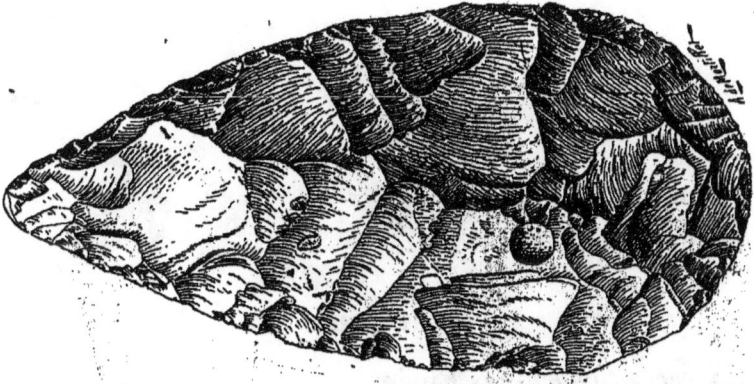

Fig. 47.

Fig. 46.

Fig. 45.

Fig. 45, 46 et 47. Instruments de silex taillés à petits éclais (2/3). Quaternaire moyen, assise inférieure.

FAUNE

PROBOSCIDIENS

Elephas antiquus Falc.
Elephas primigenius Blum.

PACHYDERMES

Rhinoceros tichorhinus Cuvier.

INDUSTRIE

Instruments taillés à petits éclats. Les instruments trouvés dans cette assise présentent une grande variété de formes. Les uns amygdaloïdes, les autres lancéolés, plats et soigneusement façonnés, sont les plus communs; ils sont taillés à petits coups et affectent une forme régulière, presque symétrique, ce qui les distingue facilement de ceux de l'époque précédente.

2. *Assise moyenne à* Elephas primigenius *et* Rhinoceros tichorhinus.

ÉPOQUE DE GRANDE EXTENSION DES GLACIERS

La stratification du niveau moyen qui recouvre l'assise sous-jacente est très irrégulière et se compose de lits alternants de sable, de marne et de cailloux roulés présentant tantôt des zones capricieuses s'enchevêtrant les unes dans les autres, tantôt des contournements bizarres dus à l'action des glaces flottantes (fig. 48 à 56).

FAUNE

PROBOSCIDIENS

Elephas primigenius Blum.

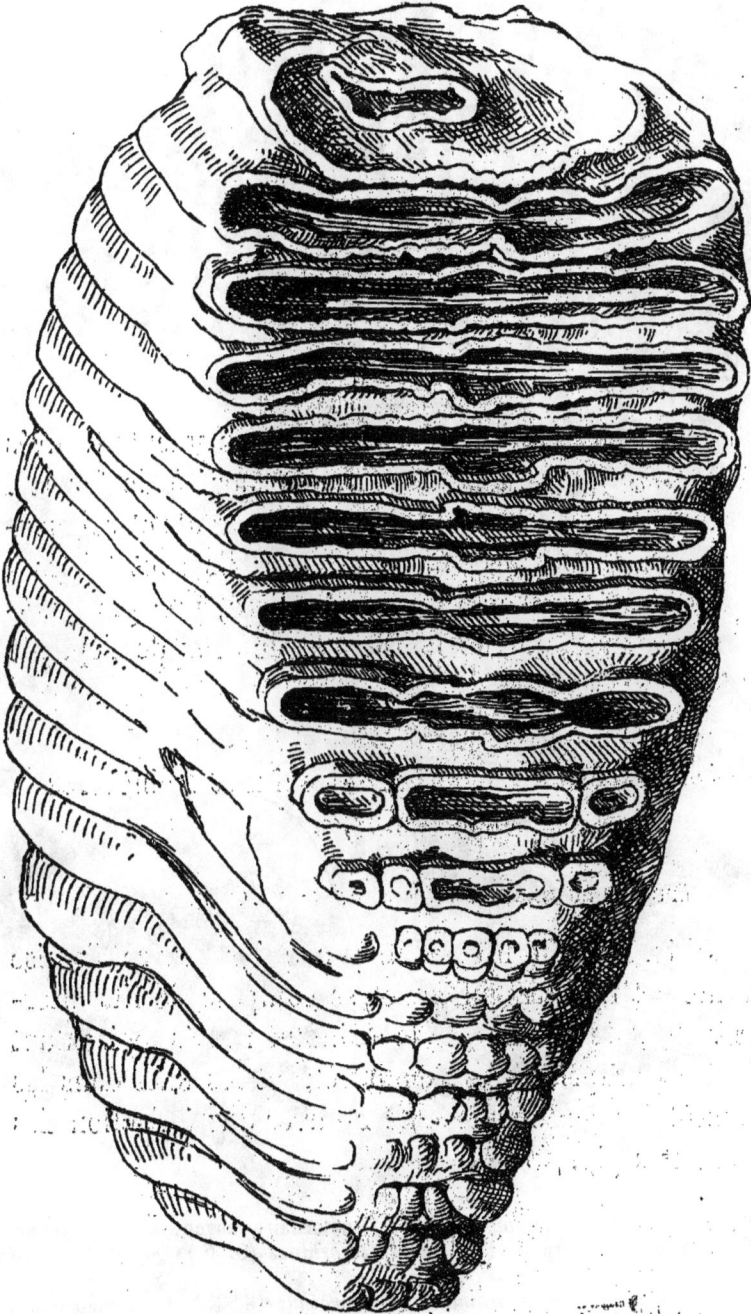

Fig. 48. Molaire d'*Elephas primigenius* (3/4). Quaternaire moyen, assise moyenne.

ED.CUYER

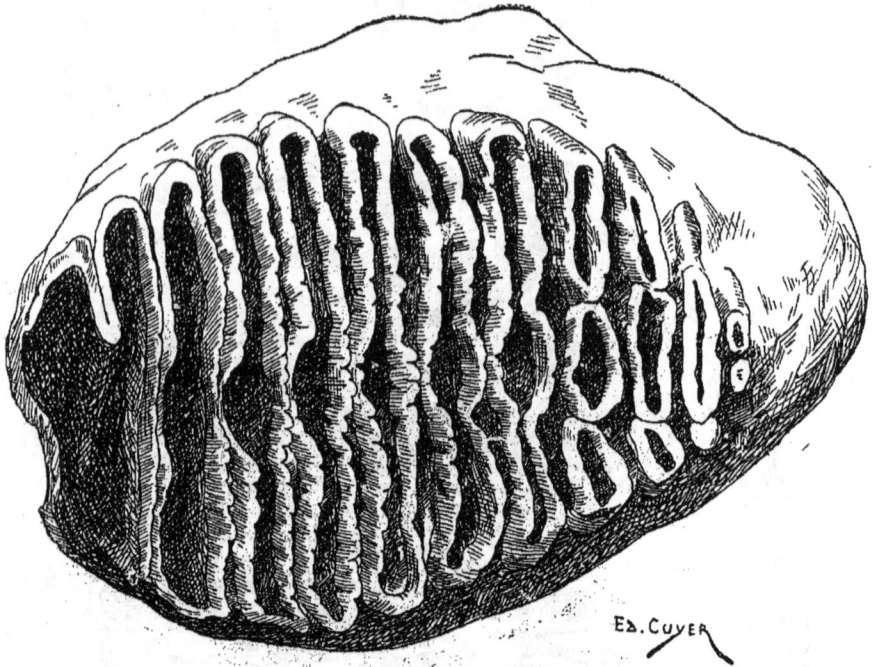

Fig. 49.

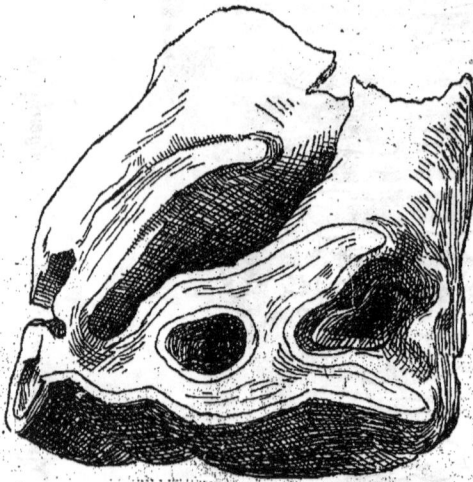

Fig. 50.

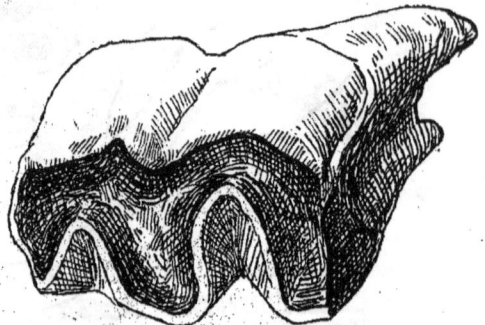

Fig. 51.

Fig. 49. Molaire d'*Elephas primigenius* (2/3). Quaternaire moyen, assise moyenne.
Fig. 50. Molaire supérieure de *Rhinoceros tichorhinus* (G. N.). Quaternaire moyen, assise moyenne.
Fig. 51. Molaire inférieure de *Rhinoceros tichorhinus* (G. N.). Quaternaire moyen, assise moyenne.

11

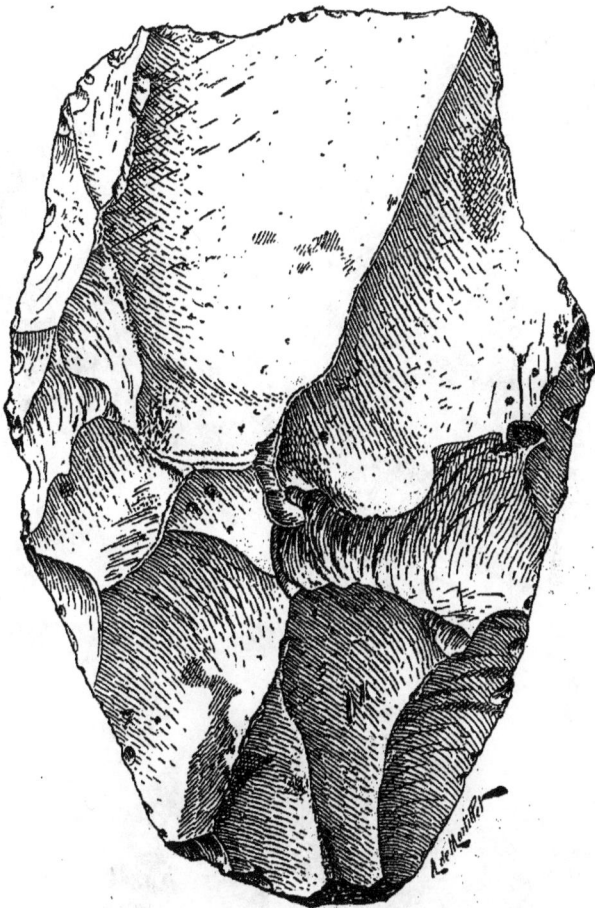

Fig. 52.

Fig. 53.

Fig. 52. Instrument de silex taillé sur une seule face (2/3). Quaternaire moyen, assise moyenne.

Fig. 53. Racloir de silex (2/3). Quaternaire moyen, assise moyenne.

Fig. 54.

Fig. 55.

Fig. 56.

Fig. 54. Instrument de silex taillé sur une seule face (2/3). Quaternaire moyen, assise moyenne.

Fig. 55. Instrument de silex taillé à petits éclats des deux côtés (2/3). Quaternaire moyen, assise moyenne.

Fig. 56. Instrument discoïdal de silex taillé sur les deux faces (2/3). Quaternaire moyen, assise moyenne.

PACHYDERMES

Rhinoceros tichorhinus Cuvier.

SOLIPÈDES

Equus caballus Linné.

RUMINANTS

Cervus megaceros Hart.
Cervus elaphus Linné.
Bos primigenius Boj.
Bison priscus (Aurochs) Schl.

INDUSTRIE

PIERRE TAILLÉE SUR UNE SEULE FACE

Les outils recueillis à ce niveau affectent généralement une forme spéciale. Ce sont des instruments correspondant au type moustérien de M. G. de Mortillet. La diversité des instruments est encore plus grande qu'à l'époque précédente; on y reconnaît des types extrêmement variés. Les outils non retouchés sur les bords sont les plus communs, et ce n'est que rarément qu'on en trouve de finement retouchés. Alors ils sont tout à fait semblables au type des cavernes de la même époque. Quelques instruments de forme discoïdale, et un petit nombre de pièces taillés à petits éclats ont aussi été trouvés à ce niveau.

3. *Assise supérieure à* Élephas primigenius *et* Equus caballus *très abondant.*

ÉPOQUE DE TRANSITION

La stratification des lits de l'assise supérieure du quaternaire moyen est toujours horizontale, et se compose de sable siliceux blanc et jaune, d'un limon brun calcaire et d'une alluvion crayeuse renfermant une faune et une industrie propres.

Ces lits, si développés à Menchecourt, dans le faubourg d'Abbeville, sont plaqués sur des alluvions plus anciennes, qu'ils ont ravinées et en partie démantelées, en ne laissant que des lambeaux des graviers sous-jacents.

Formation fluvio-marine. — Les couches inférieures formant le premier terme de la série de Menchecourt reposent sur les graviers de l'assise moyenne et inférieure. Ce sont des sables marins blancs et siliceux montrant une stratification de plage à lits inclinés, contenant à 30 ou 40 centimètres de leur point de contact avec les autres alluvions un mince dépôt de coquilles marines et fluviatiles. La découverte de coquilles marines est une preuve indéniable de l'arrivée de la mer qui empiétait de temps en temps sur la rivière par suite de nombreuses oscillations du sol, si fréquentes à cette époque (fig. 57 à 60).

FAUNE

PROBOSCIDIENS

Elephas primigenius Blum.

PACHYDERMES

Rhinoceros tichorhinus Cuvier.

SOLIPÈDES

Equus caballus Linné.

RUMINANTS

Cervus elaphus Linné.
Cervus somoniensis Cuvier.

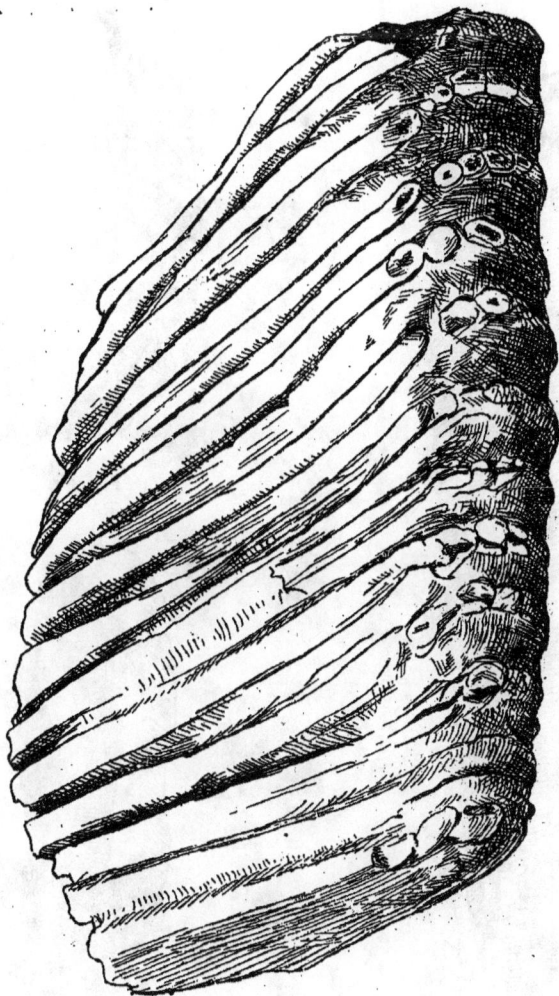

Ed. Cuyer

Fig. 57. Molaire d'*Elephas primigenius* (2/3). Quaternaire moyen, assise supérieure.

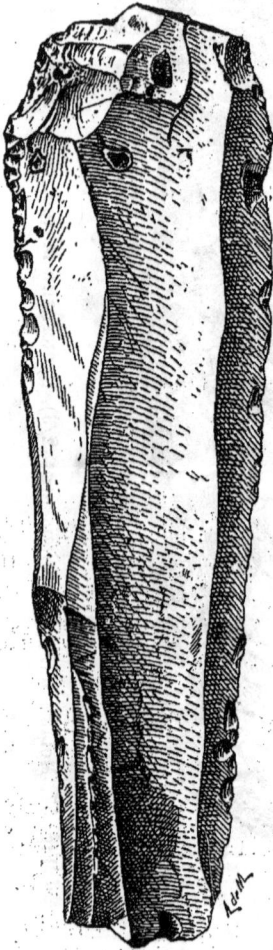

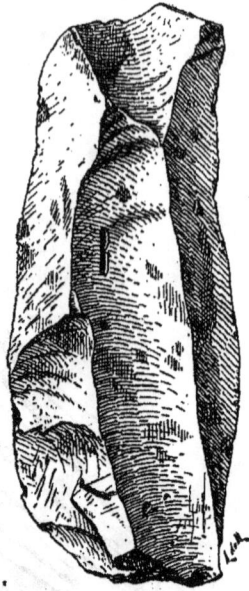

Fig. 59.

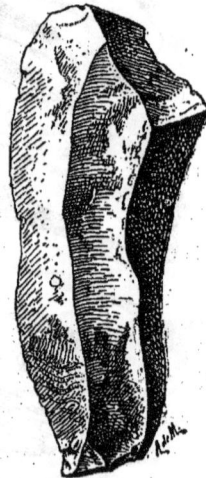

Fig. 58.

Fig. 60.

Fig. 58, 59, 60. Instruments de silex taillés en lames larges (2/3). Quaternaire moyen, assise supérieure.

Cervus tarandus (Renne) Linné.
Bos primigenius Boj.

CARNASSIERS
Ursus.

Les Chevaux se multiplient à un point fort remarquable. Le *Rhinoceros tichorhinus* disparaît au sommet de la formation, pendant que le nombre des Rennes augmente considérablement à la même hauteur. Dans cette assise, l'*Elephas primigenius* se modifie progressivement, les molaires de cet Éléphant sont toujours à lames plus serrées que celles du niveau moyen.

INDUSTRIE

Prédominance de la pierre taillée en lames larges.

ÉPOQUE DE TRANSITION

Les instruments découverts à Menchecourt appartiennent à des types spéciaux pouvant se désigner sous les noms de lames, de pointes, de grattoirs et de couteaux. Leur forme montre une transition entre le moustérien et le magdalénien de M. G. de Mortillet. C'est une industrie voisine de celle de Solutré, à laquelle on doit, selon M. d'Ault du Mesnil, la rattacher. Les instruments de ces lits ne peuvent trouver place dans la classification archéologique adoptée par les différents auteurs qui se sont occupés du quaternaire de la vallée de la Somme. En conséquence, M. d'Ault du Mesnil propose, pour la désigner, un nom particulier qui s'impose naturellement. C'est le nom d'*époque menchecourienne*, tiré de la localité où cette assise est si nettement caractérisée.

ÉTAGE QUATERNAIRE SUPÉRIEUR

Troisième division, prédominance du Renne (*Cervus tarandus*).

L'étage quaternaire supérieur est formé d'un limon rouge argilo-sableux avec silex brisés à la base, sans stratification apparente, et ravinant les dépôts sur lesquels il repose; son épaisseur est généralement peu considérable. La faune est très pauvre, et consiste, aux environs d'Abbeville, en quelques ossements de Renne et débris d'un *Elephas primigenius* à lames très serrées.

Ce limon rouge s'étend des plateaux jusque sur le flanc des vallées, et recouvre indifféremment les graviers et les sables de toutes nos formations quaternaires, comme MM. Buteux et de Mercey l'ont déjà fait observer depuis longtemps. Le limon rouge est un produit d'altération, mais il ne s'ensuit pas qu'il dérive directement de l'alluvion caillouteuse sous-jacente. Le limon rouge est le produit du ruissellement de l'eau de pluie sur les plateaux, sur les pentes et sur le fond des vallées, et provient du remaniement de l'argile à silex et des graviers. Longtemps exposé à l'air, il a subi toutes les altérations atmosphériques. Un transport limité, c'est vrai, mais un certain transport a été nécessaire pour diviser les rognons de silex préalablement éclatés par les simples actions atmosphériques dans les formations dont il dérive et les transformer en silex anguleux.

A ce point de vue l'observation nous fournit les preuves les plus concluantes. En effet, les parties du dépôt de gravier qui ne sont pas recouvertes par lui ne présentent pas du tout le même aspect. Les couches à cailloux roulés sont rubéfiées, altérées; mais les éclats de silex sont encore adhérents et ils ne peuvent se séparer qu'à la suite d'un choc. Il existe donc deux espèces de limon rouge : le premier vient d'être décrit;

le second n'est qu'un produit d'altération de l'alluvion ancienne.

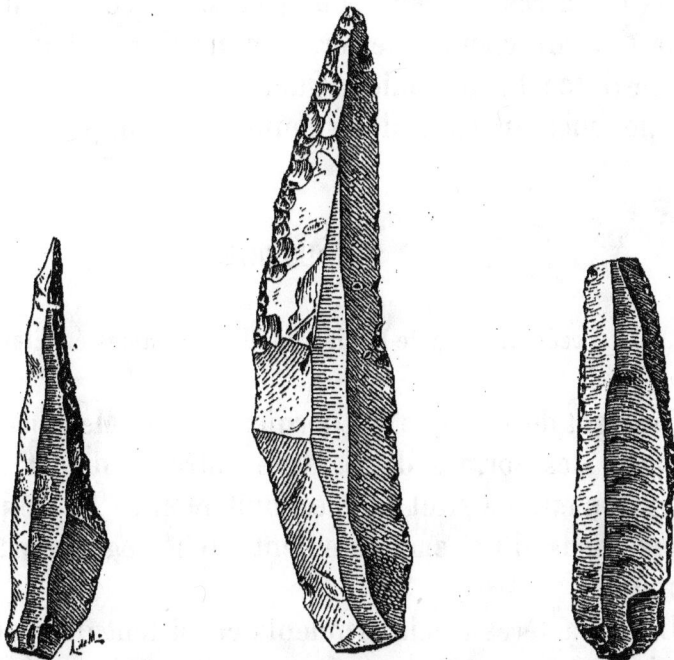

Fig. 61.   Fig. 62.   Fig. 63.

Fig. 61. Poinçon de silex (2/3). Quaternaire supérieur.
Fig. 62. Pointe de silex (2/3). Quaternaire supérieur.
Fig. 63. Lame étroite de silex retouchée sur les bords (2/3). Quaternaire supérieur.

FAUNE

PROBOSCIDIENS

Elephas primigenius Blum.

RUMINANTS

Cervus tarandus (Renne) Cuvier.

Le Renne, dont les restes se trouvent avec le plus d'abondance, doit être regardé comme caractéristique de l'étage. Quelques coins privilégiés, soustraits à l'action dissolvante des eaux météoriques, fournissent parfois l'occasion de rencontrer les débris de cet animal. Un *Elephas primigenius*, caractérisé par des lames étroites, très festonnées, existe encore, et nous avons été assez heureux pour trouver, à ce niveau, dans la ballastière du chemin de fer, une molaire parfaitement conservée de ce Proboscidien. Quelques autres débris de dents ont été rencontrés sur divers points du Champ de Mars.

INDUSTRIE

Prédominance de la pierre taillée en lames étroites.

On vient de voir que les derniers lits de Menchecourt contiennent des formes de passage entre le moustérien et le magdalénien. Le trait qui les unit montre les anneaux non interrompus d'un enchaînement archéologique partout reconnu.

Les caractères des instruments consistent dans des formes spéciales qui se résument en un petit nombre de types pouvant se grouper autour des formes dites couteaux, grattoirs et burins. Des pointes à cran de forme solutréenne ont été également trouvées dans ces couches; mais la prédominance appartient aux lames étroites.

Après cette rapide description, on peut conclure que, dans l'anse du Champ de Mars d'Abbeville, le terrain quaternaire n'a subi presque aucun remaniement.

Les divisions que M. d'Ault a été amené à établir à la suite de ses remarquables observations sont caractérisées chacune par un groupe spécial d'animaux.

Le quaternaire de la région doit donc se partager en trois divisions :

1° Division de l'*Elephas antiquus* et du *Rhinoceros Merkii*;

2° Division de l'*Elephas primigenius* et du *Rhinoceros tichorhinus*;

3° Division du Renne (*Cervus tarandus*).

Les divisions palethnologiques de la période quaternaire sont également fondées sur la prédominance de certaines formes industrielles. En y comprenant les subdivisions, on aura la succession suivante :

1° Époque des instruments grossièrement taillés ;

2° Époque des instruments taillés à petits éclats ;

3° Époque de la pierre taillée sur une seule face ;

4° Époque de la pierre taillée en lames larges ;

5° Époque de la pierre taillée en lames étroites.

PÉRIODE NÉOLITHIQUE

La série stratigraphique de M. d'Ault se termine par quelques spécimens d'instruments néolithiques.

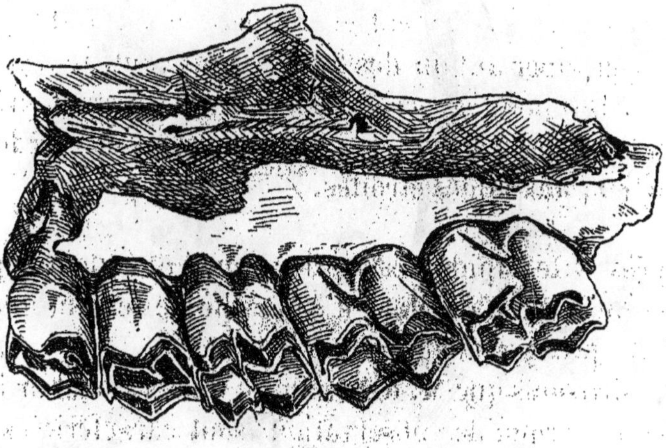

Fig. 64. Mâchoire supérieure de *Cervus elaphus* (3/4). Période néolithique. Tourbières.

Les tourbières ont fourni des haches en silex emmanchées dans une gaine en corne de cerf, et des haches en silex et en diorite. Les plateaux ont donné des haches en silex, en diorite et en jadéite. M. d'Ault a également exposé une série d'in-

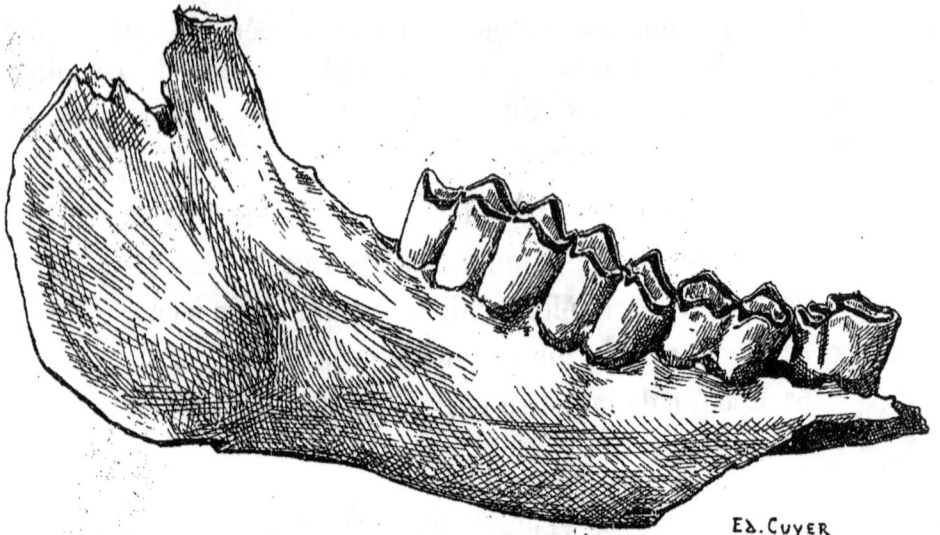

Fig. 65.

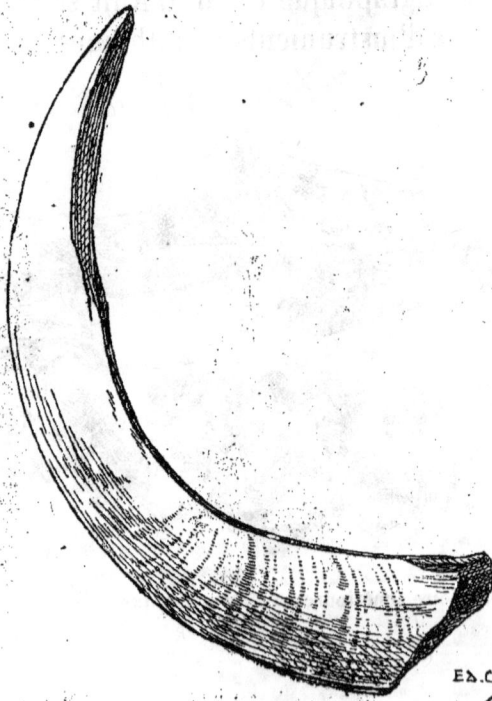

Fig. 66.

Fig. 65. Mâchoire inférieure de *Cervus elaphus* (2/3). Période néolithique. Tourbières.
Fig. 66. Canine de *Sus scropha* (2/3). Période néolithique. Tourbières.

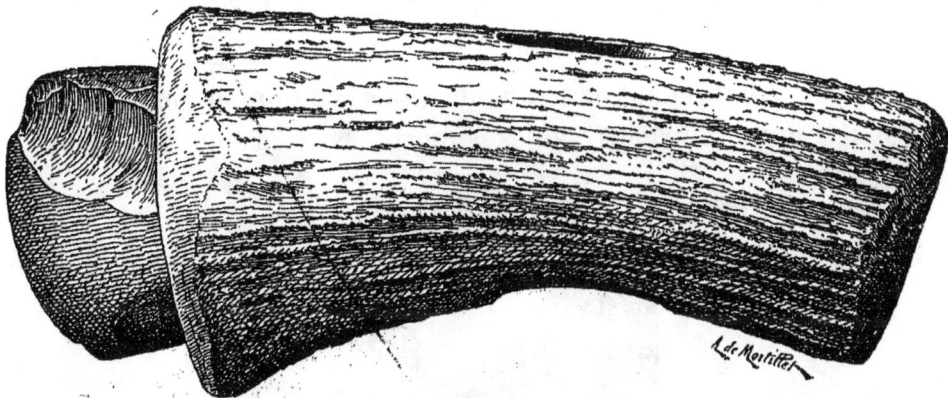

Fig. 67.

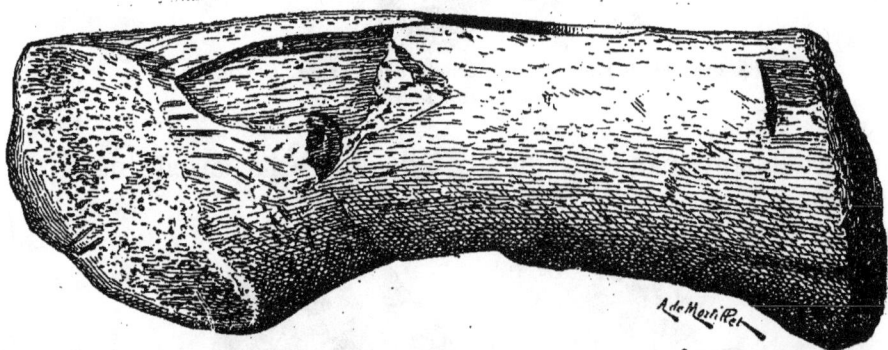

Fig. 68.

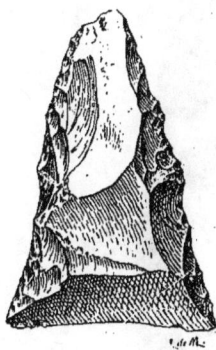  

Fig. 69.   Fig. 70.   Fig. 71.

Fig. 67. Hache en silex poli dans sa gaine en bois de cerf (2/3). Période néolithique. Tourbières.

Fig. 68. Sommet de casse-tête en corne de cerf avec trous pour l'emmanchure (2/3). Période néolithique. Tourbières.

Fig. 69. Tranchet en silex taillé (2/3). Période néolithique. Couche de sable supérieure aux tourbes.

Fig. 70. Instrument taillé sur les deux faces. Silex (2/3). Période néolithique. Couche de sable supérieure aux tourbes.

Fig. 71. Grattoir de silex (2/3). Période néolithique. Couche de sable supérieure aux tourbes.

struments comprenant des tranchets, des grattoirs et des couteaux trouvés dans les sables superposés à la tourbe; ils

Fig. 72. Grattoir de silex (2/3). Période néolithique. Couche de sable supérieure aux tourbes.

appartiennent, par conséquent, à la fin de la période néolithique.

Fig. 73.   Fig. 74.

Fig. 73. Ciseau en silex poli (2/3). Période néolithique. Plateaux.
Fig. 74. Hache polie en silex (2/3). Bray-lès-Mareuil, près Abbeville. Période néolithique. Plateaux.

§ 2. — Minéralogie palethnologique.

Les recherches minéralogiques forment une des branches les plus intéressantes de la palethnologie, qu'elles s'appliquent aux pierres ou aux métaux. Malheureusement, on s'en est bien peu occupé jusqu'à présent. Il serait bon de leur donner un plus grand essor : déterminer avec soin la nature des matières employées, reconnaître exactement l'origine et les gisements de ces matières. C'est pour attirer l'attention des investigateurs vers cette double direction et pour donner l'exemple, que la Société, l'École et le Laboratoire ont provoqué une exhibition collective de roches taillées et de haches polies en matières diverses. .

Elle se compose de :

Silex. — Roche la plus répandue, la plus généralement employée. A elle seule, elle forme au moins les quatre cinquièmes des lames, racloirs, grattoirs, pointes de flèches et autres petits instruments éclatés, plus de la moitié des coups de poing chelléens et environ un quart des haches polies. Le silex, qui est du quartz hydraté, peut être marin ou d'eau douce. Comme silex marin : en fait de coups de poing, silex locaux, couleur cire vierge, Pressigny (A. de Mortillet), gris, Dordogne (*id.*), brun presque noir, Le Moustier (*id.*); lames en silex divers, en général des dragages de la Seine, silex de la craie du bassin de Paris (Salmon); grattoir robenhausien, silex opaque de la Dordogne (A. de Mortillet); haches polies, silex de la craie des environs de Paris, de teintes diverses, Ris (Salmon), Vitry-sur-Seine (*id.*), Saint-Fargeau (*id.*). Ébauche de hache robenhausienne en silex local de l'oolithe corallienne, Commercy, Meurthe-et-Moselle (Bleicher). — Silex d'eau douce : coup de poing en silex local, à aspect résinoïde, Tilly, Allier (A. de Mortillet); haches polies, roche et provenance du bassin de Paris (*id.*), silex du Midi, Venerque, Haute-Garonne (*id.*). — Silex passant à la cornaline, rouge, transparent, avec vernis fluviatile, dragage de la Seine, lame (Salmon).

Calcédoine ou *silex calcédonieux*. — Blanc, transparent, pointes en feuille de laurier et à cran solutréennes, lames et éclats divers, Dordogne (A. de Mortillet).

Jaspe. — Le jaspe est du silex plus ou moins argileux. Aussi trouve-t-on dans la nature et travaillés des spécimens de tous les passages entre le silex proprement dit et le jaspe. Diverses lames et grattoirs magdaléniens des grottes du sud-ouest de la France, jaspes jaunâtres ou rougeâtres unis, plus fréquemment jaspes jaunâtres tout tachetés de petits points noirs. Le gisement de cette roche, très disséminée dans les stations, est encore inconnu (A. de Mortillet); beau racloir moustérien jaunâtre de la Charente (Chauvet); fragments et éclats se rapportant à l'époque paléolithique, aux plus brillantes couleurs jaunes, rouges, violettes, verdâtres : atelier chelléo-moustérien de Font-Maure, Vellèches, Vienne (Capitan).

Diaspre. — Espèce ou variété de jaspe italien, deux pointes moustériennes, Ombrie (A. de Mortillet).

Quartz hyalin ou *cristal de roche*. — Racloir moustérien fabriqué avec un morceau roulé, grotte du Placard, Charente (Chauvet).

Quartz laiteux ou *de filon*. — C'est le silex anhydre, mais il se taille très mal et se polit fort difficilement. Coup de poing chelléen fabriqué avec un caillou roulé, bassin de la Garonne, Duravel, Lot (Paysant).

Quartzite. — Sable agglutiné d'une manière solide et compacte par un ciment quartzeux qui donne à la roche un aspect homogène. Gros coup de poing chelléen, quartzite roulé des Pyrénées, environs de Toulouse (A. de Mortillet). Coups de poing acheuléens en quartzite local du Bois-du-Rocher, Côtes-du-Nord (*id.*). Un des échantillons où le ciment domine est presque du quartz pur. Coup de poing éminemment chelléen, Ternifine, département d'Oran (*id.*).

Grès. — Le quartzite passe tout naturellement au grès ordinaire, qui est une roche formée de l'agrégation de grains de sable quartzeux. Pour le palethnologue, ce passage est

12

d'autant plus sensible que les grès employés comme instruments sont généralement des grès fort compacts, variété qu'on appelle grès lustré. Lames et éclats, Saint-Fargeau, Seine-et-Marne (Salmon). Hache polie, Andelu, Seine-et-Marne (A. de Mortillet).

Diorite. — Sous ce nom, nous comprenons la série des roches dioritiques : aphanite, diorite non cristallisée; diorite proprement dite où les éléments feldspath, généralement clair, et amphibole, généralement foncé, sont cristallisés et distincts; amphibolite où les cristaux d'amphibole dominent. Les diorites sont lourdes et très tenaces. Si elles ne prennent pas un tranchant aussi vif que le silex, elles ne s'ébrèchent et ne se cassent pas si facilement. C'est la roche la plus employée, après le silex, pour la confection des haches polies. Haches de Brehan, La Bouillie et Noyal, Côtes-du-Nord, et de la palafitte de Bevaix, Suisse (A. de Mortillet). Hache en diorite décomposée à la surface et par conséquent assez tendre dans cette partie, qui s'est rayée par le choc des instruments aratoires. On en ava t argué que les raies ou stries étaient glaciaires, M. G. de Mortillet a fait justice de cette prétention. Hinx, Landes (*id.*).

Pyroxénite. — Roche à base de pyroxène au lieu d'être à base d'amphibole. Hache polie de la presqu'île d'Arradon, près Vannes (d'Ault du Mesnil).

Euphotide. — Feldspath clair avec diallage foncé, plus ou moins cristallisé. Trois haches polies, une de France, les deux autres des palafittes de Bevaix et du lac de Bienne (A. de Mortillet).

Porphyre. — Cristaux blancs disséminés dans une pâte foncée, hache polie, Orange, Vaucluse (A. de Mortillet).

Eurite. — Roche granitoïde en arrêt de formation. Deux haches polies des palafittes suisses, entre autres de Cortaillod (A. de Mortillet).

Saussurite. — Roche feldspathique, à pâte très fine, translucide, variant du vert foncé au vert très clair, prenant un fort beau poli et pouvant acquérir un tranchant des plus coupants. Densité forte, très tenace. Fournit d'excellents instruments, haches et tranchets. Neuf échantillons, un d'Orange (Vaucluse), les autres des palafittes suisses, Bevaix, Locras, Cortaillod (A. de Mortillet).

Jadéite. — Une des plus belles roches utilisées pendant le néolithique, d'une forte densité et d'une grande ténacité. Prend un magnifique poli, varie beaucoup d'aspect, couleur généralement claire allant au vert foncé, tend à passer, au moins comme aspect, à la saussurite et à la néphrite. Une hache polie de Sens, Yonne (Salmon), et une autre également de France (A. de Mortillet).

Chloromélanite. — Roche analogue à la précédente, dont elle n'est qu'une variété plus foncée, passant au noir. Deux haches, l'une de chloromélanite grossière, d'Aquila, Italie (A. de Mortillet), l'autre fine, d'Orléans, Loiret (Salmon).

Fibrolithe. — Roche fort recherchée pour la confection des haches et des ciseaux polis. Il en existe deux variétés bien distinctes. La première qui a fait donner le nom à la roche a un aspect fibreux. Elle est généralement en petits fragments, plus ou moins plats, disséminés un peu partout. La seconde variété, à fragments plus gros, surtout plus épais, a un aspect grenu, se rencontre presque exclusivement en Bretagne. Hache polie de Plouhermel, Morbihan (A. de Mortillet), en fibrolithe grenue. Hache en fibrolithe compacte, intermédiaire, La Bouillie, Côtes-du-Nord (*id.*). Trois haches polies en fibrolithe fibreuse de Bretagne (d'Ault du Mesnil, Collin et A. de Mortillet).

Serpentine noble. — Roche fort dure, très dense et très tenace, vert très foncé, souvent avec des taches blanches. Trois haches polies des palafittes de Bevaix et de Cortaillod, la troisième d'Aquila, Italie (A. de Mortillet).

Obsidienne ou *verre volcanique.* — Fournissant des lames avec tranchant très vif. Un carton d'éclats, de nucléus, de lames et de pointes de flèches, Mexique (Collin).

Trapp. — Roche d'éjection, Irlande (Salmon). Sous ce nom on a aussi compris une roche des environs de Belfort, espèce de schiste métamorphique de couleur très foncée dont la surface devient gris clair par altération. Fragment de hache polie du Grammont (A. de Mortillet).

Gneiss. — Roche cristalline schistoïde composée de mica et de feldspath, peu favorable. Petite hache polie, Apt, Vaucluse (A. de Mortillet).

Calcaire. — Roche généralement mauvaise, qui devient plus dure, plus tenace et prend un meilleur tranchant quand elle est un peu siliceuse. Hache polie de la palafitte de Bevaix, Suisse (A. de Mortillet).

Hématite. — Peroxyde de fer hydraté. Ce minerai comme pierre a été fort employé en Afrique. Plus rare ailleurs. Se distingue par sa densité. Hache polie, d'un dolmen des environs de Montrejeau, Haute-Garonne (d'Ault du Mesnil).

§ 3. — Age de la pierre. — Classification.

C'est en Danemark, on le sait, que Thomsen, en 1833, a le premier bien établi et nettement défini l'âge de la pierre. Mais c'est en France que cet âge s'est largement développé. Le sol danois n'est libre que depuis le commencement des temps actuels. L'âge de la pierre ne peut donc y remonter au delà de ces temps. Il n'en est point de même en France dont le sol était libre déjà dans les temps géologiques.

Dès 1828, Tournal, de Narbonne, annonçait la découverte d'instruments de pierre associés à des restes d'animaux éteints et émigrés dans les cavernes du midi de la France. En 1833, Schmerling confirmait cette découverte dans les grottes de la Belgique. En 1844, M. Aymard signalait des ossements humains dans les coulées boueuses du volcan de Denise, près du Puy. Enfin en 1847, Boucher de Perthes publiait ses premières récoltes de silex ouvrés dans les alluvions quaternaires de la vallée de la Somme.

Plus tard, en 1867, l'abbé Bourgeois vieillissait encore davantage l'âge de la pierre, en produisant les silex éclatés de Thenay (Loir-et-Cher).

L'âge de la pierre se divise donc en deux grandes périodes :
celle des temps géologiques et celle des temps actuels.

On a remarqué que les pierres de la plus récente étaient
souvent polies, tandis que le polissage faisait défaut dans la
période géologique, la plus ancienne. Se basant sur ce caractère, on a désigné d'abord la période la plus récente sous le
nom de période de la pierre polie et l'autre sous celui de
période de la pierre taillée. Noms complexes qui ont été rem-
placés par ceux qu'on a maintenant généralement adoptés, de
paléolithique — vieille pierre — et de néolithique — nouvelle
pierre.

Le paléolithique embrasse un laps de temps fort long, pendant lequel l'industrie s'est profondément modifiée. Un des
anciens présidents de la Société d'anthropologie, paléontolo-
giste des plus distingués, Édouard Lartet, l'a subdivisé en
plusieurs époques caractérisées par la faune. De la plus ancienne à la plus récente, ces époques sont :

Époque du Grand-Ours ;
Époque du Mammouth ;
Époque du Renne..

En classant la première salle de l'histoire du travail, à
l'Exposition universelle de 1867, M. G. de Mortillet, avec le
consentement d'Édouard Lartet, a fait précéder ces trois
époques d'une quatrième : celle de l'*Elephas antiquus*.

Mais cette classification n'était pas complètement satisfai-
sante ; M. G. de Mortillet en a proposé une autre lui paraissant
plus exacte. Elle est basée tout à la fois sur les données géologiques ou stratigraphiques, paléontologiques, météorologiques
et industrielles. Quant aux noms des divisions, pour ne rien
préjuger, ils ont été tirés de ceux des localités les plus typiques
et les mieux étudiées. Ces divisions sont de bas en haut :

Tertiaire ou éolithique. Aurore de la pierre.
Quaternaire :
Époque chelléenne ou de Chelles ;
Époque moustérienne ou du Moustier ;

Époque solutréenne ou de Solutré ;
Époque magdalénienne ou de la Madeleine.

A ces quatre époques quaternaires, M. d'Ault du Mesnil a ajouté, entre le chelléen et le moustérien, une époque acheuléenne ou de Saint-Acheul.

Et comme contemporaine de l'époque solutréenne, il a créé une époque menchecourienne ou de Menchecourt.

Quant au néolithique, M. G. de Mortillet n'avait fait qu'une seule époque : l'époque robenhausienne ou de Robenhausen ; M. Philippe Salmon subdivise cette époque en trois. Conservant l'époque robenhausienne pour le milieu du néolithique, il la fait précéder par l'époque campinienne ou du Campigny, qui sert d'intermédiaire entre le paléolithique et le néolithique, et suivre par l'époque carnacéenne ou de Carnac, qui termine le néolithique.

Tel est l'état de la question.

La Société, l'École et le Laboratoire d'anthropologie, n'ayant aucun parti à prendre, se sont contentés d'exposer tous les documents nettement tranchés et bien séparés. C'est ce qu'ils sont parvenus à réaliser, au moyen d'une exposition collective due au concours de MM. d'Ault du Mesnil, Bazin, Capitan, Collin, Feineux, Ficatier, Adrien de Mortillet, Nicolas, Piketty, Rames, Salmon, Teste et le Musée d'Auxerre.

Cette exposition occupe tout un côté de la troisième vitrine. Les divers types des instruments en pierre sont réunis dans un ordre chronologique basé sur toutes les observations partielles faites depuis qu'on s'occupe activement de palethnologie.

Voici leur disposition :

Tertiaire : **Puy-Courny** ;
Quaternaire :
  Chelléen : types des alluvions de Chelles ;
    Chelléen d'autres alluvions ;
  Acheuléen : types des alluvions de Saint-Acheul ;
    Acheuléen d'autres alluvions.
    Chelléen ou acheuléen des plateaux, surface du sol ;
    Chelléen et acheuléen remaniés par les rivières.

Moustérien : types des abris du Moustier ;
  Moustérien d'autres abris et grottes ;
  Moustérien des alluvions ;
  Moustérien de la surface, plateaux.
Solutréen : types de la station de Solutré ;
  Solutréen d'autres stations.
Magdalénien : types de l'abri de la Madeleine ;
  Magdalénien d'autres stations.
Hiatus. Une lacune existait dans nos connaissances pour ce qui
  concerne le passage du paléolithique au néolithique, on a réuni
  tous les documents qui peuvent servir à combler cette lacune.
Néolithique :
  Campinien : types de la station du Campigny ;
    Campinien d'autres stations ;
    Campinien disséminé.
  Robenhausien : types de la palafitte de Robenhausen ;
    Robenhausien d'autres palafittes ;
    Robenhausien de stations terrestres ;
    Robenhausien, pièces disséminées.
  Carnacéen : types de Carnac ;
    Carnacéen de localités diverses.

Grâce à cette impartiale disposition qui pourrait servir de
modèle pour les musées et les collections, chacun peut facilement étudier les conclusions qui lui semblent les plus naturelles et les plus justes.

Un des palethnologistes les plus distingués de la Société
d'anthropologie, M. Philippe Salmon, qui s'est entièrement
consacré à l'organisation de la série de l'âge de la pierre,
a bien voulu nous communiquer ses appréciations sur ce sujet
important.

PÉRIODE TERTIAIRE

Le travail quaternaire, désigné actuellement sous le nom
de *chelléen*, n'est assurément pas le début, le coup d'essai, et
cette hypothèse scientifique est celle qui divise le moins ; on
est ainsi amené à la nécessité de rechercher dans la période
tertiaire l'origine des œuvres humaines, ou plutôt celles du

prédécesseur paléontologique de l'Homme, en même temps que les restes de l'ouvrier lui-même.

Nous ne ferons à personne l'injure de rappeler que les lois de la paléontologie, entre les Anthropoïdes et l'Homme, commandent un indispensable intermédiaire ; en 1873, à Lyon, au Congrès de l'Association française pour l'avancement des sciences, M. Gabriel de Mortillet l'a défini dans une discussion mémorable où M. Abel Hovelacque et lui ont eu la meilleure part. « Les animaux varient d'une assise géologique à l'autre et la faune se renouvelle avec les terrains ; les variations sont d'autant plus rapides que les animaux ont une organisation plus complexe ; en d'autres termes, l'existence d'une espèce est d'autant plus courte que cette espèce occupe un rang plus élevé dans l'échelle des êtres. Depuis le miocène inférieur, tous les Mammifères se sont si profondément modifiés qu'on a pu assigner à ces modifications la valeur de différences non pas seulement spécifiques, mais génériques ; à plus forte raison doit-on admettre que l'Homme n'a pas échappé à cette loi. »

On a donc été autorisé à rechercher dans la période tertiaire, disons-nous, du chef de la paléontologie et du chef de l'industrie, les traces corporelles de ce précurseur et celles de son travail.

Les os ont échappé jusqu'à présent à toutes les investigations ; mais il ne faut point désespérer de l'avenir ; à peine quelques milieux tertiaires ont été explorés et beaucoup d'autres restent à étudier.

En est-il de même de ses œuvres, ou bien en possède-t-on dès à présent des échantillons ? S'est-il adressé à une matière périssable et qui a péri sans retour, ou bien les silex de Thenay (Loir-et-Cher), du Puy-Courny, près d'Aurillac (Cantal), et d'Otta (Portugal) représentent-ils ce travail probant qui, à lui seul, donne la preuve de l'existence d'un ouvrier contemporain du miocène ? Les avis sont partagés. Les plus hardis déclarent la preuve faite ; d'autres, plus réservés, croient qu'il faut attendre pour se former une opinion.

Les silex thenaisiens et les silex portugais ont été exposés, en

1878, au pavillon de l'anthropologie; il n'y en a point à l'Exposition de 1889. Nous renvoyons, pour ce qui les concerne, aux listes et aux discussions des catalogues et des revues de l'époque.

La découverte de Thenay appartient au miocène tout à fait inférieur, marnes d'eau douce du calcaire de Beauce; celle d'Otta, à une couche tortonienne du miocène supérieur, grès et poudingues.

La découverte du Puy-Courny, près d'Aurillac (Cantal), contemporaine d'Otta, appartient à une couche tortonienne intermédiaire entre le sommet du miocène (tertiaire moyen) et la base du pliocène (tertiaire supérieur); elle est due à M. J.-B. Rames, géologue, qui en avait présenté déjà quelques échantillons à l'Exposition de 1878. En 1889, il expose deux cartons où sont placées des pièces de choix, avec une coupe relevée par lui et sur laquelle il a marqué lui-même la couche à *silex taillés*; selon lui, les traces du travail sont telles qu'il n'hésite pas à y reconnaître une main intelligente; outre la taille intentionnelle, il invoque un argument de sélection tiré de ce que tous les silex de la couche archéologique sont de la variété cornée et de la variété pyromaque, tandis que, dans le gisement originaire voisin, ces deux variétés sont mêlées à des silex résinites, jaspoïdes, ménilites. Si donc, ajoute l'exposant, ces deux variétés se trouvent seules dans la couche tortonienne, c'est parce qu'elles étaient les plus dures, les plus faciles à tailler et les seules jugées propres à être mises en œuvre. Ce triage et le transport sans roulis à un niveau plus élevé ne peuvent s'expliquer que par une intervention industrielle. Ici il ne s'agit plus, comme à Thenay, d'une division de la matière par le feu, mais d'un éclatement par percussion, c'est-à-dire un progrès. Aussi bien, dit-on, la couche tortonienne du Puy-Courny est très postérieure à la couche aquitanienne de Thenay, ce que démontre surabondamment la présence de débris d'animaux caractéristiques du miocène supérieur : *Mastodon angustidens*, *Dinotherium giganteum*, *Hipparion*, etc.

Depuis les récoltes de M. Rames, de jeunes géologues d'Aurillac auraient recueilli dans la même couche des fragments de toutes les espèces locales de silex ; s'il en est réellement ainsi,

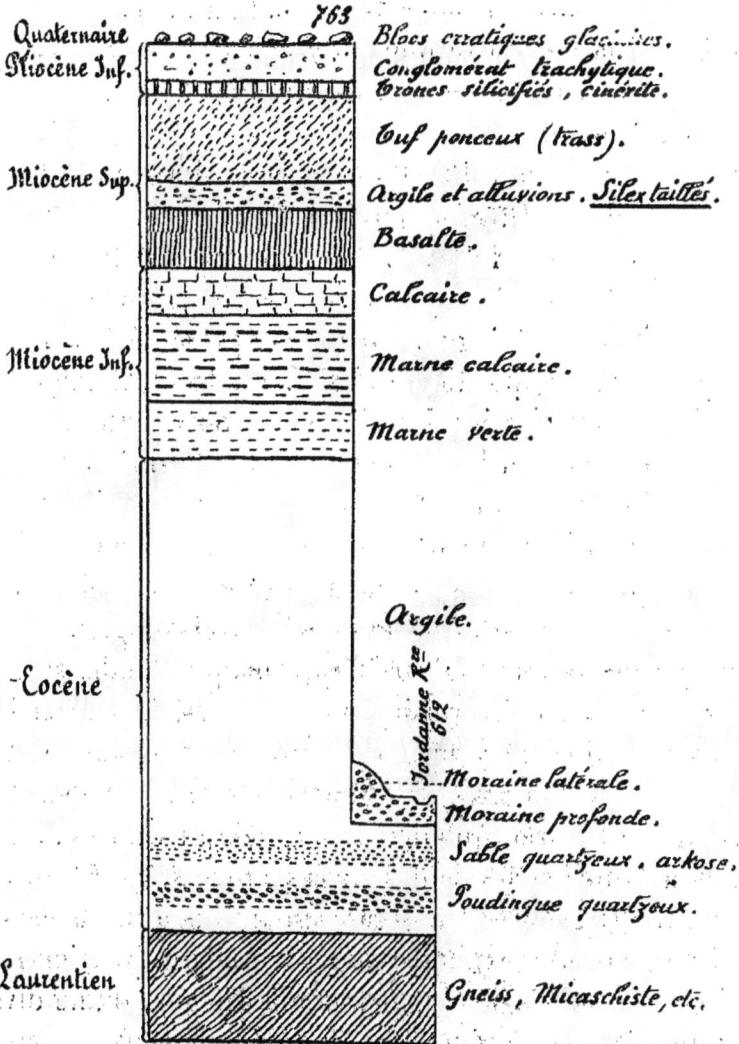

Fig. 75, Coupe de M. J.-B. Rames, indiquant l'ordre de superposition des assises du Puy-Courny, près d'Aurillac (Cantal).

il faudrait abandonner l'idée d'une sélection dans la matière première ; mais la question de taille intentionnelle demeurerait entière et M. Rames n'est pas le seul à la soutenir ; il compte en effet les savants les plus distingués parmi les plus fermes soutiens de son système.

A côté des silex de M. Rames, M. Adrien de Mortillet expose un échantillon qui, à ses yeux, est des plus probants, car il le présente comme ayant à la fois plan de frappe, départ d'esquille et deux conchoïdes de percussion, dont un en creux.

 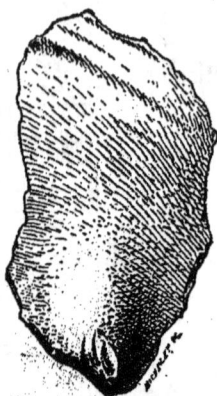

Fig. 76.   Fig. 77.

Fig. 76 et 77. Silex tertiaire taillé, dessus et dessous. Puy-Courny (Cantal). Collection A. de Mortillet (G. N.).

La coupe du Puy-Courny, dressée par M. Rames, et deux dessins reproduits ici viendront en aide aux observateurs pour leur appréciation de ce gisement et de son contenu.

PÉRIODE QUATERNAIRE

Époque chelléenne (G. de Mortillet). — Les observations isolées faites souvent en place dans les couches, les superpositions dans les grottes, d'accord avec les recherches récentes de M. d'Ault du Mesnil dans la vallée de la Somme, à Abbeville, avaient posé les bases de la division de l'industrie quaternaire en quatre époques industrielles principales, telle que M. Gabriel de Mortillet l'a faite dans son livre sur le *Préhistorique*. Depuis ces diverses études, on possède une plate-forme d'un puissant secours qui a servi de guide dans le classement de cette partie de notre exposition. Les fouilles qui comprennent les pièces industrielles et la faune contemporaine couche par couche montrent clairement le chemin parcouru.

La couche profonde de la vallée, à Abbeville, a révélé l'exis-

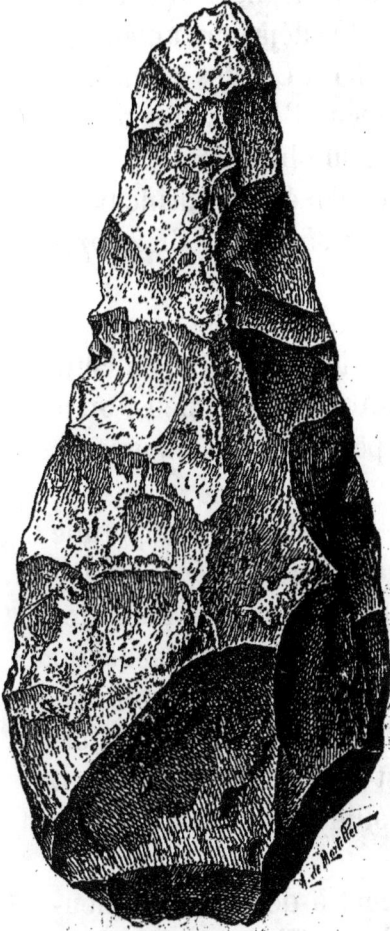

Fig. 78.   Fig. 79.

Fig. 78. Coup de poing, en silex. Carrières de Chelles (Seine-et-Marne). Collection A. de Mortillet (2/3).

Fig. 79. Coup de poing plat, en silex. Villiers-Louis (Yonne). Collection Feineux (2/3).

tence d'une industrie chelléenne qui paraît aussi ancienne au moins que celle de Chelles même (voy. ci-dessus, p. 143).

Nous avons placé en tête de l'époque les pièces chelléennes de Chelles : un type allongé et un autre ovale. Cette industrie, on le sait, est caractérisée par la taille grossière des instruments sur les deux faces.

Puis viennent des instruments recueillis sur les plateaux en plein air et dans le dragage des rivières. Nous avons ainsi mis à profit toutes les sources, afin de ne négliger aucun élément de comparaison. On peut constater déjà une amélioration sensible dans le travail; très grossier à Chelles et à Abbeville, il se poursuit au moyen d'enlèvement d'éclats plus petits, de plus en plus petits, résultant d'un soin plus attentif.

Les animaux contemporains du chelléen étaient principalement l'*Elephas antiquus*, le *Rhinoceros Merkii* et l'*Hippopotamus amphibius*.

L'*acheuléen* (G. d'Ault du Mesnil), dont le nom est conservé d'un commun accord, comme transition, est fils de cette industrie; dans les sablières de Saint-Acheul, à Amiens, on le trouvait en contact avec des éclats de percussion assez grands, conduisant au moustérien.

Dans le quaternaire d'Abbeville, l'acheuléen occupe une assise de transition à *Elephas primigenius* et *Elephas antiquus*, avec prédominance d'instruments de silex à deux dos taillés à plus petits éclats que pendant l'époque précédente. Cette amélioration dans le travail chelléen, avec une diminution dans le volume des outils, conduit aux instruments formés d'un éclat de percussion, c'est-à-dire au moustérien. Notre carton du Petit-Parc (coll. Collin) est démonstratif à cet égard.

Nous avons réuni systématiquement à des pièces acheuléennes des alluvions de Saint-Acheul et de Thennes (Somme), d'autres pièces des plateaux de la Dordogne, des Landes et de l'Yonne, de la grotte des Fées, à Arcy-sur-Cure (Yonne); nous y avons joint une récolte faite sur le plateau du bois du Rocher, à Saint-Hélen (Côtes-du-Nord), qui présente dans le même gisement des quartzites taillés se rapportant : les uns à l'acheuléen, les autres au moustérien; on y remarque des pointes formées d'éclats de percussion, indiquant ainsi le passage d'une industrie à l'autre.

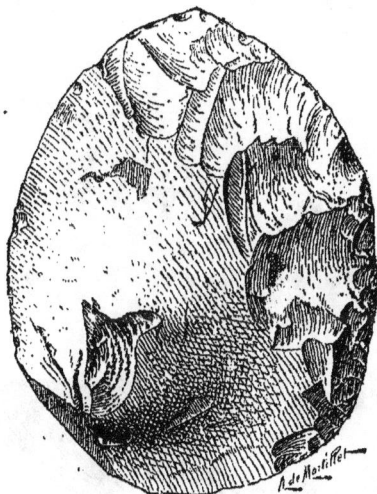
Fig. 80.

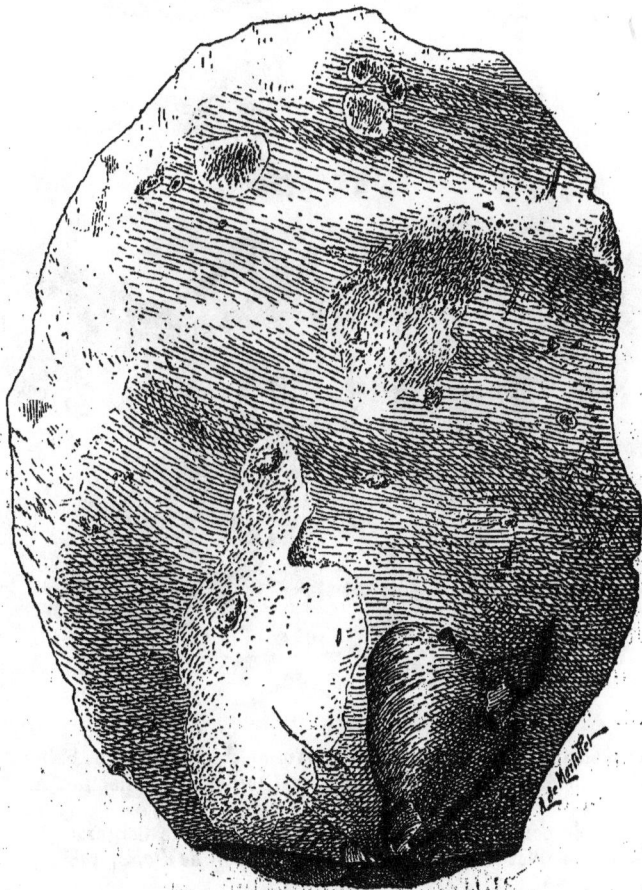
Fig 81.

Fig. 80. Coup de poing fait d'un grand éclat de silex. Montières (Somme). Collection
A. de Mortillet (2/3).
Fig. 81. Grand éclat de silex. Levallois (Seine). Collection Ph. Salmon (2/3).

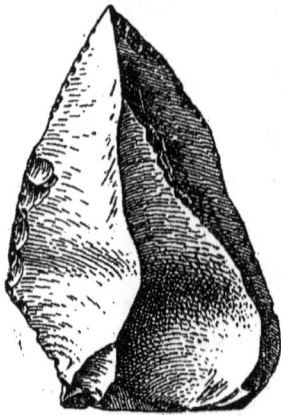

Fig. 82.

Fig. 83.

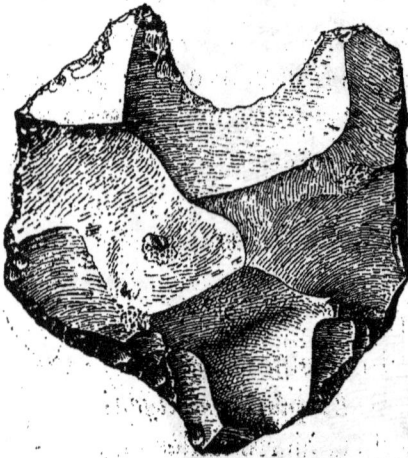

Fig. 84.

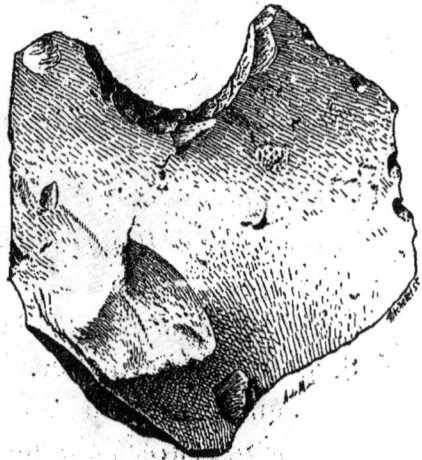

Fig. 85.

Fig. 82. Pointe moustérienne en silex. Cérilly (Yonne). Collection Ph. Salmon (2/3).
Fig. 83. Racloir moustérien en silex. Le Moustier (Dordogne), Collection A. de Mortillet (2/3).
Fig. 84 et 85. Grattoir concave, dessus et dessous. Environs de Bergerac (Dordogne). Collection A. de Mortillet (1/2) (*Bull. Soc. d'anthropol. de Paris*, 1889, p. 67).

Époque moustérienne (G. de Mortillet). — Parvenus au moustérien par cette transition et d'autres que montrent nos cartons, nous avons procédé de même en classant par ordre des pièces moustériennes, notamment des racloirs, des éclats larges et tranchants et des pointes, le tout provenant des alluvions de Montières, à Amiens (Somme), et des environs de Paris, des grottes du Moustier (Dordogne) et d'Espelungues (Haute-Garonne), des plateaux du Petit-Parc (Haute-Garonne), de l'Aisne, de la Dordogne, de Seine-et-Oise, de la Seine-Inférieure et de l'Yonne. Nous devons signaler un grattoir concave en silex (fig. 84 et 85) des environs de Bergerac (coll. Adrien de Mortillet); dès qu'on voit arriver cet instrument, on peut dire à coup sûr qu'on arrondissait avec soin le bois pour les manches ou pour les autres usages. Signalons encore un racloir passant au solutréen et provenant de Villeneuve-Saint-Georges (Seine-et-Oise); la transition de l'industrie du Moustier à celle de Solutré résulte clairement du rapprochement de nos cartons, en concordance avec la superposition souvent constatée dans les gisements, notamment dans la grotte de Pair-non-Pair (Gironde), dont les produits sont exposés par M. Daleau, comme on le verra dans le chapitre des fouilles.

Les animaux moustériens étaient principalement l'*Elephas primigenius* et le *Rhinoceros tichorhinus*; l'Hippopotame avait disparu.

Époque solutréenne (G. de Mortillet). — Dans la vallée de la Somme, à Abbeville, M. d'Ault du Mesnil a constaté l'existence d'une couche de transition à *Elephas primigenius* et *Equus caballus* avec prédominance de la pierre taillée en lames larges; mais elle renfermait aussi des silex plus étroits, dont quelques-uns avec retouches d'aspect solutréen : c'est assurément là le passage du moustérien à l'époque suivante. Cette transition industrielle a été désignée par M. d'Ault du Mesnil sous le nom de *menchecourienne;* on pourrait l'appeler *présolutréenne*. Le solutréen ne paraît pas s'être développé davantage dans le quaternaire d'Abbeville, si bien étudié par notre collègue; mais ce n'est pas le seul point du territoire où le

solutréen se montre à peine, quand il ne manque pas entièrement.

Nous avons un carton de silex du gisement en plein air de
Solutré (Saône-et-Loire), où apparaissent les pièces caractéristiques comme les pointes en feuille de laurier et les pointes
à cran, dont on connaît un spécimen en os, commencement
de l'emploi de cette matière, qui s'est tant développé pendant
l'époque suivante. Suit un carton de solutréen des abris de
Laugerie-Haute (Dordogne), où notre collègue Testut a trouvé
cette industrie sur du moustérien. Les racloirs font place aux
grattoirs et les burins commencent à se montrer aussi ; rien
de plus naturel, puisque la sculpture en relief et la gravure y

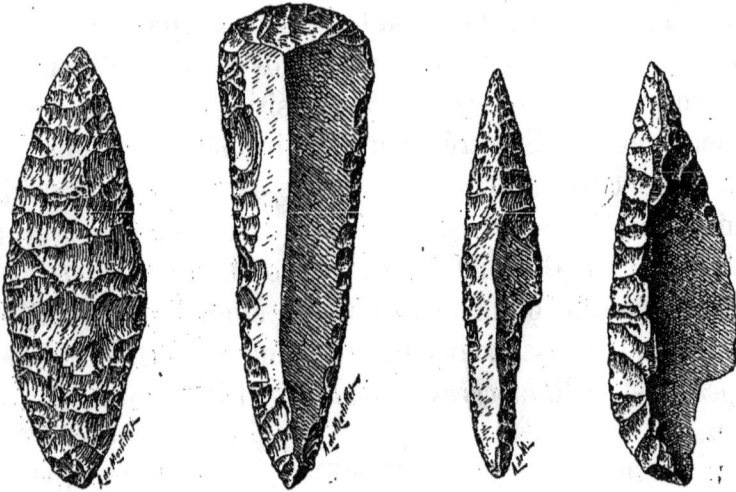

Fig. 86.   Fig. 87.   Fig. 88.   Fig. 89.

Fig. 86. Pointe solutréenne en feuille de laurier. Les Eyzies (Dordogne). Collection
E. Collin (2/3).

Fig. 87. Grattoir solutréen, en silex. Cro-Magnon (Dordogne). Collection A. de Mortillet (2/3).

Fig. 88. Pointe solutréenne à cran, en silex. Les Eyzies (Dordogne). Collection E. Collin
(2/3).

Fig. 89. Pointe solutréenne en silex, à cran (G. N.). Saint-Benoît-sur-Vannes (Aube).
Collection A. de Mortillet.

font aussi leur apparition. Nous avons également un carton
de la grotte de l'Église, à Excideuil (Dordogne), provenant
des fouilles du docteur Parrot, où le solutréen côtoie le

magdalénien, et un autre carton de la station de Beauregard, près de Nemours (Scine-et-Marne), où les deux industries se rencontrent encore, l'une passant à l'autre.

Les animaux du solutréen étaient principalement l'*Equus caballus*, en grande abondance, et l'*Elephas primigenius*. Le Renne, qui avait apparu dans le moustérien, continue à se montrer un peu dans le solutréen; mais c'est seulement dans l'époque suivante qu'il arrive à une très grande proportion; il y aurait lieu peut-être de rechercher pourquoi le *Cervus tarandus* n'est pas prédominant pendant le moustérien, qui correspond à une grande extension des glaciers.

Époque magdalénienne (G. de Mortillet). — Nous sommes entrés dans le magdalénien issu manifestement du solutréen; nous rattachons à cette dernière industrie le carton que nous possédons de magdalénien rudimentaire de la grotte des Fées, à Arcy-sur-Cure (Yonne). La station de la Madeleine (Dordogne), qui a donné son nom à la quatrième époque quaternaire, est très bien représentée dans nos vitrines; on y voit le développement des lames et le perfectionnement des instruments de l'époque précédente, les grattoirs, les burins, les perçoirs, etc. Ces outils sont souvent doubles et présentent parfois l'union d'un burin à un grattoir et d'un grattoir à une scie. Certains perçoirs obliques deviennent nombreux : on les connaît sous le nom de *bec de perroquet*. Des pointes à dos abattu, remontant au solutréen, se développent en abondance, et il y en a de toute petite dimension; elles ont passé dans le néolithique, avec peu de différence de forme, comme on peut le voir sur un carton de M. Adrien de Mortillet qui indique de nombreuses provenances.

Nous avons sur nos cartons des silex de la grotte des Eyzies et d'autres grottes de la vallée de la Vézère : un petit os gravé donne une tête de chèvre.

L'art de la gravure et de la sculpture a pris un développement qu'on admire et dont les sujets principaux sont trop connus pour que nous les rappelions.

Parmi les burins exposés par M. Adrien de Mortillet, il y en

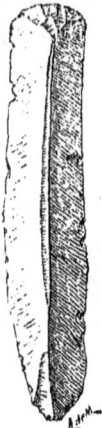

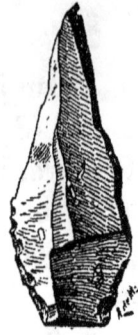

Fig. 91.

Fig. 90.   Fig. 92.   Fig. 93.

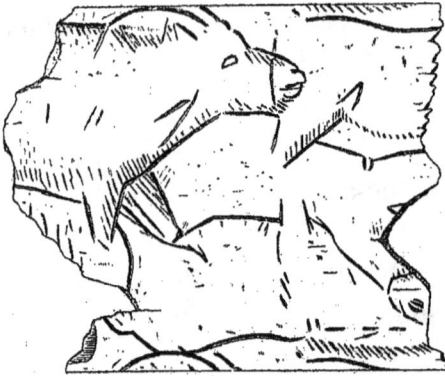

Fig. 95.   Fig. 96.

Fig. 94.   Fig. 97.   Fig. 98.

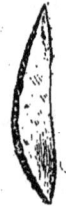

Fig. 99.   Fig. 100.   Fig. 101.   Fig. 102.   Fig. 103.   Fig. 104.   Fig. 105

Fig. 90. Grattoir magdalénien. Environs de Bergerac (Dordogne). Collection A. de Mortillet (2/3).

Fig. 91. Burin en silex. Environs de Bergerac (Dordogne). Collection A. de Mortillet (2/3).

Fig. 92. Bec de perroquet en silex. Abri de Soucy. Lalinde (Dordogne). Collection A. de Mortillet (2/3).

Fig. 93. Gravure sur os d'oiseau. Grotte d'Arudy (Hautes-Pyrénées). Collection A. de Mortillet (G. N.).

Fig. 94. Développement de la gravure précédente (G. N.).

Fig. 95. Pendeloque en os, forme de coccinelle. Grotte des Fées. Arcy-sur-Cure (Yonne). Collection Ficatier (G. N.).

Fig. 96 et 97. Petits instruments en silex. Province de Banda (Inde). Musée de Saint-Germain (G. N.). (*L'Homme*, 1884, p. 145.)

Fig. 98, 99, 100, 101, 102, 103, 104, 105. Petits instruments en silex. Coincy-l'Abbaye (Aisne). Collection E. Taté (G. N.). (*L'Homme*, 1885, p. 689.)-

a un de 15 centimètres de longueur. Nous ne connaissons aucun autre exemple d'un outil aussi fort, qui a permis de supposer qu'on pouvait l'utiliser à raboter le bois.

A côté de la grossière industrie magdalénienne de la grotte des Fées, à Arcy-sur-Cure, nous avons celle de la grotte voisine du Trilobite, qui est meilleure, sans atteindre toutefois le fini des bonnes grottes de la Dordogne ou de la Vienne.

Dans la grotte du Trilobite, le travail de l'aiguille en os a été trouvé, ou plutôt pris sur le fait ; le docteur Ficatier y a récolté le merrain, l'os sur lequel les esquilles étaient sciées, avec une esquille restée brute et des aiguilles finies, avec chas, ou presque achevées.

Les principaux animaux magdaléniens étaient le Renne (*Cervus tarandus*), avec un énorme développement, et un *Elephas primigenius*. L'Éléphant, avec des modifications diverses, a vécu pendant toute notre période quaternaire, et chez nous il a disparu avec elle, comme le Renne.

La faune néolithique, toute différente de la faune quaternaire, était pour ainsi dire la faune actuelle.

PÉRIODE NÉOLITHIQUE

Époque campinienne (Ph. Salmon). — La grotte de Nermont, également dans l'Yonne, commune de Saint-Moré, rapprochée des stations intermédiaires du quaternaire au néolithique, notamment de la station bien connue de Delémont, fournit à l'étude des éléments précieux pour le passage d'une période à l'autre. Le travail du silex s'y est continué d'abord, comme le montrent les cartons de MM. Feineux et Ficatier, sur la donnée magdalénienne. Les lames, les couteaux y sont pour ainsi dire pareils, dans la couche archéologique du fond, et il y avait même un burin. Mais ce qui est digne de la remarque la plus attentive, c'est que, sur la roche même formant la base de la grotte, le docteur Ficatier a recueilli cinq tranchets de silex. Voilà donc un point de départ sûr pour cet outil, qui semble être le premier effort de l'Homme à la

recherche du tranchant de la hache, instrument nouveau qui
va se développer largement dans la deuxième période de l'âge
de la pierre. Les tranchets de Nermont sont sur un des cartons
de M. Ficatier, et nous invitons tous les visiteurs à les examiner avec le soin qu'ils méritent. Nous les prions aussi de se
rappeler que des tranchets analogues accompagnent aussi
déjà les kjoekkenmoeddings danois les plus anciens, comme

Fig. 106.　　　　　　　　　Fig. 107.

Fig. 106. Tranchet en silex. Grotte de Nermont (Yonne). Collection Ficatier (2/3).
Fig. 107. Tranchet en silex. Seine-Port (Seine-et-Marne). Collection Ph. Salmon (2/3).

ils peuvent le voir d'ailleurs à l'exposition du Danemark, dans
l'histoire du travail. Voilà deux données qui se soutiennent
l'une l'autre et qui se rapportent au même temps.

Ce n'est pas tout. Le même outil a une très grande expansion et on le trouve notamment à des altitudes où il peut être
considéré comme en place. Nos cartons en montrent du département de l'Yonne et de plusieurs autres provenances. La
station du Campigny (Seine-Inférieure) les contient en abondance, comme instrument typique, et M. Salmon a cru pouvoir désigner sous le nom de *campinienne* une coupure placée

en tête du néolithique, se soudant à l'époque magdalénienne au moyen des silex pseudo-magdaléniens de Delémont, de Nermont et d'autres localités. Ainsi, et pour toujours, est supprimé l'hiatus ou lacune dans nos connaissances, qui a longtemps préoccupé les anthropologistes.

Dans les environs d'Abbeville, notre collègue d'Ault-du Mesnil a trouvé le tranchet avec l'industrie de la fin de l'âge de la pierre ; si cet outil a manqué dans la couche plus ancienne de ses fouilles, on ne saurait en induire que cette forme n'existait pas antérieurement ailleurs, ni même dans la vallée de la Somme, car les échantillons ont pu échapper aux investigations. Alors même qu'elle aurait apparu, à Abbeville, seulement plus tard, cela pourrait s'expliquer par l'extension des colonies qui la connaissaient. Au surplus, elle abonde dans le bassin voisin de la Seine, surtout au Campigny, comme nous l'avons dit.

Le gisement du Campigny nous fournit un autre indice précieux : le polissage du silex y est rare et timide, c'est le commencement, et l'on y voit en même temps finir l'époque campinienne, caractérisée par un travail rudimentaire, qui cède la place à la hache développée, se polissant de plus en plus.

Époque robenhausienne (G. de Mortillet). — Nous sommes entrés dans l'époque robenhausienne ou de l'expansion du polissage de la hache, avec amélioration du reste de l'outillage, soit terrestre, soit lacustre. C'est l'abondance des richesses.

Pour l'industrie terrestre, nous avons sur nos cartons d'innombrables pièces dont il faut bien parler sommairement et qui montrent le progrès marchant, marchant toujours :

Des haches néolithiques taillées, ayant servi sans doute dans cet état, et d'autres préparées pour le polissage (Choisy-le-Roi, Paris, Courgenay), silex ;

Des haches polies en silex (Evry, Sens, etc.) ;

Une hache polie, retaillée et repolie (Ivry), silex. Économie bien entendue ;

Une hache polie en silex, diminuée dans la longueur et

rétrécie dans la largeur à une extrémité, comme pour l'emmancher dans une corne de cerf (Braisne) ;

Fig. 108. Hache polie en grès. Environs de Sens (Yonne).
Collection Feineux (2/3).

Une hache polie, en silex, raccourcie comme pour servir de ciseau, en frappant sur l'autre extrémité qui en porte les traces (Vaudeurs) ;

Des grattoirs convexes, en silex, de toute longueur et de toute largeur (Viry, Choisy-le-Roi, Ablon, Vitry, Charenton, Paris). A Charenton, au confluent de la Marne et de la Seine, il y avait un véritable atelier de grattoirs ;

Fig. 109. Grattoir robenhausien. Villeneuve-Saint-Georges (Seine-et-Oise).
Collection Ph. Salmon (2/3).

Des grattoirs concaves, en silex (Rigny-le-Ferron, Villeneuve-Saint-Georges) ;

De nombreuses lames ou couteaux de silex (Choisy-le-Roi, Ablon, Vitry, Villeneuve-Saint-Georges, Charenton, Evry);

Des perçoirs en silex (Paris, Charenton, Maisons-Alfort, Choisy-le-Roi, Seine-Port);

Deux retouchoirs retaillés, en silex, à rubans, comme les poignards et les lances (Ris, Vaudeurs). De petits objets d'art;

Des scies en silex, dont une à coches (Choisy-le-Roi, Villeneuve-Saint-Georges, Pressigny-le-Grand);

Des pointes de flèches, en silex, de formes diverses (Ablon, Choisy-le-Roi, Corbeil, Coulours, Ivry, Seine-Port, Vaudeurs, Vitry). M. Adrien de Mortillet expose tout un carton de mer-

Fig. 110. Pointe de flèche robenhausienne en silex. Coulours (Yonne).
Collection Ph. Salmon (G. N.).

veilleuses pointes de flèches d'autres provenances, donnant une idée de la variété dans les formes et de l'habileté des ouvriers;

Une pointe de lance en silex, feuille de laurier (Choisy-le-Roi);

Un fragment d'anneau en schiste (Ablon). La destination de ces disques troués n'est pas encore bien définie;

Deux polissoirs à rainures et cuvettes, provenant de la région de Pressigny-le-Grand, si riche en néolithique (coll. Chaumier);

Une pointe de lance, en os (Paris, barrage de la Monnaie);

Un andouiller ou corne de chevreuil, avec trou de suspension (même provenance);

Un poinçon en os (Viry);

Un carton entier de petites pointes de silex, à dos abattu, de provenances diverses (M. Adrien de Mortillet);

Plusieurs petits tranchets en silex comme le petit tranchet
danois attaché entre deux petites lattes de bois pour servir de
manche ; comme celui que M. Vauviilé a recueilli, avec un
manche d'os, dans une sépulture néolithique de l'Aisne ;
comme ceux des grottes sépulcrales néolithiques de la Marne,
où ils abondent ; comme ceux qu'on trouve partout et que
M. Adrien de Mortillet expose en grand nombre sur un carton,
avec indication particulière des provenances. Deux opinions

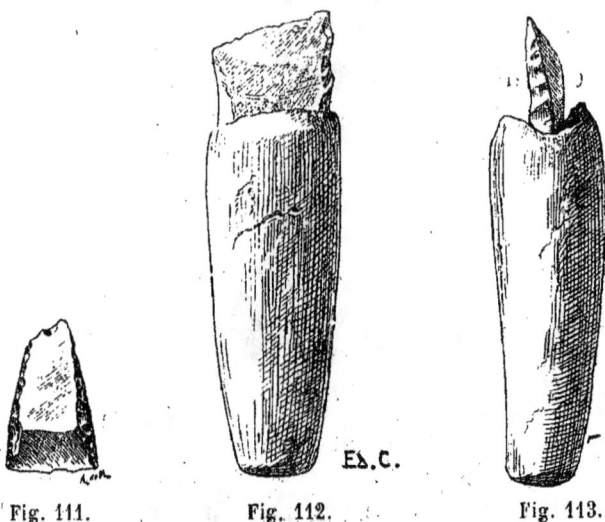

Fig. 111.   Fig. 112.   Fig. 113.

Fig. 111. Petit tranchet en calcédoine. Environs de Bergerac (Dordogne). Collection
A. de Mortillet (2/3).
Fig. 112 et 113. Tranchet emmanché. Montigny-l'Engrain (Aisne). Collection Vau-
villé (G. N.). (*Bull. Soc. d'anthropol. de Paris*, 1888, p. 456.)

se sont fait jour à leur sujet. Les uns ont voulu y voir exclusivement des armatures de flèches à tranchant transversal ; les
autres n'ont voulu y voir que de petits outils à introduire dans
des manches d'os ou de bois, pour un travail à la main non
défini ; d'autres ont cru à ces deux emplois. L'usage à la main,
avec ou sans manche, paraît hors de toute discussion. Les
recherches dans l'ethnographie des sauvages actuels et dans
les collections de projectiles de nos derniers arbalétriers nous
ont fait découvrir, sans sortir de l'Exposition, des flèches
armées de tranchants transversaux. Le ministère dela guerre,

à l'esplanade des Invalides, expose la riche collection Riggs, et nous y voyons des flèches d'arbalète à tranchant transversal en fer. L'exposition du Portugal renferme une série de flèches de la Guinée, parmi lesquelles on en distingue plusieurs à tranchant transversal, en fer également. Pour nos derniers arbalétriers, la destination sans doute était la guerre exclusivement. Pour la Guinée, le commissaire de l'exposition portugaise a répondu que la destination était exclusivement la guerre aussi. Quoi qu'il en soit, voilà donc bien établi qu'on employait, ou qu'on emploie encore, pour le service des arbalètes ou des arcs, des flèches à tranchant transversal ; cette armature en fer atteint ou dépasse quelquefois 4 centimètres de largeur. Nos petits tranchets en silex sont peut-être un peu moins larges ordinairement, et le fer a sur eux l'avantage de pouvoir être plus mince et de pouvoir en outre être très bien aiguisé, très bien repassé à la meule ou à la lime. Malgré ces différences, il faut peut-être admettre que les petits tranchets de silex servaient de la même manière.

Sur nos cartons robenhausiens, nous avons une série de six

Fig. 114.   Fig. 115.

petits vases en terre cuite appartenant à MM. Feineux et Ficatier; ils ont été récoltés dans la grotte de Nermont, dans trois couches de séjours néolithiques séparés. Comme on peut s'en assurer par nos dessins, il y a progrès dans le travail; ceux qui ont des ornementations étaient à la partie supérieure des couches néolithiques. Il y avait en outre des fragments de vases plus grands, présentant jusqu'à 38 centimètres d'ouverture.

 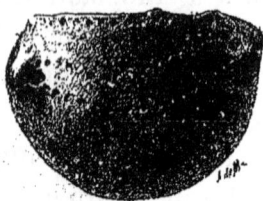

Fig. 116. Fig. 117.

Nous avons également sur nos cartons un petit vase de la palafitte de Robenhausen, dont la facture est meilleure (coll. Collin). Ce point de comparaison nous amène à la partie lacustre de notre exposition (coll. d'Ault du Mesnil, Collin, Adrien de Mortillet, Salmon). Nous y avons différentes pièces intéressantes et variées de la Suisse, donnant une idée de cette industrie particulière :

Une gaine droite, en corne de cerf (Bevaix), avec hache polie;

Une gaine à talon, avec hache polie (Pontalban) ;

Deux ciseaux polis, à manche en corne de cerf (Cortaillod, Estavayer) ;

Une gaine avec petit talon et hache (Saint-Blaise) ;

Une gaine droite sans hache (Cortaillod) ;

Une gaine très usée (Auvernier) ;

Une gaine à fourchette (Hauterive, lac de Neuchâtel) ;

Une gaine en préparation, taillée d'un côté seulement (Suisse) ;

Un casse-tête en forme de hache (Saint-Blaise), corne de cerf ;

Un casse-tête à trois talons (lac de Bienne), corne de cerf;

Une lame de silex zoné (Estavayer) ;

Une rondelle de grès trouée au centre (Pontalban). Fusaïole (?) ;

Un silex, lame de poignard (Suisse) ;

Dix petites haches polies, en roches locales (Pontalban, Robenhausen, etc.) ;

Un tout petit grattoir en silex noir (Estavayer) ;

Une pointe de flèche en silex, légèrement concave à la base (Estavayer) ;

Une gaine avec hache polie, cassée dans toute l'épaisseur (Auvernier) ;

Enfin des harpons, des lissoirs, des poinçons en os, etc.

Le polissage s'accentue et se perfectionne à mesure que l'époque robenhausienne s'avance : c'est son caractère principal; mais ce caractère est accompagné d'un art nouveau, celui du tissage, dont la fabrication des filets pour la pêche ne se sépare point. Nous avons sur un carton de la collection de M. Collin des échantillons de fil, de filet et de tissus de lin en provenance de la station néolithique de Robenhausen (Suisse). Aucune autre matière textile n'a encore été reconnue.

Le soin des morts apparaît également. L'inhumation, commencée vraisemblablement dans les grottes naturelles, s'est continuée dans les dolmens et dans les grottes artificielles qui, dans la Marne et ailleurs, sont des équivalents; l'industrie robenhausienne s'y rencontre et elle y atteint graduellement un perfectionnement dont aucun exemple n'avait été remarqué jusque-là.

Époque carnacéenne (Ph. Salmon). — L'érection des menhirs, l'édification des dolmens sont une manifestation importante et caractéristique qui semble avoir sa place marquée dans les étapes de l'humanité; son expansion est générale, comme on peut le voir sur les deux cartes exposées par M. Adrien de Mortillet, l'une des dolmens de France, l'autre des dolmens du monde entier : c'est l'origine de l'architecture, d'un art qui joue ensuite l'un des plus grands rôles. Nous avons dans nos vitrines des représentations réduites de monuments mégalithiques de France et d'Angleterre; nous reproduisons ici les dessins d'un menhir et d'un dolmen de Corse, d'après les photographies exposées au Trocadéro par M. Adrien de Mortillet. Nos lecteurs et nos visiteurs nous diront, s'ils le veulent

Fig. 118.

Fig. 119.

Fig. 118. Deux menhirs. Bords du Rigganese, commune de Sartène (Corse). Mission A. de Mortillet.

Fig. 119. Dolmen de Fontanaccia, commune de Sartène (Corse). Mission A. de Mortillet.

bien, leur avis sur la pensée qu'a eue l'un de nous de s'appuyer sur ces monuments, pour demander s'il ne convient pas d'en faire la base de la dernière époque de la période néolithique, en empruntant le nom de cette troisième division à la localité typique de Carnac. L'origine de ces constructions est contemporaine d'un redoublement de soins pour les morts et d'une accentuation de la religiosité. Les amulettes se multiplient et la trépanation fournit les curieuses rondelles dont nous parlons dans un article particulier, et dont nos vitrines renferment des spécimens. Nous avons sur nos cartons un exemplaire de ces haches trop grandes pour être utilisables sans doute, ou trop petites pour pouvoir servir; la grande mesure 45 centimètres de longueur et provient du dolmen de Tumiac-en-Arzon (Morbihan); elle est en chloromélanite; les petites ont seulement 2 centimètres de longueur (coll. Piketty); il y en a de plus petites encore. On ne saurait se défendre de l'idée que ce sont des pièces emblématiques. La grande hache en chloromélanite est cassée dans la longueur, au moyen d'un coup dont la trace est visible. Le musée de Vannes expose, à l'histoire du travail, une série de grandes haches, dont la plupart sont cassées de la même manière, dans la longueur, intentionnellement; elles proviennent toutes de sépultures néolithiques du Morbihan. Il faut sans doute voir dans cette pratique un rite analogue à celui des dolmens de la Lozère, où M. le docteur Prunières a fréquemment trouvé un fragment de hache polie placé votivement auprès des morts.

Un autre rite s'est fait jour dans le Morbihan : on l'a reconnu notamment dans la sépulture en cistes de l'île de Thinic, près de Portivy, commune de Saint-Pierre-Quiberon. Les morts, enfermés dans des caisses de pierre, avaient avec eux respectivement un percuteur, un nucléus, des lames détachées séance tenante. Le silex avait été emprunté sur place aux galets du rivage. Le percuteur n'avait frappé que les coups nécessaires pour le dégagement des lames votives. Le nucléus ne montre que la place des lames. Le mobilier funéraire était complété par un galet de schiste étroit et tendre avec enlèvement dans l'épaisseur à une extrémité, pour former un biseau et simuler une hache ; parfois le schiste avait été choisi à cause de sa forme de haché naturelle (coll. Salmon), comme le calcaire dans les dolmens de Collorgues (Gard), de Crécy-en-Brie (Seine-et-Marne), de Brueil (Seine-et-Oise), etc. Les héritiers conservaient les bonnes. La fraude ainsi faite aux morts avait engendré un usage économique.

Nous avons en outre des échantillons du sciage et du forage des pierres dures, précieuses et chatoyantes par la couleur, recherchées par suite d'un goût d'élégance autant que d'utilité. La forme aussi devient incontestablement artistique. Nous avons une hache en jadéite, provenant de Viry (Seine-et-Oise), qui ne laisse rien à désirer comme élégance ou polissage. Nous en avons une autre, de même nature, très plate et très mince, provenant de Villeroy (Yonne), de la collection Bazin ; le tranchant n'est pas fait. Nous en avons d'autres, de matière différente, qui sont contondantes et non tranchantes. Nous en présentons qui ont un trou de suspension et que l'on peut considérer comme des pièces de parure.

Fig. 120. Grande hache polie en jadéite. Dolmen du Mané-er-Hoeck, Locmariaker (Morbihan). Musée de Vannes (1/3). (*Musée préhistorique.*)

Nous en avons une grande en jadéite foncée, à côte médiane, recueillie dans le dolmen de Mané-er-Hoeck (Morbihan), passée encore dans un anneau ou disque troué de même matière. Faut-il voir là un rite sépulcral ? On en est tenté, d'autant plus qu'à côté nous mettons un aiguisoir recueilli dans un tumulus à la Coquille, aux environs de

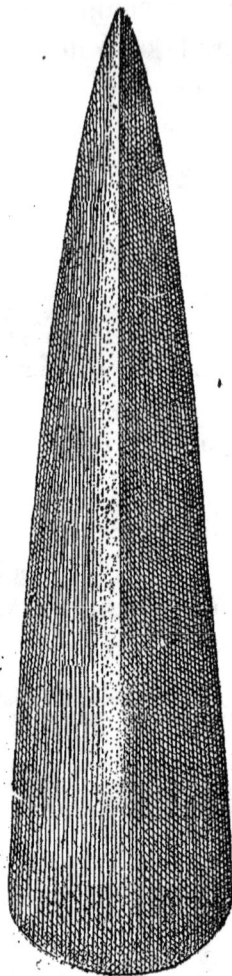

Paris, où il était encore également passé dans un anneau en serpentine. Citons encore une hache polie, trouée, naviforme, du musée d'Auxerre, provenant d'Héry (Yonne) ; un casse-tête épais, troué, en calcaire poli, provenant de Châtillon, Seine-et-Oise (coll. Salmon) ; un autre casse-tête troué, en silex, à bords retaillés et tranchants, provenant de Villeneuve-Saint-Georges, Seine-et-Oise (Piketty) ; des poids de filets troués, en calcaire, provenant des dragages de la Seine (Salmon) et analogues à ceux de la sépulture dolménique de Crécy-en-Brie (voy. notre article *Fouilles*) ; une petite hache en serpentine, percée pour la suspension, provenant d'Arces (Yonne) (coll. Salmon) ; des pendeloques en cristal de roche et en quartz, avec trou de suspension, provenant du Morbihan. A côté de ces pièces on en remarque une en quartz, dont le trou est seulement commencé de chaque côté ; on prend ainsi sur le fait le mode de travail pour le forage.

Nous avons aussi sur nos cartons des poinçons et autres instruments néolithiques en os, dont l'origine, comme utilisation de la matière première et comme outils, remonte à l'époque magdalénienne.

L'art de la gravure et de la sculpture, qui remonte à la même époque et qui était parvenu à un point digne d'attention, avait disparu avec la période quaternaire. C'est avec les monuments mégalithiques qu'il a fait sa réapparition. Nous ne dirons rien des sujets de gravure et de sculpture des dolmens du Morbihan, qui sont connus, et parmi lesquels ne se trouve point la représentation féminine dont nous avons deux spécimens dans notre exposition. Grâce à MM. Nicolas et Teste, nos collègues, nous avons sous nos vitrines deux dalles originales sculptées, en grès, provenant d'un dolmen de Collorgues, canton de Saint-Chaptes (Gard) ; la première, la plus grande, était placée sur la sépulture, au sommet, et reposait sur une dalle brute plus forte. La seconde formait le linteau de l'entrée du couloir donnant accès à la chambre sépulcrale ; la face sculptée de cette dernière était tournée en dessous, de sorte que la partie supérieure de la figure portait sur le montant gauche de cette entrée. Le travail est le même sur les deux pierres, mais il est toutefois meilleur ou plus visible sur la plus petite; leur donner le nom de statues dans toute l'acception du mot serait exagéré : c'est cependant l'impression qui résulte de leur aspect, quoique rudimentaire; le haut est en effet plus étroit, comme il convient pour une tête. Le travail de l'artiste ne dépasse pas la ceinture; ensuite il n'y a plus rien que la matière même.

La plus grande mesure 1^m,75 de longueur sur 0^m,75 de plus grande largeur. Le dessin, d'après M. Lombard-Dumas, a été publié dans *l'Homme*, 1887, pages 276-279. On distingue des sourcils, des yeux, un nez, deux seins, deux bras allongés dessous et, plus bas, un signe dans lequel les uns ont voulu voir une hache, les autres un bâton recourbé; il est très difficile de se prononcer sur la valeur de cet objet, qui se trouve dans des sculptures de dolmens charentais et qu'il serait bon de pouvoir définir. Une ligne circulaire, qualifiée quelquefois de collier, passe sous les seins et remonte vers le haut de la statue.

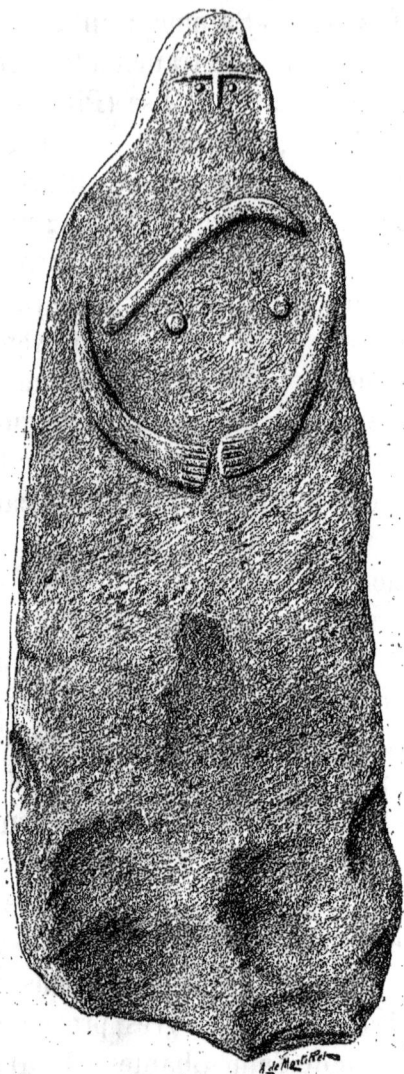

Fig. 121. Pierre sculptée d'un dolmen. Collorgues (Gard). Collection L. Teste (1/10).

14

La plus petite dalle mesure 1^m,32 de longueur sur 0^m,45 de plus grande largeur ; elle est plus étroite encore que la grande vers le sommet de la tête ; les éléments de la sculpture sont les mêmes, mais ils sont un peu différemment placés ; les sourcils, le nez, les yeux sont seuls circonscrits et contenus dans la ligne circulaire ou collier, puis apparaît le signe indéterminé (hache ou bâton recourbé ?) au-dessus des seins ; les bras viennent ensuite, descendant aux environs de la ceinture, et cette fois les doigts sont marqués aux deux mains en face l'une de l'autre. Nous plaçons plus haut le dessin de cette image, qui n'a pas encore été publiée (fig. 121).

Les dolmens charentais ne sont pas les seuls qui aient donné des figures se rapprochant des dalles sculptées de Collorgues ; il faut signaler encore le dolmen de Boury (Oise) ; il faut surtout les comparer aux représentations des grottes de la vallée du Petit-Morin (Marne), particulièrement celle de Razet, près de Coizard, et une autre du groupe de Courgeonnet. Cette dernière comprend une hache emmanchée qui a conduit sans doute à en voir une aussi dans le signe indéterminé de Collorgues. Après Broca, M. de Quatrefages a élevé la figure des grottes de la Marne à la hauteur d'une divinité féminine, protectrice des tombeaux ; c'est aller peut-être bien loin chercher une explication qu'on trouverait dans le réalisme, s'il ne fallait pas garder une certaine réserve ; l'emblème ne serait-il pas tout simplement celui de la fécondation, de la reproduction, de la grande loi naturelle dans la maternité de la Femme, qui a dû se faire jour des premières ? Témoin la représentation magdalénienne de la femme enceinte de la collection de Vibraye. Ce serait, dans le dolmen de Collorgues, un rapprochement de la vie et de la mort. En outre, on ne saurait oublier que la famille de la mère, absolument, a été la première reconnue et l'est encore parmi plusieurs populations restées primitives. L'importance du sujet justifiera l'étendue que nous lui avons donnée. Aussi bien, avec ces deux sculptures, nous arrivons à la fin de la période néolithique.

Notre disposition chronologique de l'industrie de l'âge de la pierre s'appuie, dans la période quaternaire, sur les travaux concluants de MM. G. de Mortillet et G. d'Ault du Mesnil. Les époques et les transitions qui les soudent entre elles sont manifestement établies pour l'occident européen; on peut les suivre clairement dans nos vitrines.

La lacune a définitivement disparu; nos cartons présentent la série ininterrompue de l'outillage.

La période néolithique, rattachée au quaternaire par les stations intermédiaires de plus en plus nombreuses, présente elle-même un développement sans arrêt. Qu'on laisse cette période sans division ou qu'on la divise en trois époques, comme l'a proposé M. Salmon, peu importe. La continuité dans le progrès est incontestable, et c'est ce qu'avant tout nous avons cherché à démontrer.

Pour la première fois, dans une exposition universelle, l'industrie des temps reculés de l'âge de la pierre est classée méthodiquement du commencement à la fin, comme une longue leçon de choses, bien à sa place dans les galeries de l'instruction publique. Quelque confiance que puisse inspirer notre synthèse, nous provoquons et nous attendons toutes les observations de la critique, en demandant qu'on nous tienne compte de nos efforts et de notre bonne volonté.

§ 4. — Procédés de fabrication des instruments de pierre.

L'étude comparative des innombrables spécimens que l'on possède aujourd'hui des différentes époques de l'âge de la pierre, comme aussi l'expérimentation qui reconstitue le *modus faciendi* des antiques tailleurs de pierres, permet, dans l'état actuel de nos connaissances, de comprendre presque dans tous ses détails et de décrire le travail préhistorique de la pierre. C'est pour faire cette démonstration que M. le docteur Capitan a exposé dans une vitrine une série de pièces que l'on peut diviser en deux grands groupes. Tout d'abord, les instruments servant à la fabrication des objets en pierre, puis ces divers objets aux différentes périodes de la fabrication et de leur réparation lorsqu'ils ont déjà servi. En second lieu, une série des principaux types qui caractérisent chaque époque de la pierre, chaque type étant représenté par les diverses variétés de formes qu'il présente. — Il est, en effet, un point fort remarquable, c'est qu'à part quelques rares exceptions, chaque époque est caractérisée par un certain nombre de formes inconnues avant ce moment, disparaissant après ou se modifiant; ces formes on les retrouve dans le monde entier avec une identité d'aspect très remarquable, et se succédant bien souvent dans les temps suivant le même ordre. Ces types sont d'ailleurs peu nombreux, il est donc facile d'en faire une description rapide.

TRAVAIL DE LA PIERRE

Quatre procédés ont été employés par les populations préhistoriques pour fabriquer leurs instruments en pierre : 1° l'*étonnement au feu*; 2° la *percussion*; 3° la *pression*; 4° le *polissage*.

1° *Étonnement au feu.* — Ce procédé consistait à chauffer un morceau de silex, puis à le projeter chaud dans l'eau froide; le silex, suivant son degré de température, éclate en morceaux ou se craquelle. C'était le procédé employé par l'Anthropoïde tertiaire, d'après M. de Mortillet. Nous n'insisterons pas sur ce procédé encore en discussion.

2° *Percussion.* — C'était là le procédé le plus ordinairement employé. Le percuteur était de dimension fort variable; il en existe de gros comme les deux poings et plus encore, d'autres gros comme de petites noix. Le percuteur est toujours plus ou moins arrondi et semé d'étoilures à la surface produites par l'usage, parfois absolument sphérique; quoi qu'on en ait dit, c'est toujours à cette forme arrondie qu'on arrive expérimentalement (fig. 122). Complètement arrondi, il a pu souvent être utilisé comme broyeur, il est alors usé par places. Ce percuteur servait tantôt à enlever, par une série de chocs violents portés sur le bord d'un morceau de silex tenu de l'autre main, une série d'éclats de manière à dégrossir, puis à façonner le bloc de silex, qui devenait ainsi progressivement un instrument. C'est le procédé employé par exemple pour fabriquer l'instrument chelléen. Tantôt on se servait du percuteur pour détacher d'un bloc ou *nucléus*, des lames régu-

Fig. 122. Percuteur paléolithique. Grotte de l'Église. Exposition du docteur Capitan (1/2).

lières qui étaient employées telles quelles, formant ainsi de véritables couteaux à tranchant fort coupant, ou bien étaient façonnées par une série de petits chocs portés sur le bord, produisant des retouches au moyen desquelles le primitif tailleur de silex donnait une forme voulue à la lame de silex. Les formes et les dimensions des éclats où lames varient énormément, comme aussi celles des nucléus. Il en est de gros-

Fig. 123. Nucléus paléolithique. Grotte d'Excideuil. Exposition du docteur Capitan (1/2).

siers, irréguliers de forme, d'autres d'une régularité parfaite; tantôt les lames sont enlevées sur une seule face, tantôt tout autour et souvent dans divers sens (fig. 123). Certaines lames ont à peine 2 ou 3 centimètres de longueur sur quelques millimètres de largeur, comme aussi on a pu en découvrir, fort rarement il est vrai, mesurant jusqu'à 35, 40 et même 43 centimètres de longueur, sur 4 à 5 de largeur.

Le nucléus présente toujours à son extrémité une face plane ou oblique, perpendiculaire à une face latérale. C'est à la rencontre de ces deux faces que le percuteur doit frapper, pas tout à fait parallèlement à l'axe du nucléus (fig. 124).

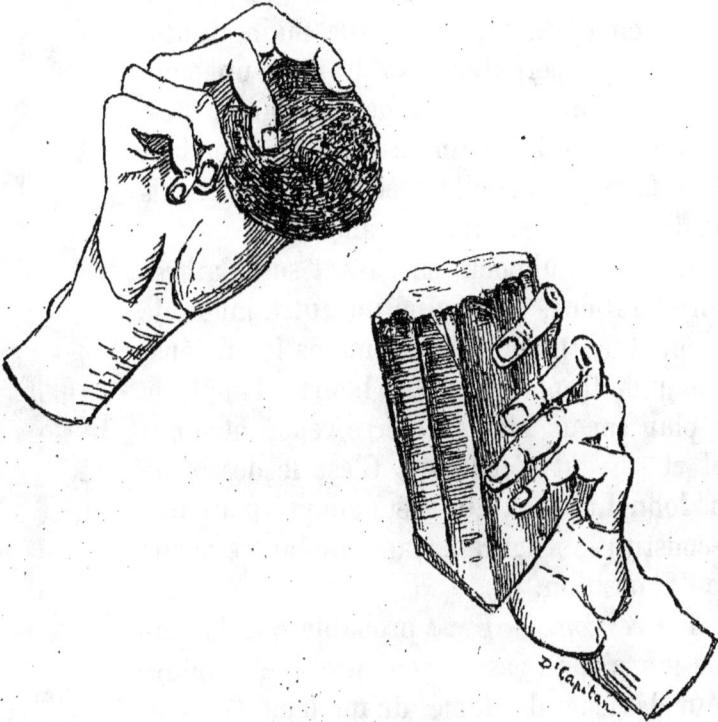

Fig. 124. Manière de détacher les lames du nucléus, par percussion, au moyen du percuteur. D'après la pièce de la vitrine du docteur Capitan (1/3).

On détache ainsi une lame qui laisse sur le nucléus son empreinte présentant à la partie supérieure une petite dépression correspondant au point où a porté le percuteur. Sur la lame, au point symétrique, il existe une petite saillie arrondie ou conchoïde de percussion, caractéristique presque absolue du travail humain. Sur cette face la lame présente donc une surface unie et en haut le conchoïde de percussion. Sur la face opposée, ou bien il existe l'écorce du bloc de silex, ou bien, si au préalable d'autres lames avaient été détachées du nucléus, on trouve sur la lame l'empreinte de ces lames sous forme de surfaces planes, régulières, formant entre elles des angles dièdres (fig. 125).

M. Capitan a fait exécuter un modèle de la taille du silex, se rapportant à la description qu'il en a donnée. Une main gauche tient un nucléus entièrement isolé en l'air, le plan de frappe en haut, tandis qu'une main droite, munie d'un percuteur, va frapper un coup sec sur le bord pour détacher une lame. C'est là sans doute la méthode employée pendant l'âge de la pierre; elle a été indiquée depuis longtemps par les auteurs français.

Sir John Lubbock, se basant sur d'autres considérations, a imaginé un autre mode de taille. Il fait tenir des deux mains le nucléus, le plan de frappe en bas, et heurter l'angle de ce plan sur un bloc de pierre reposant sur le sol et servant d'enclume. C'est le dessin de sir John Lubbock qui a été adopté pour une reconstitution figurant dans une autre partie de l'Exposition.

3° *Pression.* — Il est probable que la percussion n'était pas le seul procédé employé pour détacher des lames du nucléus. Diverses considérations, telles que l'absence presque complète du conchoïde de percussion sur certaines lames, l'étroitesse extrême du point où aurait dû frapper le percuteur, etc., permettent de supposer que souvent, surtout durant

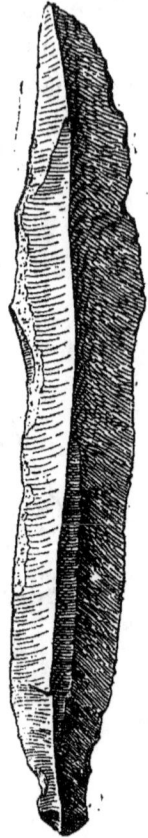

Fig. 125. Lame de silex. La Madeleine (Dordogne). Musée de Saint-Germain. Collection G. et A. de Mortillet (2/3). (*Musée préhistorique.*)

la période paléolithique, les lames étaient enlevées par *pression*. Les anciens Mexicains détachaient ainsi leurs minces et fines lames d'obsidienne du nucléus tenu entre les doigts du pied en appuyant sur son bord l'extrémité d'un bâton fortement maintenu par les deux mains. Nous ignorons d'ailleurs absolument le tour de main nécessaire pour arriver à ce résultat, et les recherches expérimentales faites dans ce sens n'ont jusqu'à présent pas encore abouti.

Une fois la lame obtenue, il s'agissait, si on ne devait pas l'employer telle quelle, de la façonner pour en faire un instrument plus compliqué. Plusieurs procédés étaient mis en œuvre :

a. *Retouches par percussion.* — Le plus simple consistait à tenir dans la main la lame de silex, la face portant le bulbe en dessus, puis de frapper sur le bord par petits coups secs portés obliquement par rapport à ce bord. Pour faciliter le travail, on devait appuyer la pulpe des doigts sous le bord juste au-dessous du point où l'on frappait. On enlevait ainsi sur la face opposée à celle sur laquelle le coup porte, — et cette face était la face supérieure, — une série de petits éclats plus ou moins longs et plus ou moins réguliers qui donnaient à la pièce sa forme nettement indiquée.

b. *Retouches sur enclume.* — Dans certains cas, il semble

Fig. 126. Enclume. Atelier de Navelière. Coussay-les-Bois (Vienne).
Exposition du docteur Capitan (2/3).

qu'on ait employé un mode de percussion différent, en tous points analogue à celui dont se servent, aujourd'hui encore, les tailleurs de pierre à fusil. Le bord de la lame tenue horizontalement était appuyé par sa face inférieure sur le tranchant épais et placé verticalement d'un fort morceau de silex posant bien sur une base plate ou ayant pu être maintenu dans un morceau de bois. Dans ce cas c'était donc sur la face supérieure de la lame que le percuteur frappait et l'éclat était enlevé par contre-coup et se détachait du même côté. Il n'est pas rare de rencontrer dans les stations préhistoriques ces éclats assez gros, à tranchant épais, couvert de traces de nombreux chocs et que l'on peut vraisemblablement considérer comme étant des enclumes (fig. 126). Expérimentalement d'ailleurs, on obtient les même résultats.

c. *Retouches fines par pression.* — Enfin les retouches les plus fines étaient faites par pression au moyen d'un morceau d'os assez épais ayant à peu près le volume d'un gros crayon arrondi à son extrémité (fig. 127). C'est ainsi que les pointes de lances très fines, les pointes de flèches étaient faites. C'est ainsi que procèdent encore les Fuégiens pour fabriquer leurs fines pointes de flèches avec du verre à bouteille. La lame est solidement maintenue dans la main enveloppée de peau ; le morceau d'os est appuyé fortement sur le bord de la lame ; alors au moyen d'une très forte pression oblique, par rapport au bord de la pièce et en faisant levier, on détache un petit éclat qui peut être très long. C'est ainsi qu'ont dû être obtenues ces retouches d'une longueur, d'une régularité et d'une finesse incomparable qu'on peut voir sur plusieurs des merveilleux poignards et lances du Danemark et certaines lances ou poignards de France. C'est ainsi également

Fig. 127. Retouchoir en os paléolithique. Grotte de l'Église. Exposition du docteur Capitan (G. N.).

sans doute qu'étaient façonnées les petites pointes de flèches de la vitrine de M. Capitan.

4° *Polissage.* — L'époque néolithique est caractérisée par un nouveau procédé industriel. Les haches, outre leur forme nouvelle, ne sont plus seulement taillées comme au début de l'époque paléolithique, elles sont en plus polies. Ce polissage était obtenu par frottement sur une grosse pierre siliceuse

ou gréseuse très dure, on devait se servir d'eau, de sable ou de grès pulvérisé pour faciliter le travail.

Le frottement des haches toujours aux mêmes points finis-

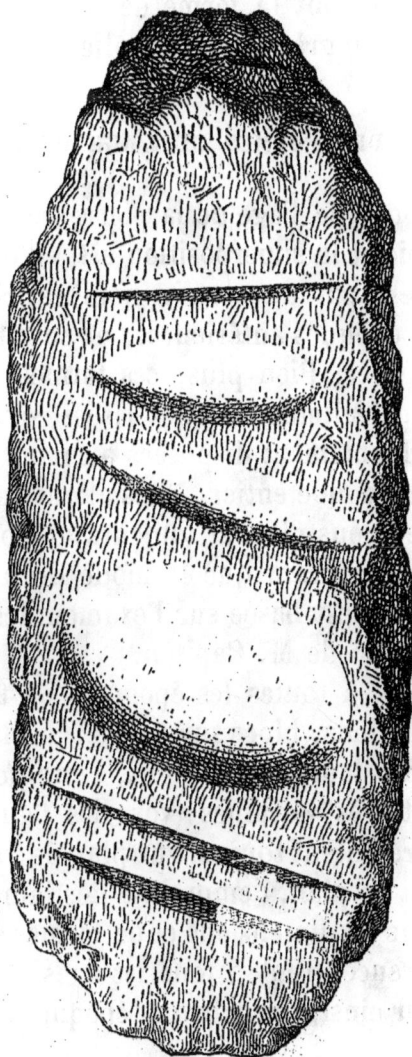

Fig. 128. Polissoir en grès. Bethencourt (Somme). Collection G. et A. de Mortillet (1/17). (*Musée préhistorique.*)

sait par produire sur la surface des polissoirs, soit de profondes rainures, soit de vraies cuvettes à parois absolument polies par l'usage (fig. 128). Ces polissoirs étaient ordinairement de gros blocs de grès disséminés ou perçant le sol, plus rarement des fragments de grès ou de silex, généralement d'assez grande dimension, 80 centimètres à 1 mètre de côté environ. Quelquefois les polissoirs ont la forme de petites plaquettes ou de petites cuvettes en grès à surface polie par l'usage.

ÉTUDE DES FORMES DE L'AGE DE LA PIERRE

Chaque époque de l'âge de la pierre nettement établie par la stratigraphie et la superposition est, en outre, caractérisée industriellement par un certain nombre d'instruments qui, inconnus aux époques antérieures, ne se retrouvent plus aux périodes suivantes. Bien plus, ces formes, peu nombreuses d'ailleurs, et parfaitement caractérisées, se rencontrent identiques et semblablement disposées au point de vue stratigraphique dans le monde entier. Nous allons passer en revue ces divers types en nous plaçant toujours au point de vue industriel, en ne considérant que le mode de fabrication. Toute cette description est basée sur l'examen des pièces que renferme l'exposition de M. Capitan.

Tout d'abord, à toutes les époques, on trouve des percuteurs et des nucléus, blocs sur lesquels les lames et les éclats étaient enlevés; leurs dimensions, leurs formes, etc., sont naturellement très variables (voy. les figures précédentes). Les nucléus présentent toujours un plan de frappe, et perpendiculairement à ce plan, l'empreinte des lames détachées. Les lames ou éclats de dimensions et de formes également variées à l'infini se rencontrent à tous les âges. Outre ces formes, générales pour ainsi dire, chaque époque a ses formes caractéristiques.

La période tertiaire a son industrie toute spéciale de Thenay, l'éclatement par le feu et parfois des petites retailles. Ces faits étant encore en discussion, nous n'insisterons pas. A l'époque miocène supérieure d'ailleurs, les éclats obtenus par percussion existent à Otta et au Puy-Courny.

L'instrument typique quaternaire de la première époque

est le coup de poing ou instrument chelléen, puis acheuléen.
C'est un instrument façonné le plus souvent dans un bloc de
silex sur lequel on a enlevé par percussion, frappant toujours
sur le bord, une série d'éclats, tantôt d'un côté, tantôt de
l'autre, jusqu'à ce qu'on ait obtenu une pièce assez plate,
taillée à facettes, sur les deux faces, à bords vifs, affectant les

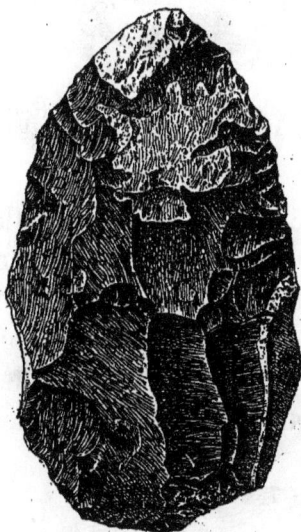

Fig. 129.   Fig. 130.   Fig. 131.

Fig. 129 et 130. Coups de poing chelléens en silex. Saint-Acheul (Somme). Musée de
Saint-Germain (1/2). — G. et A. de Mortillet (*Musée préhistorique*).
Fig. 131. Coup de poing en silex. Chelles (Seine-et-Marne). Musée Broca (1/2). —
G. et A. de Mortillet (*Musée préhistorique*).

formes les plus variables : formes tantôt discoïde, tantôt ovale
ou en amande (fig. 129 et 130), ou triangulaire, quelquefois
presque quadrilatère ; tantôt plus allongée ou pointue (fig. 131).

A l'époque suivante, époque du Moustier, cet instrument
n'existe plus ; on n'en rencontre que quelques très rares
spécimens, véritables réminiscences, pièces de transition :
l'outillage est tout autre. Les lames épaisses sont fabriquées

en abondance : ce n'est plus un bloc de silex qu'on façonne
en détachant des éclats qui sont des rebuts ; c'est un bloc d'où
on détache de gros éclats ou des lames qu'on façonne ensuite

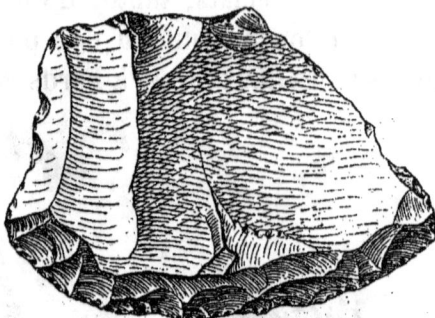

Fig. 132. Racloir moustérien en silex. Chez-Pouré, Brive (Corrèze). Musée de
Saint-Germain (G. N.). G. et A. de Mortillet. (*Musée préhistorique.*) Face
supérieure.

par les retouches, le bloc nucléus devenant alors un rebut.
Les éclats obtenus ne sont retaillés que sur la face supérieure,
la face portant le conchoïde restant intacte. Les coups sont,
en effet, exclusivement portés sur les bords du côté plan et
enlèvent ainsi une série de petits éclats sur les bords de la
face supérieure. Ce procédé permet d'obtenir les deux formes

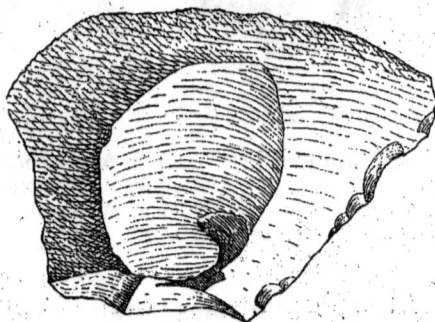

Fig. 133. Racloir moustérien en silex. Face inférieure.

caractéristiques de cette époque. Si les retouches sont disposées d'une façon rectiligne ou légèrement convexe sur le bord
d'un éclat dont l'autre bord est épais, on obtient un racloir
(fig. 132 et 133). Si, au contraire, l'éclat est plus mince,

moins large, les retouches faites sur les deux bords opposés,

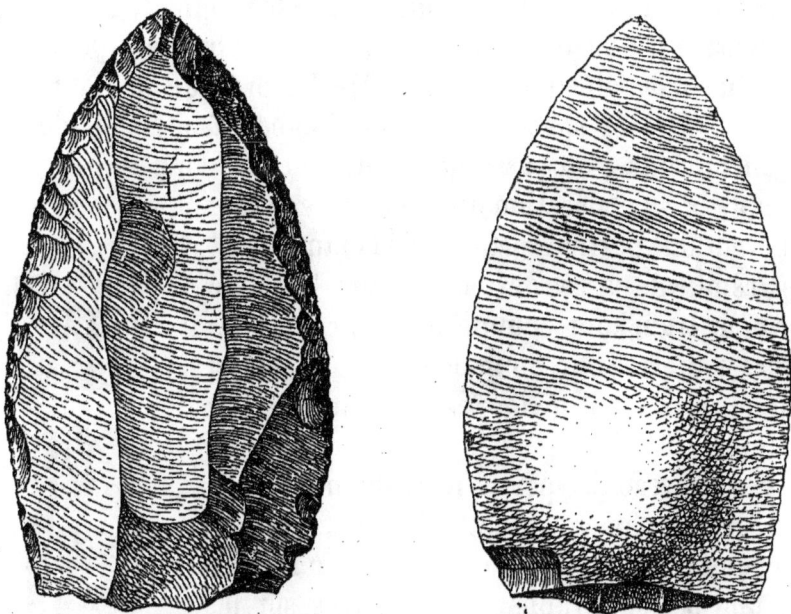

Fig. 134 et 135. Pointe moustérienne, dessus et dessous. Le Moustier (Dordogne).
Musée de Saint-Germain (G. N.). — G. et A. de Mortillet (*Musée préhistorique*).

de façon que ceux-ci se rencontrent suivant un angle aigu, on obtient une pointe (fig. 134 et 135). Lorsque enfin les retailles sont faites à grands coups sur une face et également sur l'autre, la forme générale étant discoïdale, on a le disque, vraie réminiscence du travail chelléen (fig. 136).

Fig. 136. Disque moustérien en silex. Beauvais, commune de Bossay (Indre-et-Loire). Musée de Saint-Germain (1/2). — G. et A. de Mortillet (*Musée préhistorique*).

A l'époque solutréenne qui vient ensuite, le même procédé de travail permet d'obtenir le grattoir dérivé du racloir, les retouches façonnant suivant une ligne courbe convexe une des extré-

mités d'un éclat large et un peu allongé (voy. plus bas, fig. 141).
C'est aussi durant cette époque, vers le sommet, que l'on
commence à rencontrer le burin, surtout abondant pendant
l'époque magdalénienne (fig. 137). Le procédé de fabrication en est assez spécial, on peut l'obtenir facilement de la
façon suivante : on casse une lame par un coup sec frappé
au milieu, sur la section ainsi obtenue on donne un coup fort
enlevant une portion verticale de la lame, dont
l'extrémité de carrée devient pointue, la pointe
formant tranchant comme le burin des gra-
veurs actuels. Si un coup ne suffit pas, on en
donne un second dirigé en sens inverse du
premier.

De nouveaux types d'instruments apparaissent également à cette époque, ce sont
les pointes de lances ou de javelots en feuilles
de laurier, admirablement retaillées sur les
deux faces. C'est un travail rappelant celui
du coup de poing ou hache chelléenne, mais
incomparablement plus fin et d'ailleurs obtenu
par un procédé différent : la pression au
moyen d'un éclat d'os (fig. 127). On trouve
dans certaines grottes les morceaux d'os ou
de corne qui ont servi à faire ce travail,
ainsi que des éclats de silex en montrant
les diverses phases. Ces superbes pointes,
d'ailleurs peu communes, sont minces, ordinairement assez courtes ; dans un cas absolument exceptionnel, comme dans la célèbre

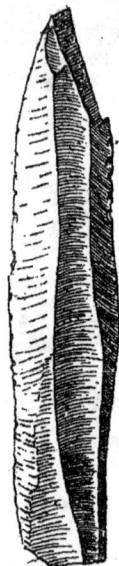

Fig. 137. Burin en
silex. Laugerie-
Basse (Dordo -
gne). Musée de
Saint - Germain
(2/3). — G. et A.
de Mortillet (*Mu-
sée préhistori-
que*).

cachette de Volgu, elles ont pu atteindre jusqu'à 25 et 35 centimètres de long (fig. 138). Un second type est pointu en
haut, obtus en bas et présente à droite, vers le milieu de sa
hauteur, un rétrécissement formant cran se continuant jusqu'à l'extrémité inférieure de la pièce, qui se termine ainsi
par un véritable pédoncule, que l'on nomme pointe à cran ou
soie destinée à l'emmanchement (fig. 139).

C'est à cette époque aussi qu'on commence à façonner des objets en os, en corne et en ivoire; cette industrie prend un développement considérable durant l'époque suivante.

Fig. 138.   Fig. 139.

Fig. 138. Pointe en feuille de laurier, en silex. Bourdeilles (Dordogne). Collection de M. Féaux (2/3). (*L'Homme*, 1886, p. 295.)

Fig. 139. Pointe à cran en silex. Grotte du Placard (Charente). Collection de Maret (G. N.). — G. et A. de Mortillet (*Musée préhistorique*).

A l'époque de la Madeleine on ne fabrique plus ces belles pointes du type solutréen; c'est l'os, la corne et l'ivoire qui sont surtout travaillés. Certaines grottes ont fourni d'admirables spécimens de harpons, de lances, d'instruments de tous genres et surtout d'étonnantes gravures et sculptures représentant divers animaux : le Mammouth, le Renne, le Cheval, l'Aurochs, etc., plus rarement l'Homme, avec une vérité et une habileté incroyables. Pour travailler l'os les sculpteurs primitifs se servaient de lames ou de couteaux, de scies (voy. plus loin, fig. 144), de burins tantôt simples comme ceux décrits plus haut, tantôt doubles, la pièce en présentant un à chaque extrémité, tantôt associés au grattoir. On trouve encore, mais plus rarement, le burin obtenu sur le bord d'un éclat et obliquement de façon à affecter l'aspect d'un bec de perroquet. Les lames sont innombrables, fines, allongées, étroites, non retouchées sur les bords. Il est vraisemblable

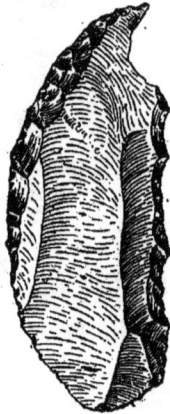

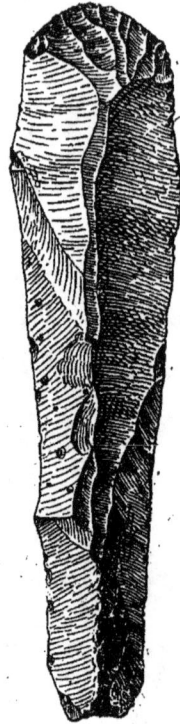

Fig. 140.   Fig. 141.

Fig. 140. Bec de perroquet en silex. Les Eyzies, Tayac (Dordogne). Musée de Saint-Germain (2/3). — G. et A. de Mortillet (*Musée préhistorique*).

Fig. 141. Grattoir en silex. La Madeleine (Dordogne). Musée de Saint-Germain (2/3). — G. et A. de Mortillet (*Musée préhistorique*).

que ces élégantes lames étaient obtenues par pression, suivant le mécanisme dont il a été question plus haut et qu'on n'a pas encore pu reproduire expérimentalement. Quelquefois le bord du nucléus a été façonné par une série de retailles régulières, puis enlevé d'un seul coup. On obtenait ainsi des lames dont le dos était retouché avec soin; elles sont assez

15

fréquentes à cette époque. Souvent les lames sont retaillées à leur extrémité suivant une courbe convexe, et ce sont alors des grattoirs très allongés et très caractéristiques (fig. 141).

Lorsque les retailles ont façonné une pointe courte, assez large et aiguë, c'est un perçoir dont il s'agit (fig. 142); lorsque la pointe est plus longue, c'est un poinçon (fig. 142).

On rencontre parfois de très petites lames étroites retaillées

Fig. 142.　　Fig. 143.　　Fig. 144.　　Fig. 145.

Fig. 142. Poinçon en silex. Grotte de l'Église à Saint-Martin-d'Excideuil (Dordogne). Musée de Saint-Germain (G. N.). — G. et A. de Mortillet (*Musée préhistorique*).
Fig. 143. Lame en calcédoine, à tranchant abattu. Bruniquel (Tarn-et-Garonne). Musée de Saint-Germain (2/3). — G. et A. de Mortillet (*Musée préhistorique*).
Fig. 144. Scie en silex. Grotte de l'Église (2/3). — Exposition du docteur Capitan.
Fig. 145. Lames à petites coches. Bruniquel (Tarn-et-Garonne). Musée de Saint-Germain (2/3). — G. et A. de Mortillet (*Musée préhistorique*).

très finement sur un de leurs bords, affectant ainsi l'aspect de petits couteaux très fins (fig. 143).

Assez souvent les lames ont été cassées à chaque extrémité, de façon à former un instrument régulièrement rectangulaire. C'est bien là une forme voulue; les bords latéraux sont souvent usés : ce sont donc des scies. Parfois même un des bords est retaillé avec soin, et le doute n'est pas possible (fig. 144).

Enfin, sur le bord de lames, rares d'ailleurs, on peut trouver des encoches dont la concavité, quelquefois très marquée, peut être parfois assez large pour avoir pu racler facilement un morceau de bois (cette forme, du reste, se rencontre aussi aux époques antérieures et postérieures). D'autres fois ces encoches sont très petites et il y en a quelquefois plusieurs à côté les unes des autres sur le bord de la lame. On a pensé qu'elles pouvaient servir à façonner les aiguilles en os ou en ivoire qu'on rencontre à cette époque (fig. 145).

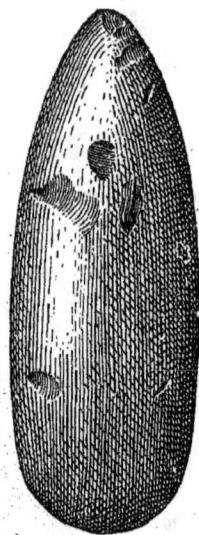

Fig. 146.   Fig. 147.

Fig. 146. Ébauche de hache en silex. Oise. Musée de Saint-Germain (1/3). — G. et
A. de Mortillet (*Musée préhistorique*).
Fig. 147. Hache polie en silex. Vésinet (Seine-et-Oise). Musée de Saint-Germain (1/3).
— G. et A. de Mortillet (*Musée préhistorique*).

Tels sont les principaux types caractéristiques des diverses époques de la période paléolithique.

Examinons maintenant ceux qui caractérisent le néolithique. Nous n'allons plus guère y retrouver que le grattoir, le perçoir et la scie, d'ailleurs sensiblement modifiés dans leur aspect; les autres formes ont absolument disparu. De nouveaux types vont se montrer et le plus caractéristique est la hache polie.

La hache polie était d'abord ébauchée dans un morceau de silex au moyen de grands coups de percuteur détachant

de larges éclats, puis façonnée par une série de petites retouches particulièrement fines et rectilignement disposées au
niveau du tranchant (fig. 146). Il ne restait plus qu'à user la
pièce par frottement, probablement avec de l'eau et du sable,
sur le polissoir, pour obtenir, non sans grand travail, une surface polie, surtout au tranchant large, régulièrement courbe
(fig. 147) ou rectiligne. Les dimensions de la hache polie varient
beaucoup depuis la petite amulette jusqu'aux énormes haches
des dolmens de Bretagne, mesurant jusqu'à 50 centimètres
de long. Lorsque la hache avait servi, elle s'ébréchait, on la

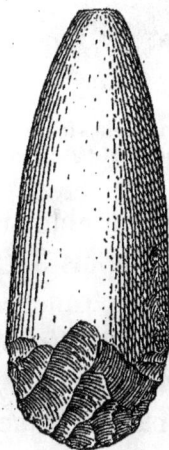

Fig. 148. Fig. 149.

Fig. 148. Hache polie en silex, retaillée. Vienne. Musée de Poitiers (1/3). — G. et A. de
Mortillet (*Musée préhistorique*).
Fig. 149. Retouchoir en silex. Le Campigny, à Blangy-sur-Bresle (Seine-Inférieure).
Musée de Saint-Germain (1/2). — G. et A. de Mortillet (*Musée préhistorique*).

retaillait souvent, surtout au tranchant (fig. 148), et parfois
on la repolissait. M. Capitan expose les diverses phases de
ce travail de réparation.

Avec la hache polie, deux instruments sont absolument
caractéristiques du commencement de la période néolithique
et ne se rencontrent qu'à cette époque : ce sont le retouchoir
et le tranchet.

Le retouchoir est un instrument prismatique allongé,
façonné par une série de coups donnés tout autour de l'axe,

présentant donc à sa surface des facettes multiples, tantôt à extrémités obtuses, tantôt pointues, parfois usées ; on a voulu y voir soit un instrument à retoucher les pièces en silex, soit une sorte de pointe de javelot, un pic, etc. En somme, l'usage,

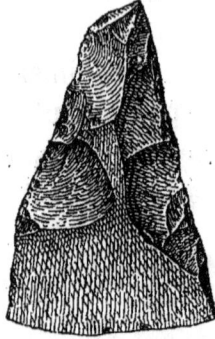

Fig. 150. Tranchet en silex. Le Campigny (Seine-Inférieure). Musée de Saint-Germain (2/3). — G. et A. de Mortillet (*Musée préhistorique*).

encore indéterminé, devait être variable suivant les dimensions des pièces. Elles mesurent depuis 3 à 4 centimètres de long jusqu'à 20 ou 25 (fig. 149). Le tranchet n'est pas moins caractéristique du commencement du néolithique, si caractéristique que M. Ph. Salmon l'a pris comme forme typique de son campinien, passage entre le paléolithique et le néolithique. C'est un instrument triangulaire, à sommet généralement

Fig. 151. Petit tranchet en silex. Plateau de Pontlevoy (Loir-et-Cher). Collection de l'École d'anthropologie (2/3). — G. et A. de Mortillet (*Musée préhistorique*).

obtus, façonné à plusieurs coups et dont la base a été transformée en un bord tranchant en biseau par un coup donné sur un des côtés de cette base, ce coup ayant ainsi enlevé un éclat perpendiculaire à l'axe et comprenant toute la largeur de la pièce. Les dimensions en sont également variables depuis 2 à 3 centimètres jusqu'à 10 à 20 centimètres et plus (fig. 150

et 151). C'est un instrument extrêmement répandu dans les stations exclusivement néolithiques de tous les pays. C'est la pièce typique des stations les plus anciennes du Danemarck (kjoekkenmœddings); les plus petits ont été décrits parfois en France sous le nom de flèches à tranchant transversal.

Les pointes de flèches néolithiques sont souvent merveilleusement travaillées au moyen de la pression. De forme générale triangulaire, elles présentent souvent au milieu de la base un prolongement ou pédoncule et parfois les deux angles limitant la base du triangle s'allongent en forme d'ai-

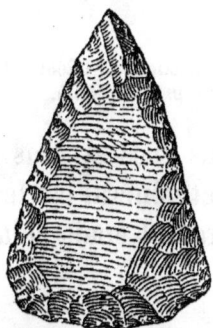  

Fig. 152.   Fig. 153.   Fig. 154.

Fig. 152. Pointe de flèche en silex. Loir-et-Cher. Collection de l'École d'anthropologie (G. N.). — G. et A. de Mortillet (*Musée préhistorique*).
Fig. 153. Pointe de flèche en silex. Dolmen du Genévrier (Aveyron). Musée de Saint-Germain. — G. et A. de Mortillet (*Musée préhistorique*).
Fig. 154. Pointe de flèche en silex. Loir-et-Cher. Collection de l'École d'anthropologie (G. N.). — G. et A. de Mortillet (*Musée préhistorique*).

lettes servant de barbelures d'un travail fin et délicat. Les formes sont assez variées, les pièces sont presque toujours retaillées sur toute l'étendue des deux faces (fig. 152, 153, 154, trois types différents).

La scie à encoche, type néolithique, abondante au Grand-Pressigny, est un assez grand éclat large, presque carré, retaillé sur un des bords latéraux, tandis que les deux bords supérieur et inférieur présentent chacun une encoche destinée à emmancher la pièce, ainsi qu'on en a trouvé en Suisse (fig. 155).

Les grattoirs sont beaucoup plus larges, plus arrondis

et plus épais qu'aux époques antérieures, mais leur fabrication et leur aspect général sont les mêmes (fig. 156).

Les grattoirs concaves ou les simples encoches retaillées se rencontrent également quelquefois.

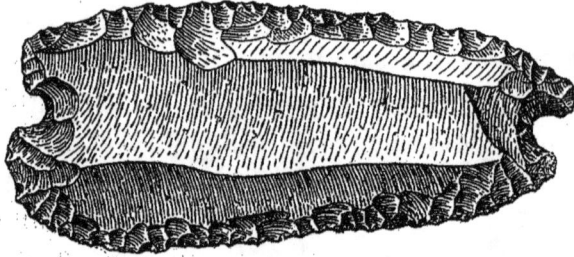

Fig. 155. Scie à coches. Huisseau (Loir-et-Cher). Collection de l'École d'anthropologie (2/3). G. et A. de Mortillet (*Musée préhistorique*).

Les perçoirs sont aussi un peu plus gros et plus massifs qu'à l'époque paléolithique, leur aspect général est le même. Ils existent parfois sur le bord d'un large et épais éclat abso-

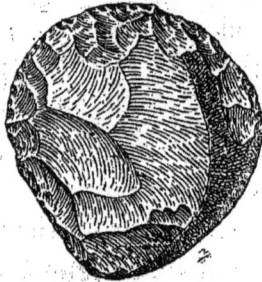
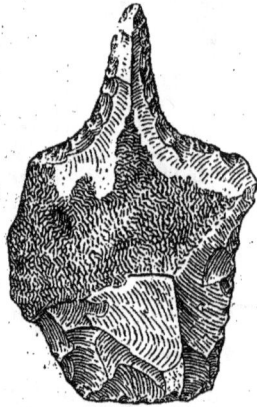

Fig. 156.   Fig. 157.

Fig. 156. Grattoir robenhausien en silex. Camp de Catenoy (Oise). Musée de Saint-Germain (2/3). — G. et A. de Mortillet (*Musée préhistorique*).
Fig. 157. Perçoir en silex. Saint-Mards-en-Othe (Aube). Musée de Saint-Germain (2/3). — G. et A. de Mortillet (*Musée préhistorique*).

lument brut sauf en ce point; d'autres fois toute la pièce est bien retaillée (fig. 157).

Les lames et les couteaux se rencontrent en abondance,

ils n'ont plus en général la finesse, la minceur, l'étroitesse
des lames magdaléniennes ; le plus souvent ils présentent un
conchoïde de percussion très marqué. Mais parfois, quoique
très rarement, on a rencontré des lames d'une grande dimension : 30, 35 et même 43 centimètres. M. Capitan en possède
deux : une de 29 centimètres et une de 33, qui ont été trouvées,
avec une quarantaine d'autres lames analogues non retouchées, dans une cachette de l'époque. Elles étaient enfouies
assez profondément et rangées comme des biscuits sur une
assiette. — Trouvaille Chauveau, à Barrou (Indre-et-Loire).

Les nucléus dont on détachait ces diverses lames sont de
formes variées ; ceux qui ont servi à fabriquer ces énormes
lames ont un aspect particulier. Façonnés avec soin, avant
que les lames soient détachées, dans de grandes plaques de
silex, ils se rencontrent surtout en Touraine, aux alentours
du Grand-Pressigny, et quelquefois en Dordogne ; on les connaît sous le nom de *livres de beurre* (fig. 158). Les percuteurs
sont très fréquents à l'époque néolithique, tantôt faits avec
un objet hors d'usage (nucléus, hache polie), tantôt avec un
petit bloc de silex. Ils sont en général sphériques, plus ou
moins étoilés et arrondis par l'usage. Leur volume est ordinairement de la moitié du poing. Signalons, à côté des nucléus,
des pièces irrégulièrement polyédriques, taillées à grandes
facettes, de façon à ménager des arêtes et des angles saillants ;
elles ne portent pas de trace d'emploi comme percuteurs ; on
les considère parfois comme des pièces de jet.

Les lames néolithiques sont souvent admirablement retaillées, soit sur le nucléus même, ainsi que nous venons de l'indiquer, soit une fois la lame détachée du bloc ; la pression
était employée dans ce dernier cas, et c'est ainsi que les habiles
ouvriers néolithiques obtenaient les belles lances et poignards
en silex surtout de Pressigny (fig. 159 et 160). Outre ces belles
pièces toujours rares, les stations néolithiques ont fourni un
grand nombre de pointes plus petites retaillées sur un bord
ou sur les deux, rappelant les similaires du Moustier ou façonnées sur les deux faces comme à l'époque solutréenne, mais

généralement plus épaisses et à base tronquée. Quelquefois, dans les dolmens, on a trouvé de longues lances et des poignards polis. On rencontre aussi des amulettes ou pendeloques

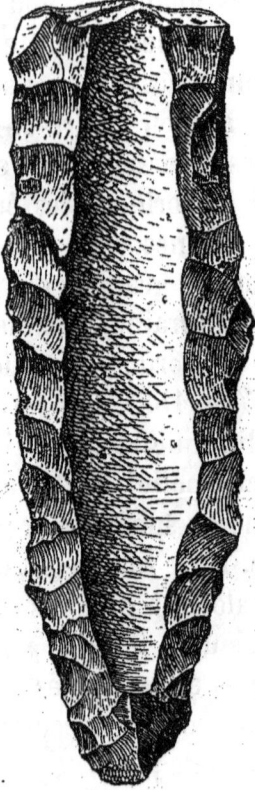  

Fig. 158.   Fig. 159.   Fig. 160.

Fig. 158. Nucléus du Grand-Pressigny (Indre-et-Loire). Musée de Saint-Germain (1/3). — G. et A. de Mortillet (*Musée préhistorique*).
Fig. 159. Poignard en silex du Grand-Pressigny. Pas-de-Grigny (Seine-et-Oise). Musée de Saint-Germain (1/2). — G. et A. de Mortillet (*Musée préhistorique*).
Fig. 160. Pointe de lance en silex. La Motte, près de Soissons (Aisne). Musée de Saint-Germain (1/2). — G. et A. de Mortillet (*Musée préhistorique*).

de formes variées, généralement rondes ou ovales, souvent percées d'un trou; quelquefois des fusaioles en pierre.

De nombreux ustensiles en os et en corne de cerf: pointes,

manches, gaines, ornements, etc., se rencontrent aussi durant le néolithique.

La poterie apparaît également; on en trouve d'abondants spécimens dans de nombreuses stations de cette période.

Travail de l'obsidienne. — M. Ad. de Mortillet a exposé un carton de pièces en obsidienne noire à reflets grisâtres, rapportées de l'île de Milo (Grèce) par M. Gobineau. Ces pièces sont petites. Pour obtenir de minces et fines lames, les primitifs artisans dégrossissaient d'abord un petit bloc d'obsidienne qu'ils façonnaient, ainsi que le montre la figure 161, par une série de petits coups. Ils obtenaient ainsi une sorte

 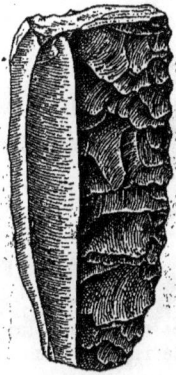 

Fig. 161.   Fig. 162.   Fig. 163.

Fig. 161. Préparation de nucléus en obsidienne. Ile de Milo (2/3). — Exposition A. de Mortillet.

Fig. 162. Nucléus en obsidienne, avec lames enlevées d'un côté seulement. Ile de Milo (2/3). — Exposition A. de Mortillet.

Fig. 163. Nucléus en obsidienne, avec lames enlevées tout autour. Ile de Milo (2/3). — Exposition A. de Mortillet.

de cylindre terminé au sommet par un plan oblique. Frappant alors ou appuyant sur ce plan, ils détachaient successivement des lames sur un des côtés du cylindre (fig. 162). Faisant ensuite tourner le nucléus, ils en détachaient une série de lames tout autour. Le nucléus prenait alors l'aspect que représente la figure 163.

On peut se rendre facilement compte des différentes phases du travail en examinant la figure 164, qui donne en plan les trois aspects du nucléus. La ligne extérieure représente le périmètre de l'ébauche du nucléus; la seconde, celui du nucléus sur un côté duquel deux lames seulement ont été détachées, et enfin la partie noire figure ce qui reste du nucléus lorsque les lames ont été détachées tout autour. Les petites lames enlevées du nucléus ont un aspect variable. Les premières présentent la trace des facettes produites sur l'ébauche du nucléus par le travail du dégrossissage (fig. 165). Les suivantes portent sur leur face supérieure l'empreinte des lames enlevées antérieurement sur le nucléus (fig. 166). Ce mode de

Fig. 164. Fig. 165. Fig. 166.

Fig. 164. Coupe des formes successives des nucléus d'obsidienne figurés plus haut.
Fig. 165. Première lame détachée du nucléus d'obsidienne. Ile de Milo (2/3). — Exposition Adrien de Mortillet.
Fig. 166. Lame détachée du nucléus après et au-dessous des précédentes. Ile de Milo. 2/3. — Exposition Adrien de Mortillet.

fabrication des lames se retrouve parfois en France. M. Capitan expose en effet quelques pièces provenant d'un petit atelier du département de la Vienne, encore inédit, où la fabrication exclusive des lames était pratiquée d'une façon analogue. Mais la matière première était là le silex, et ces objets (nucléus et lames) sont deux ou trois fois plus grands.

Tel est l'outillage de pierre des périodes paléolithique et néolithique; on voit en somme qu'il était relativement peu varié; pourtant ce petit nombre de types suffisait à toutes les populations préhistoriques du monde pour soutenir le grand et dur combat de la vie et pour marcher graduellement, quoique lentement, à travers les siècles, dans la voie du progrès.

§ 5. — Age des métaux.

PROTOHISTORIQUE

La palethnologie se partage tout naturellement en deux grandes divisions :

L'une caractérisée par l'absence des métaux ;

L'autre par leur introduction et leur développement.

La première de ces divisions, la plus ancienne, ne se rattachant à aucun document historique, constitue par excellence les temps préhistoriques.

Quant à la seconde, elle se trouve plus ou moins vaguement reliée à l'histoire par des mythes, des légendes, des traditions et même parfois des fragments de texte, très insuffisants pour l'éclaircir, mais qui servent de transition. Frappé de cet état de choses Broca a proposé de nommer cette seconde division *protohistorique*.

Mais les métaux ne sont pas venus tous ensemble. Comme métal usuel, dans l'Europe entière, le bronze est arrivé avant le fer et a régné longtemps en maître absolu. C'est ce qui a permis à Thomsen d'établir son *âge du bronze*. M. G. de Mortillet a cherché si l'on ne pouvait pas diviser en époques diverses, solidement assises, le temps pendant lequel le bronze existait seul. Dans ce but, il a étudié, d'une manière spéciale, les haches de bronze de l'ouest de l'Europe, France, Belgique et Suisse.

Il a choisi la hache parce que c'est l'instrument qui se montre le premier, qui est le plus facile à reconnaître, le plus usuel et le plus répandu. Ces haches de l'âge du bronze se rapportent toutes à quatre types parfaitement distincts que M. G. de Mortillet a divisés ainsi dans le journal *l'Homme*, 25 août 1884 :

La *hache à bords droits*, plate, avec de simples rebords sur les côtés (fig. 167 et 168) ;

La *hache à talons*, qui a, sur chacun des plats de l'instrument, un point d'arrêt assez élevé (fig. 169) ;

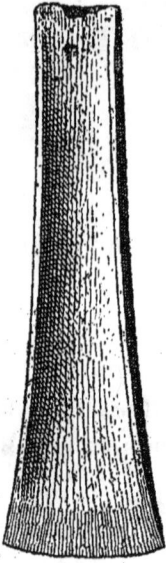
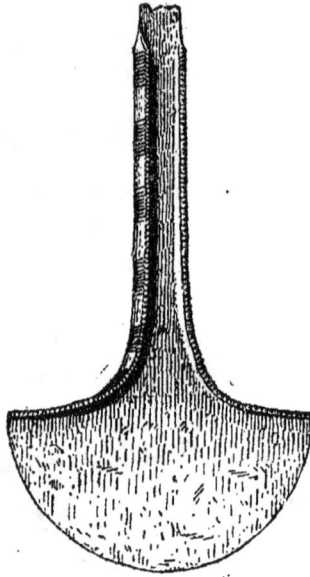

Fig. 167.   Fig. 168.   Fig. 169.

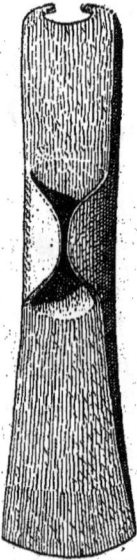

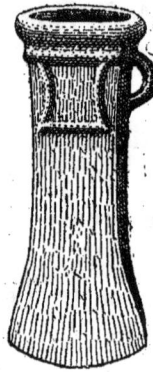
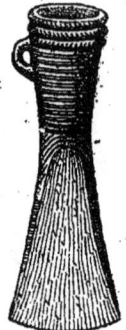

Fig. 170.   Fig. 171.   Fig. 172.   Fig. 173.

Fig. 167. Hache en bronze à bords droits. Médoc (1/3). — G. et A. de Mortillet (*Musée préhistorique*).

Fig. 168. Hache en bronze à bords droits. Mouy (Oise) (1/3). — G. et A. de Mortillet (*Musée préhistorique*).

Fig. 169. Hache en bronze à talons. Villeneuve-Saint-Georges (Seine-et-Oise) (1/3). — G. et A. de Mortillet (*Musée préhistorique*).

Fig. 170. Hache en bronze à ailerons. Pas-de-Grigny (Seine-et-Oise) (1/3). — G. et A. de Mortillet (*Musée préhistorique*).

Fig. 171. Hache en bronze à ailerons. Vaudrevangés (1/3). — G. et A. de Mortillet (*Musée préhistorique*).

Fig. 172. Hache en bronze à douille. Grésine, lac du Bourget (Savoie) (1/3). — G. et A. de Mortillet (*Musée préhistorique*).

Fig. 173. Hache en bronze à douille. Frouard (Meurthe-et-Moselle) (1/3). — G. et A. de Mortillet (*Musée préhistorique*).

La *hache à ailerons*, portant sur chaque face deux appendices latéraux se recourbant plus ou moins l'un vers l'autre (fig. 170 et 171);

La *hache à douille*, avec une douille large et profonde dans le sens de la longueur (fig. 172 et 173).

Les haches de ces divers types ne sont pas mêlées indistinctement dans les découvertes. Elles sont ou isolées ou groupées suivant certaines données. J'ai pu, dit M. G. de Mortillet, examiner 102 trouvailles ou stations contenant ensemble 2129 haches se répartissant ainsi :

Totaux des découvertes	Totaux des haches	COMPOSITION des DÉCOUVERTES	BORDS DROITS	TALONS	AILERONS	DOUILLE
6	142	Type à bords droits seul............	142	......	......	......
14	203	Bords droits et talons.............	127	76	......	......
2	31	Bords droits, talons et ailerons	5	20	6	......
1	3	Bords droits et ailerons...........	2	......	1	......
36	1206	Type à talon seul.................	......	1206	......	......
4	60	Talons et ailerons.	......	44	16	......
1	22	Talons, ailerons et douille........	......	2	9	11
1	3	Talons et douille.................	......	2	......	1
11	46	Type à ailerons seul..............	......	......	46	......
22	385	Ailerons et douille...............	......	......	188	197
4	28	Type à douille seul...............	......	......	......	28
102	2129		276	1350	266	237

Ce tableau peut se présenter sous cette autre forme :

6 découvertes bords droits 142 exemplaires sans mélange.
16 — bords droits 132 associés à talons 96.
3 — bords droits 7 associés à ailerons 7.
36 — talons 1206 exemplaires sans mélange.
7 — talons 66 associés à ailerons 31.
2 — talons 4 associés à douille 12.
11 — ailerons 46 exemplaires sans mélange.
23 — ailerons 207 associés à douille 208.
4 — douille 28 exemplaires sans mélange.

Ces résumés montrent très nettement que la hache à bords droits ne se trouve pas avec la hache à douille. Ce sont donc là deux formes qui n'ont pas été contemporaines. Ce sont les deux formes extrêmes.

Les deux autres formes à talons et à ailerons se rencontrant associées avec les haches soit à bords droits, soit à douille, sont intermédiaires.

Mais les bords droits, comme nombre de découvertes, aussi bien que d'exemplaires, se trouvent plus souvent réunies aux haches à talons qu'à celles à ailerons.

De même la hache à douille est bien plus souvent avec celle à ailerons qu'avec celle à talons.

D'où il découle que l'ordre chronologique est :

La hache à bords droits ;

La hache à talons ;

La hache à ailerons ;

La hache à douille.

La priorité de la hache à bords droits ne saurait faire question, car on la rencontre souvent avec des objets en silex et elle est toujours dans les trouvailles les plus limitées et les moins variées comme bronze. C'est évidemment la forme d'introduction du bronze dans l'Europe occidentale.

Par contre, les haches à ailerons et surtout à douille se sont prolongées jusque dans la première époque du fer ou hallstattienne.

Les tableaux qui précèdent montrent aussi que les quatre types de hache peuvent très naturellement se diviser en deux groupes.

En effet, le type à talons, comme découvertes et exemplaires, a plus de relations avec le type à bords droits qu'avec celui à ailerons. De même, le type à ailerons a plus de relations avec celui à douille qu'avec celui à talons. En outre, ces deux groupes offrent chacun un caractère particulier tout à fait opposé l'un à l'autre. Dans le premier, composé des types à bords droits et à talons, les découvertes sans mélange sont plus abondantes que les autres : quarante-deux contre vingt-huit. Au contraire, dans le second groupe formé des types à ailerons et à douille, c'est l'inverse qui a lieu : on compte seulement quinze découvertes sans mélange contre trente-cinq mélangées.

Se basant sur cette statistique qui justifie pleinement la division de l'âge du bronze, au moins en deux époques, M. G. de Mortillet a créé, en 1880, *Matériaux :*

Le *morgien*, commencement et première partie du bronze, caractérisée par les haches à bords droits et à talons ;

Le *larnaudien*, seconde partie et fin du bronze caractérisée par les haches à ailerons et à douille.

L'industrie spéciale de chacune de ces époques a été séparée et figurée, en 1881, par MM. Gabriel et Adrien de Mortillet dans leur *Musée préhistorique.*

L'exposition du bronze de la Société, de l'École et du Labotoire d'anthropologie se compose de huit cartons occupant tout un compartiment de la troisième vitrine et un neuvième carton placé dans la seconde vitrine.

Premier carton. *Morgien inférieur.* — Hache à bords très bas, peu sensible, analogue à celles trouvées en Bretagne dans les dolmens renfermant du bronze. (A. de Mortillet.)

Hache toute petite recueillie par M. R. Pottier dans le département des Landes. (*Idem.*)

Hache à bords droits moyens, bordant la partie supérieure très étroite, pouvant facilement être empoignée, ce qui a fait donner le nom de *hache à main* à cette forme. Partie tranchante très large et fortement arrondie, presque circulaire (fig. 174). Type spécial à la vallée du Rhône. (*Idem.*)

Hache à bords droits fort étroits, largeur à peu près égale sur toute la longueur, recueillie en 1876 entre Condom et Nérac. Type spécial au sud-ouest de la France, ce qui l'a fait dénommer *aquitanien.* (*Idem.*)

Lame de poignard triangulaire, courte et très large à la base, avec trace de quatre trous de rivets. Dragages de la Seine à Ris (Seine-et-Oise). Forme qui se rencontre fréquemment dans les dolmens de Bretagne qui renferment du bronze. (E. Piketty.)

Deux autres lames de poignards, beaucoup plus grandes, triangulaires; la dernière se rétrécissant beaucoup. L'une a la base arrondie, l'autre quadrangulaire. Dragages de la Seine. Ces trois formes sont caractéristiques du morgien. (E. Piketty.)

Deuxième carton. *Morgien supérieur.* — Dix haches à talons des tourbières de la Somme, du Calvados, de Savoie, etc. Série représentant les transformations diverses. Parmi celles d'en bas il y en a, les plus anciennes, dont le talon est à peine indiqué (fig. 175). C'est le passage des bords droits aux talons.

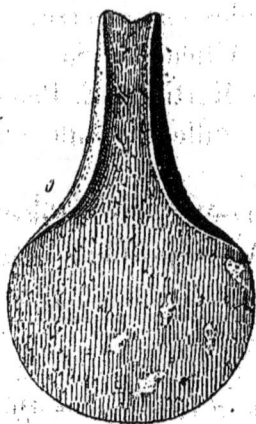 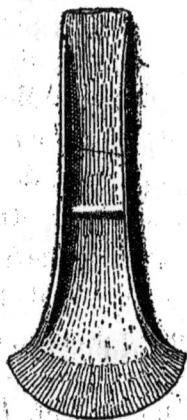

Fig. 174.   Fig. 175

Fig. 174. Hache en bronze à bords droits, Vienne (Isère) (1/3). — G. et A. de Mortillet (*Musée préhistorique*).
Fig. 175. Hache en bronze à bords droits, avec talons rudimentaires. Villeneuve-Saint-Georges (Seine-et-Oise) (1/3). — G. et A. de Mortillet (*Musée préhistorique*).

Dans le rang d'en haut il s'en trouve plusieurs dont les talons fort prononcés sont rectangulaires. C'est la forme la plus récente. (A. de Mortillet, E. Piketty, Rubbens, Salmon.)

Troisième carton. *Larnaudien.* — Trois haches à ailerons de France. L'une d'elles vient d'Amiens (Somme). Deux haches à douille, la première des dragages de la Seine à Corbeil (Seine-et-Oise), la seconde de Hongrie. (A. de Mortillet et Piketty.)

Quatrième carton. *Larnaudien.* — Trois épées pistilliformes ou en ruban, avec âme de la poignée plate, dragages de la Seine à Villeneuve-Saint-Georges et à Mantes (Seine-et-Oise), et de l'Isle, à Périgueux (Dordogne). (E. Piketty.)

Épée pistilliforme, assez courte, avec longue soie terminée par un bouton, forme à peu près spéciale à la Seine ; dragages de Villeneuve-Saint-Georges (Seine-et-Oise). (*Idem.*)

Épée avec âme de poignée plate, forts crans à la base, épais bourrelet le long de la lame, qui se termine en goutte de suif. Pressagny-l'Orgueilleux, dans la Seine. (De Pulligny.)

Petite lame de poignard, Choisy-le-Roi (Seine). (Salmon.)

Quatre pointes de lance de tailles fort diverses, Aigneville (Somme) ; dragages de la Seine à Villeneuve-Saint-Georges et Corbeil. (D'Ault du Mesnil, A. de Mortillet, E. Piketty.)

Pointe de flèche en forme de feuille avec une longue soie, forme ibérique. (A. de Mortillet.)

Lame de couteau, Autun (Saône-et-Loire). (Piketty.)

Deux faucilles, une à bouton (A. de Mortillet), et une à languette, d'Autun. (Piketty.)

Une gouge à douille, d'Autun. (*Idem.*)

Cinquième carton. *Larnaudien et au delà.* — Quatre bracelets pleins, ouverts sur le côté, dont un à dos fortement

Fig. 176. Développement d'un bracelet en bronze gravé. Dragages de la Seine, au Tremblay (Seine-et-Oise) (1/2). — Collection Ph. Salmon.

perlé, Dampierre et Corbeil, à la Pêcherie ; un autre à dos gravé (fig. 176). (Piketty et Salmon.)

Huit épingles diverses. Les épingles étaient extrêmement abondantes pendant l'âge du bronze. Quatre des palafittes de la Suisse ; Estavayer, grande station de Corcelette ; Cortaillod, Hauterive ; deux de Saint-Fargeau (Seine-et-Marne). (Piketty, Salmon.)

Un bouton à queue ou bélière, Autun (Saône-et-Loire). (Piketty.)

Une pendeloque, Autun. (Piketty.)

Quatre petits anneaux, palafittes de Cortaillod, d'Estavayer, d'Hauterive et d'Auvernier. (Salmon.)

Trois hameçons, palafittes d'Estavayer, d'Hauterive et d'Auvernier. (Salmon.)

Un rasoir en arc de cercle, ajouré en dessus, avec trois bélières de suspension. Fort jolie pièce qui peut bien être du premier âge du fer, Corbeil. (Piketty.)

Au sommet du carton, élégante hache en bronze se rapprochant de la forme des francisques en fer. Koban, âge du fer. (A. de Mortillet.)

Sixième carton. *Haches plates.* — Trois haches complètement plates (fig. 177). Une des dragages de la Seine, Ris (Seine-et-Oise), peut bien être en bronze et a eu le tranchant affûté (Salmon). Les deux autres paraissent être en cuivre et n'avoir jamais servi; l'une d'elles est d'Avensan, canton de Castelnau, Gironde (A. de Mortillet). Ces haches plates, habituellement en cuivre pur, soulèvent un problème palethnologique. Les uns les placent tout à fait à l'origine du métal. Mais on ne les a jamais rencontrées dans des stations associées à des objets en pierre ou à d'autres objets en métal. Elles ne figurent pas non plus dans les cachettes de fondeurs si riches en débris divers. Les autres ne voient en elles que des lingots à l'usage du commerce, et leur donnent une date bien postérieure à l'âge du bronze.

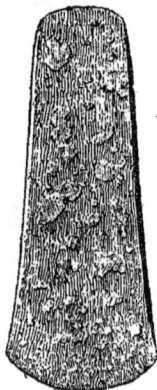

Fig. 177. Hache plate en cuivre. Sempessoure (Gers) (1/3). — G. et A. de Mortillet (*Musée préhistorique*).

Septième carton. *Haches votives.* — Trois grandes (fig. 178) et trois petites (fig. 179) haches à douille, forme quadrangulaire, qui ne sont point affûtées au tranchant et qui ne peuvent pas l'être, le vide de la douille étant trop profond. Ce qui montre bien qu'on ne tenait pas compte du tranchant, c'est que l'évent pour laisser sortir l'air poussé par la coulée du métal, est souvent sur le prétendu tranchant. Deux des pièces exposées présentent ce caractère. La plus petite vient de Maure-

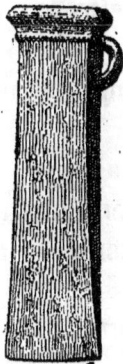

Fig. 178.   Fig. 179.

Fig. 178. Grande hache votive. Cachette de Moussaye, à Plénée-Jugon (Côtes-du-Nord) (1/3). — G. et A. de Mortillet (*Musée préhistorique*).
Fig. 179. Petite hache votive. Normandie (1/3). — G. et A. de Mortillet (*Musée préhistorique*).

de-Bretagne (Ille-et-Villaine). Ces haches sont en mauvais bronze contenant beaucoup de plomb et de zinc. On les nomme haches votives. (A. de Mortillet.)

Huitième carton. *Haches en cuivre américaines.* — Six haches de formes diverses, en cuivre, provenant d'Amérique (A. de Mortillet, Rubbens), placées là comme termes de comparaison.

Neuvième carton. *Cachette de fondeur.* — Le neuvième carton de la série du bronze est placé dans la seconde vitrine avec les fouilles, comme contenant une trouvaille complète. Il est très important de recueillir avec soin et de conserver ensemble tous les objets composant ces trouvailles, quel que soit le mauvais état des objets. Leur réunion peut fournir d'importantes données chronologiques, les diverses pièces se datant mutuellement.

La trouvaille a été faite à Cézac (Gironde) et recueillie par

M. Daleau. C'était une cachette de fondeur contenant des culots de métal et des objets hors d'usage. Le tout était destiné au creuset. Il y a :

Deux culots de fusion ;

Un bracelet ouvert, avec oreillette à chaque extrémité, assez fort, vide à l'intérieur ;

Quatre bracelets beaucoup plus minces, mais pleins, irrégulièrement ouverts ;

Une pointe de lance fort endommagée ;

Trois tronçons de lames d'épées en ruban avec un fort dos d'âne au milieu, paraissant appartenir à trois armes différentes ;

Un fragment de poignée d'épée, âme plate, ovale, cran très prononcé au bas de la lame ;

Un tranchant de hache ;

Deux haches entières et un fragment, à talons rectangles, avec grand anneau latéral, forme la plus récente de ce type ;

Une hache à douille, à anneau.

La trouvaille de Cézac est donc un des rares exemples de l'association de la hache à talons avec la hache à douille.

§ 6. — Paléoanthropologie.

I. CRANES HUMAINS QUATERNAIRES

Parce que des débris sont trouvés dans une certaine couche géologique ; parce que dans leur voisinage on a rencontré des silex taillés ou des ossements d'animaux appartenant à des types disparus, il ne s'ensuit pas toujours évidemment qu'il doit y avoir contemporanéité entre eux. La question des sépultures postérieures ou des remaniements par des causes diverses se présente tout de suite à élucider. Aussi est-ce aux palethnologistes qu'il appartient d'étudier les conditions du gisement et le produit des fouilles avant de les livrer à l'examen des anatomistes ; le préhistoricien doit dater les pièces que l'anatomiste décrira. Souvent, en effet, des observations défectueuses, par conséquent entachées d'erreur, ont eu pour résultat de présenter comme appartenant à une haute antiquité des ossements très récents, et souvent aussi, faute de preuves évidentes, d'époques indéterminables. Ces erreurs ont été relevées avec soin, par M. G. de Mortillet, dans son ouvrage *le Préhistorique*, et par M. Philippe Salmon, dans sa récente brochure sur *les Races humaines préhistoriques*, puis dans divers articles du *Dictionnaire des sciences anthropologiques*, et notamment celui de LA TRUCHÈRE. C'est grâce à la minutieuse critique à laquelle ces deux auteurs ont soumis toutes les découvertes d'ossements humains et à la sévérité avec laquelle ils ont éliminé celles dont l'antiquité leur a paru douteuse, que l'anatomie préhistorique ou paléoanthropologique doit d'être actuellement en possession de documents sur lesquels elle peut s'appuyer avec sécurité pour étudier les formes crâniennes qui, pendant le quaternaire, ont existé dans l'occident de l'Europe.

Le premier résultat qui nous frappe, c'est que l'Homme était, à cette époque, loin de présenter ces différences de types qui avaient été admises jusqu'à présent par des anatomistes sans doute fort distingués, mais incomplètement éclairés sur l'importante question de la contemporanéité des gisements et des débris qu'ils renfermaient.

Les huit crânes dessinés au trait, de grandeur naturelle, qui se trouvent sur deux panneaux du meuble à volets sont la reproduction d'une planche donnée par M. Salmon dans *les Races humaines préhistoriques* (fig. 180 à 187).

On n'y trouve ni le crâne d'Enghis, ni celui de Caustadt, ni celui de l'Olmo. Ce dernier, M. Salmon l'avait décrit en le faisant suivre des plus expresses réserves, qui se sont depuis justifiées ; M. Pigorini, directeur du musée préhistorique de Rome, lui a en effet écrit que « personne de science (*sic*) ne l'avait vu en place et qu'il fallait l'abandonner ».

M. Salmon, ne voulant pas s'étendre sur ces crânes, se borne à rappeler combien la découverte de Spy, en 1886, est venue heureusement confirmer la réalité et l'unité de cette

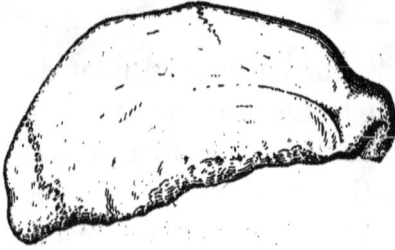

Fig. 180. Néanderthal (1/4).

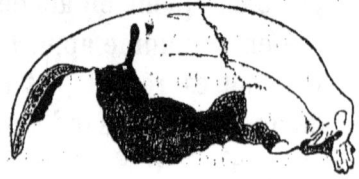

Fig. 181. Tilbury.

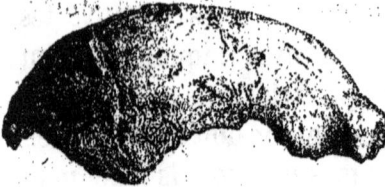

Fig. 182. Brux.

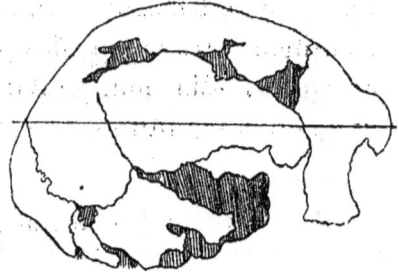

Fig. 183. Spy (n° 1).

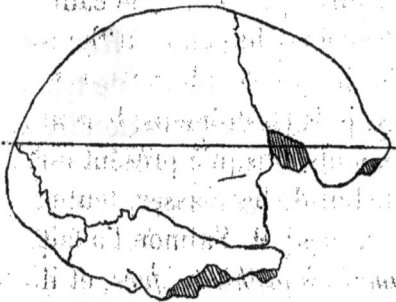

Fig. 184. Spy (n° 2).

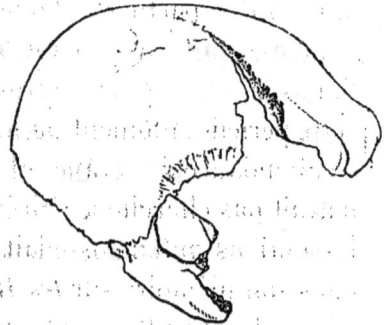

Fig. 185. Podbaba.

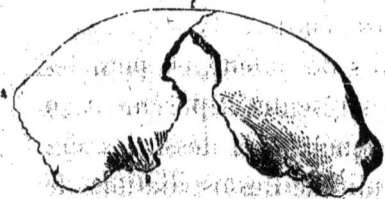

Fig. 186. Eguisheim.

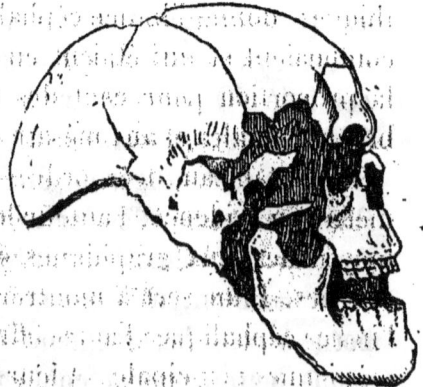

Fig. 187. Laugerie-Basse.

forme quaternaire, dont le crâne de la vallée du Néander a fourni le type.

On pourra remarquer que ce qui prouve bien cette unité morphologique, c'est que les caractères si tranchés du crâne de Néanderthal se retrouvent sur tous ceux de l'époque quaternaire, mais qu'ils vont en s'atténuant graduellement, de telle sorte que le dernier d'entre eux, le crâne de Laugerie-Basse, qui est magdalénien, présente une forme manifeste de transition entre le type des premiers temps du quaternaire et ceux de Cro-Magnon, de Baumes-Chaudes, de l'Homme-Mort et d'autres sépultures néolithiques.

II. CRANES HUMAINS NÉOLITHIQUES

Après le quaternaire, continue M. Salmon, un vide existe actuellement dans nos connaissances paléoanthropologiques; la première partie de la période néolithique, l'époque campinienne, n'a pas encore fourni de débris humains authentiques; il faut, pour en trouver, aller jusque vers le milieu de cette période, moment où les grottes, puis les dolmens, livrent en abondance des crânes et des ossements. Jusqu'à présent on n'avait pas cherché à réunir, dans le but de les classer, toutes les notions qu'on possédait sur ces crânes; M. Salmon l'a fait dans son mémoire sur *les Races humaines préhistoriques*, et il expose les résultats obtenus dans un grand tableau général.

Ce tableau, comprenant quarante-huit sépultures néolithiques, donne l'indice céphalique de tous les crânes qu'elles contenaient et qui étaient en état d'être mesurés; il indique la proportion pour cent des dolichocéphales comparés aux brachycéphales et aux mésaticéphales réunis.

De ce tableau, deux ordres de faits découlent, et, pour les mettre en évidence, l'auteur les a représentés séparément au moyen de deux graphiques sur lesquels sont dessinées des courbes. L'un sert à montrer l'amplitude des oscillations de l'indice céphalique; l'autre offre la proportion des deux formes crâniennes principales et leur progression comparée.

Le premier graphique, relatif à l'amplitude des oscillations de l'indice céphalique, permet, par un tracé mis en couleur, de constater ce fait bien intéressant, à savoir que, dans ces quarante-huit sépultures comprenant un total de trois cent soixante-deux crânes, on trouve tous les indices céphaliques compris entre la grande dolichocéphalie de 64,00 et la forte brachycéphalie de 89,82. Le passage d'une forme céphalique à une autre est indiqué par un changement de couleur. La ligne pointillée qui est à la partie inférieure donne les indices minimums (les plus allongés) trouvés dans chaque sépulture, pendant que les maximums (les plus courts) sont représentés par la ligne coloriée supérieure.

Le second graphique présente deux courbes de couleurs différentes indiquant la proportion numérique des formes dolichocéphales comparées aux formes brachycéphales et mésaticéphales réunies. Sur les quarante-huit sépultures utilisées dans le premier graphique, l'auteur a été obligé d'en laisser de côté ici vingt-trois comme ne fournissant aucun point de comparaison. Dans ces vingt-trois sépultures, en effet, on n'a trouvé absolument que des dolichocéphales, sans aucun brachycéphale ni mésaticéphale.

Dans une étude de ce genre, il s'agit moins du nombre de crânes trouvés en bon état de conservation que de la proportion numérique existant dans chaque sépulture entre les têtes allongées et les têtes courtes; la courbe ne peut commencer à être instructive que lorsque les deux formes se rencontrent ensemble; c'est pourquoi les vingt-trois inhumations qui ne renferment que des crânes allongés ne figurent point sur ce deuxième graphique.

Aucun motif n'existe pour que, dans un même gisement soumis aux mêmes actions destructives, une forme crânienne ait été plus résistante que l'autre; on peut donc considérer les produits des fouilles comme donnant une idée aussi exacte que possible de la composition de la population inhumée. Or, en cherchant dans quel rapport pour cent se trouvent les têtes courtes (brachycéphales et mésaticéphales réunis), comparées aux têtes allongées, on constate que la courbe tracée par le nombre des crânes appartenant à des dolichocéphales commence par dominer de beaucoup celle que décrit le nombre de crânes provenant de sujets plus ou moins brachycéphales.

Si, dans les tracés de ces courbes, l'auteur a commencé par la partie qui accuse la prédominance des dolichocéphales, c'est qu'il s'est appuyé sur ce fait que tous les crânes quaternaires authentiques sont allongés et que le nombre de sépultures (vingt-trois) ne contenant que des têtes de dolichocéphales est bien supérieur à celui (deux) où se trouvent seulement des formes courtes ; en outre, dans ces dernières sépultures, le nombre de crânes est très restreint (trois au plus), tandis que les inhumations contenant des têtes longues renferment jusqu'à trente-cinq crânes. Ces considérations justifient l'ordre suivi ; l'ordre inverse n'aurait été acceptable que si les brachycéphales avaient, les premiers, habité nos régions à l'époque quaternaire. Une dernière raison vient encore à l'appui, c'est que, dans les quarante-huit sépultures, il y a deux cent quarante-huit têtes longues contre cent quatorze crânes courts.

Le fait spécialement important que la comparaison des deux courbes met en évidence, c'est que les formes brachycéphales, en minorité au début, arrivent graduellement à être égales en nombre aux formes dolichocéphales.

A partir de ce moment, et, sans doute sans grande interruption depuis, les individus à tête longue vont sans cesse en diminuant de nombre.

L'auteur n'a pas entendu donner ces courbes comme représentant absolument la vérité, mais simplement l'état de nos connaissances actuelles (1889) sur cette question et rien de plus. M. Salmon pense cependant que les découvertes ultérieures, tout en permettant de régulariser l'aspect des courbes du pourcentage des formes crâniennes, n'en devront guère modifier le fond, si naturellement l'on s'en tient aux régions de l'Europe occidentale.

§ 7. — **Trépanation.**

On donne le nom de trépanation, par analogie avec l'opération chirurgicale faite au moyen d'un trépan à couronne, à des perforations de forme et de grandeur très variables qu'il n'est pas rare de rencontrer sur des crânes provenant de sépultures néolithiques ou des périodes suivantes. Des perforations analogues se sont trouvées sur des crânes appartenant à des temps historiques récents jusqu'au commencement du moyen âge.

Des recherches auxquelles se sont livrés sur ce sujet MM. Broca, G. de Mortillet, Capitan, Leguay, Hamy, Sanson,

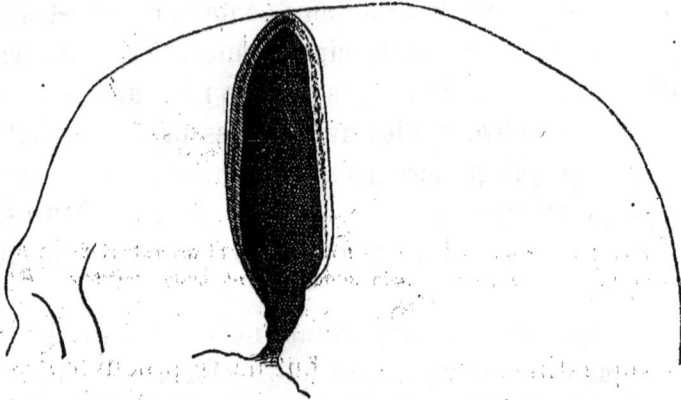

Fig. 188. Crâne humain avec trépanation posthume (1/2). Dolmen de Dampont (Seine-et-Oise). — *Bull. Soc. d'anthropol. de Paris*, 1889, p. 250.

Girard de Rialle, etc., il résulte que deux procédés ont été employés pour trépaner dans les temps préhistoriques, le raclage et le sciage. En outre, cette opération a été pratiquée tantôt durant la vie, tantôt après la mort, parfois même elle a été faite aux deux époques, c'est-à-dire qu'un individu trépané de son vivant était de nouveau trépané après sa mort. Dans le premier cas, les bords de la perforation présentent les indices manifestes de la cicatrisation osseuse, tandis que dans le second cas on remarque sur les bords la trace des dents de la scie ou des raies produites par le raclage.

Devant ces faits il devient évident que si les trépanations sur le sujet en vie ont pu avoir un but thérapeutique, il n'en saurait être de même des trépanations faites *post-mortem* qui ne semblent pouvoir s'expliquer que comme la conséquence

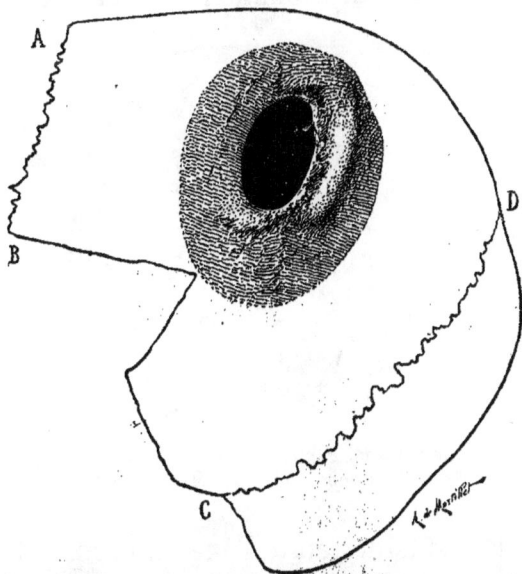

Fig. 189. Crâne humain incomplet, avec trépanation chirurgicale (1/2) : A B, suture coronale ; D C, suture lambdoïde. Dolmen de Dampont (Seine-et-Oise). — *Bull. Soc. d'anthropol. de Paris*, 1889, p. 250.

d'idées superstitieuses, dans le but de se procurer des rondelles crâniennes destinées à devenir des amulettes.

On a choisi, pour les exposer, un certain nombre de pièces fournissant les preuves de cette étrange pratique. Ce sont : le moulage d'un crâne néolithique provenant des grottes sépulcrales de la vallée du Petit-Morin (Marne) ; quatre rondelles osseuses de formes variées ; le moulage d'un fragment de voûte crânienne trouvé dans le dolmen d'Aiguillère (Lozère) ; deux autres moulages, offrant des surfaces enlevées considérables. Enfin, « un crâne trépané du tumulus des Lizières, commune de Pamproux (Deux-Sèvres), découvert par M. Souché, examiné en 1882 par M. G. de Mortillet (*Bull. Soc. d'anthropol.*, 1882). Sur ce crâne, comme sur un autre du musée de Lisbonne, au lieu de raclage, c'est le sciage, par va-et-vient, qui se remarque dans l'épaisseur, avec une voie assez faible démontrant l'emploi d'un instrument de métal, ce qui a été très facile à observer, car précisément les opérations n'ont pas été achevées. On est demeuré d'accord pour considérer la sépulture comme préhistorique sans qu'il ait été

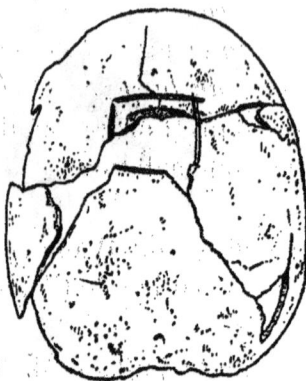

Fig. 190. Crâne trépané. Pamproux (Deux-Sèvres). Collection Souché (1/4).
Bull. Soc. d'anthropol. de Paris, 1882, p. 145, et 1889, p. 226.

possible de distinguer entre l'âge du bronze et le premier âge du fer. Le sujet était un vieillard, certaines coupures présentent des traces de réparations cicatricielles, mais d'autres n'en présentent pas. La forme du champ circonscrit est parallélogrammatique » (Art. TRÉPANATION, du *Dict. des sciences anthropol.*, par M. Salmon). C'est le crâne original qui est exposé, M. Souché ayant, dans l'intérêt de la science, bien voulu s'en dessaisir.

§ 8. — Agriculture palethnologique.

Un des buts de l'exposition de la Société, de l'École et du Laboratoire d'anthropologie est de montrer d'une manière méthodique et nette à combien de sciences se rattachent les études anthropologiques. Elles s'embranchent à peu près dans toutes les directions. M. Gabriel de Mortillet, en exposant sa curieuse et riche collection de fruits et de graines provenant des temps préhistoriques et de l'antiquité, soude l'anthropologie à l'agriculture. C'est un naturaliste suisse, Oswald Heer, qui le premier est entré dans cette voie en publiant un remarquable mémoire sur les graines et les fruits provenant des palafittes ou habitations lacustres. La collection exposée sert de base à un important travail que M. G. de Mortillet doit publier dans la *Bibliothèque anthropologique* et dont la majeure partie est déjà imprimée. Cet ouvrage est intitulé : *Origines de la chasse, de la pêche et de l'agriculture.* Les produits sont exposés dans l'ordre où ils sont décrits dans l'ouvrage. En voici la nomenclature:

1° *Fruits sauvages :*

Fraise, graines : palafittes de Wangen (lac de Constance), de Robenhausen (Suisse), du lac de Clairvaux (Jura), tous les trois néolithiques.

Aubépine, graines : station palustre de Laybach (Carniole).

Sureau, graines : palafittes de Robenhausen ; terramare de Parme (Italie).

Troëne, graines : palafittes de Robenhausen.

If, graines : palafittes de Robenhausen.

Staphilé ou faux pistachier, fruits : terramare de Parme, âge du bronze.

Châtaigne d'eau, fruits : palafittes de Robenhausen, station palustre de Laybach.

Glands, fruits : palafittes de Bevaix (Suisse) ; du lac Fimon (Vénétie) ; du lac du Bourget et surtout de Grésine (Savoie) ; terramares de Parme et de Castione (Italie) ; station palustre de Laybach. Ces divers gisements sont de la fin de l'âge de la pierre et surtout de l'âge du bronze. — Souterrain-refuge de Cros (Tarn-et-Garonne). La plupart du temps on rencontre les glands avec leur enveloppe, pourtant souvent ils sont décortiqués et même parfois les deux cotylédons sont séparés. Ces glands varient de grosseur et de forme.

Noisette, fruit : palafittes de Robenhausen, de Bevaix, du lac Fimon, de Grésine ; terramare de Parme. Souvent entières, parfois cassées. Il y a deux formes très caractérisées, l'une très arrondie, l'autre allongée.

Pin sylvestre, cônes : Robenhausen.

Pin pignon, graines : Pompéi (Italie), romain de l'an 75.

Sapin, graines : Robenhausen.

2° *Fruits cultivés :*

Pomme, fruits entiers, fruits partagés et pépins: palafittes de Robenhausen, de Moosseedorf (Suisse), de Grésine. Ce sont des fruits qu'on avait fait sécher pour les conserver comme provisions. Pour qu'ils sèchent plus facilement, on les coupait généralement en deux. Bien que les gisements cités appartiennent au néolithique et à l'âge du bronze, on y rencontre des fruits plus forts qui certainement sont le produit d'améliorations horticoles.

Prunelle, noyaux : palafittes de Robenhausen, du lac du Bourget (Savoie), pierre et bronze. — Puits funéraires du Bernard (Vendée), romain. — Lac de Paladru (Isère), moyen âge.

Prune, fruits et noyaux : Pompéi, pruneaux romains.—Puits funéraires du Bernard, noyaux romains de deux grosseurs, moyens et petits. — Station du lac de Paladru, moyen âge, trois grosseurs et noyaux plus allongés.

Merise à grappe, noyaux : Robenhausen et Laybach.

Cerise, noyaux : le Bernard, longs ; Paladru, noyaux longs et ronds.

Pêche, noyaux : le Bernard, romain.

Noix, fruits : le Bernard, romain, petits et moyens. — Souterrain de Cros, moyen âge, débris de coquille.

Châtaigne, peaux : souterrain de Cros.

Figue, fruits : Pompéi, deux variétés de figues sèches.

Caroube? ou silique épaisse d'espèce voisine : sépulture d'Ancon (Pérou).

3° *Fruits à huile :*

Pavot, graines : palafittes du lac du Bourget.

Olive, fruits et noyaux : Pompéi.

4° *Fruits fermentescibles :*

Raisin, pépins : terramare de Parme, âge du bronze ; Pompéi, an 75.

Framboise, graines : palafittes de Robenhausen et de Wangen ; station lacustre de Laybach.

Mûre de ronce, graines : palafittes de Robenhausen, de Wangen, du lac de Clairvaux, du lac Fimon.

Cornouille, noyaux : palafittes du lac Fimon, du lac Varèze (Lombardie), de Peschiera (Vénétie) ; de la station palustre de Laybach ; des terramares de Parme et de Castione.

Datte, fruit et noyau : entière de Pompéi ; noyau d'un milieu romain de France.

5° *Céréales :*

Orge, grains : palafittes de Robenhausen, pierre, grains et épis ; Bourget, bronze ; terramares de Castione et de Parme ; Thérasia à Santorin, grec archaïque.

Froment, grains de forme et de grosseur très variées, parfois épis : palafittes de Robenhausen, gros, petit et à grains ronds ; Martres-de-Veyre (Puy-de-Dôme), pierre. — Terramares de Parme et de Castione, bronze. — Gaulois de Kélern (Finistère). — Romain, Pompéi, département du Tarn, et tombeau de Villeneuve-Saint-Georges (Seine-et-Oise). — Moyen âge, station du lac de Paludru. — Époques indéterminées, Olmutz (Moravie), et mur en ruine près du vieux couvent Zéca (Servie).

Seigle, grains : Olmutz, Kélern et Villeneuve-Saint-Georges.

Avoine, grains : palafittes du Bourget, âge du bronze ; Kélern, gaulois.

Fausse-avoine, grains : Bourget, bronze ; Villeneuve-Saint-Georges, romain.

Millet rond, grains : palafittes du Bourget, bronze ; Pompéi, romain ; souterrain de Cros.

Panic ou millet long, graines et balles : terramare de Parme, âge du bronze.

Maïs, grains : cimetière précolombien d'Ancon (Pérou).

6° *Légumes :*

Pois, grains : palafittes du lac du Bourget ; station du lac de Paladru.

Lentilles, grains : palafittes du Bourget ; Pompéi ; Saint-Paulien (Haute-Loire), dans un dolium romain.

Vesce, grains : Pompéi.

Lupin, grains : Pompéi.

Fèves, grains : palafittes de Robenhausen et Grésine, pierre et bronze. — Terramare de Castione, bronze. — Station gauloise de Kélern.

Haricots, graines : cimetière précolombien d'Ancon, plusieurs variétés bien caractérisées.

7° *Plantes textiles :*

Lin, fruit complet, graine et tiges : palafittes de Robenhausen et de Moosseedorf.

Chanvre, graines de Pompéi.

Outre les graines et fruits des plantes indiquées ci-dessus qui se rapportent, sans compter les variétés, à quarante-cinq espèces provenant de vingt-six localités différentes, M. de Mortillet possède encore diverses autres graines de plantes intéressantes au point de vue botanique, mais qui n'ont rien à faire avec l'agriculture. Cependant il a encore exposé des graines de :

Renouée ordinaire, recueillies en abondance dans un vase en poterie grossière qui faisait partie de la sépulture néolithique de la Pierre à Mousseau (Seine-et-Oise) ;

Et de lithospermum, recueillies dans la terramare de Parme.

§ 9. — Fouilles méthodiques.

Les diverses branches de l'anthropologie, surtout la palethnologie, ont donné lieu à de nombreuses fouilles. Malheureusement, elles manquent souvent de précision. Il faut, dans les fouilles et dans les recherches, apporter le plus grand esprit méthodique, si l'on ne veut pas introduire dans la science une foule d'erreurs qu'il est ensuite très difficile de détruire, et qui fournissent constamment des arguments aux esprits légers ou paradoxaux, à plus forte raison encore aux adversaires de l'anthropologie.

On ne peut, on ne doit s'en rapporter qu'aux fouilles faites par soi-même. Toutes les fouilles, exécutées par des ouvriers, même intelligents, ont besoin d'être sévèrement contrôlées. Nous avons eu de trop nombreux exemples de données erronées introduites dans la science par des hommes du plus haut mérite, qui ont eu le tort d'accepter trop facilement les résultats soi-disant obtenus dans des fouilles abandonnées aux ouvriers.

Même dans les fouilles dirigées ou exécutées par des observateurs habiles, il y a des causes d'erreurs qu'il faut éviter ou tout au moins reconnaître. Une des plus fréquentes est le remaniement antérieur. Ce remaniement peut avoir été fait, soit par les animaux fouisseurs, surtout le Blaireau, soit par l'Homme. Des fouilles anciennes, dont on n'a pas conservé le souvenir, peuvent avoir eu lieu. C'est ainsi qu'une grotte de la vallée de l'Èvre a été vidée pour servir d'habitation à l'époque romaine. Ses déblais ont été rejetés au-devant et ont formé un talus où tous les objets se trouvent dans l'ordre inverse de celui qu'ils occupaient primitivement. C'est ce qui a fait dire à l'abbé Maillard que le solutréen est supérieur au magdalénien et que le Renne se rencontre jusqu'à l'époque romaine.

Quand on s'est bien assuré qu'il n'y a aucune cause d'erreurs provenant de remaniements, il faut tenir compte des superpositions et des juxtapositions. Les fouilleurs purement et simplement collectionneurs n'y font pas assez attention et mêlent ainsi des objets d'époques fort diverses.

Deux explorateurs des plus habiles et des plus consciencieux du Sud-Ouest, MM. Chauvet et Daleau, ont adressé à l'exposition de la Société, de l'École et du Laboratoire d'anthropologie, le premier un exemple très frappant de juxtaposition à la Quina, le second un exemple de superposition dans la grotte de Pair-non-Pair.

JUXTAPOSITION

Station de la Quina, commune de Gardes (Charente). — Les quatre cartons exposés par M. Chauvet, notaire à Ruffec, donnent une idée juste de ce gisement double et important, où se trouve très nettement constatée la juxtaposition, et non le mélange de l'industrie moustérienne et de l'industrie magdalénienne.

A moins de 100 mètres de distance, sur la même terrasse, à la même altitude, le long de la même route, existent, du côté nord un dépôt exclusivement moustérien, et du côté sud un dépôt exclusivement magdalénien. Si c'étaient les

Fig. 191. Pointe moustérienne de silex. La Quina (Charente).
Dépôt nord (G. N.). — Collection G. Chauvet.

débris d'une seule et même époque, il y aurait eu certainement mélange.

La partie nord du gisement, dont la couche archéologique atteint quelquefois 2 mètres d'épaisseur, ne contient, parmi les ossements brisés, que des racloirs (fig. 192, 193 et 194) et des pointes types du Moustier (fig. 191).

La partie sud, dont la couche est moins épaisse, contient, avec les ossements, des grattoirs (fig. 195), des lames, des lissoirs, des os polis, des dents percées, tous les types magdaléniens, sans traces de silex moustériens.

La faune des deux gisements, qui ne représente pas, du reste, la faune normale, mais seulement les animaux mangés

Fig. 195.

Fig. 194.

Fig. 193.

Fig. 192.

Fig. 192, 193 et 194. Racloir moustérien en silex. La Quina (Charente). Dépôt nord (G. N.). — Collection G. Chauvet.
Fig. 195. Grattoir magdalénien en silex. La Quina (Charente). Dépôt sud (G. N.). — Collection G. Chauvet.

par l'Homme, est à peu près la même au nord et au sud :
Bœuf, Cheval, Renne en très grande abondance, de rares Carnassiers.

Grotte de Pair-non-Pair, commune de Marcamps (Gironde).
— Cette grotte est située à l'embouchure ou plutôt au confluent de la Garonne et de la Dordogne, qui forment ensuite
la Gironde.

Les deux industries juxtaposées à *la Quina* sont superposées à *Pair-non-Pair*. Le dépôt magdalénien est ici le plus
abondant et forme la majeure
partie du gisement ; il recouvre un dépôt moustérien que
M. Daleau a parfaitement constaté et qui est bien caractérisé par ses silex. La juxtaposition permettait de distinguer
les deux époques, la superposition met à même de les dater
respectivement ; en effet le
magdalénien se trouvant à la
partie supérieure est forcé-
ment plus récent que le moustérien qui occupe la partie
inférieure.

Les quatre cartons exposés
par M. Daleau contiennent
des spécimens des époques
superposées. Nous reproduisons ici un instrument mousté-

Fig. 196. Coup de poing. Grotte de Pair-
non-Pair (Gironde) (G. N.). — Collection F. Daleau.

rien (fig. 196) en silex, un double grattoir en silex (fig. 197)
et un instrument magdalénien en os (fig. 198).

M. Daleau pense qu'une partie de ces silex, notamment des
pointes à dos abattu, sont intermédiaires entre le moustérien
et le magdalénien et peuvent être ainsi rapportées au solutréen.

Fig. 197.　　　　　　　　　　　　　Fig. 198.

Fig. 197. Double grattoir. Grotte de Pair-non-Pair (Gironde) (G. N.). — Collection
F. Daleau.
Fig. 198. Poignard en os. Grotte de Pair-non-Pair (Gironde) (G. N.). — Collection
F. Daleau.

FOUILLES COMPLÈTES

Il faut autant que possible recueillir tous les objets d'une fouille ; le nombre de certains os humains peut fournir une donnée précieuse sur le nombre des individus ; divers os permettent de déterminer l'âge et le sexe. Les quantités plus ou moins grandes de débris de certains animaux, indiquent leur abondance ou leur pénurie, signalent les goûts du temps pour tel ou tel gibier, etc.

Comme modèles de fouilles, la troisième vitrine contient une exposition de M. Ficatier montrant le parti qu'on peut tirer d'une grotte déjà fouillée et la fouille complète d'une seconde grotte. Les deux grottes sont situées dans le même massif de rocher, vallée de la Cure (Yonne).

Grotte des Fées, à Arcy-sur-Cure (Yonne). — Cette grotte classique avait été interrogée déjà du temps de Cuvier, auquel on avait présenté une faune plus ou moins complète tendant à prouver la contemporanéité de l'Homme et d'animaux éteints. Des fouilles postérieures commencées il y a quarante ans environ par Robineau-Desvoidy et continuées par plusieurs membres de la Société des sciences de l'Yonne, ont amené la découverte d'objets d'industries diverses, d'une mâchoire humaine et de nombreux autres débris d'animaux. Le résumé de ces fouilles a été publié dans le *Dictionnaire archéologique* de l'Yonne de M. Salmon (Auxerre, 1878).

Le musée d'Auxerre possède une collection d'ossements d'animaux qui peut être considérée comme renfermant des débris de tous ceux de la grotte ; les huit cartons qui la composent sont exposés au sommet de la même vitrine, mais du côté opposé ; on y relève les animaux suivants :

1er, 2e, 3e, 4e cartons. — *Ursus spelæus.*

5e carton. — *Hyena spelæa.*

6e carton. — *Rhinoceros tichorhinus.* — *Elephas primigenius.* — Sanglier.

7ᵉ carton. — Loup et Cheval.

8ᵉ carton. — Grands Bovidés. — *Cervus canadensis* et d'autres espèces du genre Cerf.

La mâchoire humaine est dans la collection de Vibraye, à Cour-Cheverny.

Dans ces derniers temps, M. le docteur Ficatier a repris

Fig. 199. Coup de poing. Grotte des Fées (Yonne) (G. N.). — Collection Ficatier.

les recherches au point de vue de l'industrie et il expose quatre cartons sur lesquels on en peut suivre le développe-ment dans l'ordre de superposition reconnu sur place. A la base, avec des éclats de silex moustériens, il a récolté deux pointes de forme acheuléenne (fig. 199), finement retaillées sur les bords, dont la matière paraît avoir été empruntée aux bancs de silex qui alternent dans la falaise avec les bancs calcaires ; ces deux pièces intéressantes appartiennent au passage du chelléen au moustérien.

Sur cette couche chelléo-moustérienne s'est amplement développé le magdalénien (fig. 200), mais un magdalénien

Fig. 200. Fig. 201.

Fig. 200. Grattoir en silex. Magdalénien. Grotte des Fées (Yonne) (G. N.). — Collection Ficatier.

Fig. 201. Pointe de flèche en silex. Robenhausien. Grotte des Fées (Yonne) (G. N.). — Collection Ficatier.

rudimentaire et vraisemblablement antérieur à celui de la grotte voisine du *Trilobite*, dont il est question plus loin.

En remontant, M. Ficatier a rencontré l'industrie néolithique caractérisée par des pointes de flèches (fig. 201) et des fragments de haches polies en silex, une fusaïole en terre cuite, etc.

Enfin à la partie supérieure, il a recueilli divers objets hallstattiens en bronze (fig. 202).

La marche ascendante, dans la grotte des *Fées*, est donc d'accord avec nos données de l'Europe occidentale.

Fig. 202. Bracelet en bronze. Hallstattien. Grotte des Fées (Yonne) (G. N.).
Collection Ficatier.

Grotte du Trilobite, à Arcy-sur-Cure (Yonne). — Dans la falaise oolithique, un peu en aval de la grotte des Fées, M. le docteur Ficatier a découvert, en 1884, une nouvelle grotte qu'il a vidée entièrement. Elle renfermait plus de quatre mille silex ouvrés dont quelques-uns la rattachaient à l'époque moustérienne; quelques autres, rares aussi, avaient un aspect solutréen; tout le reste était magdalénien, non plus le magdalénien rudimentaire, caractéristique de la grotte voisine, mais d'un travail plus soigné, sans atteindre cependant la perfection de l'industrie de l'abri périgourdin de *la Madeleine*. Les cartons exposés par M. Ficatier, rapprochés de ceux de *la Madeleine*, ne laissent aucun doute à cet égard. Il en est de même, parmi les os, d'un bâton de commandement; cette pièce est grossière, comparée aux objets de même forme provenant de la Dordogne, de la Vienne, etc.

Le travail de l'aiguille en os est bien représenté sur les cartons de M. Ficatier; on y voit : 1° l'os traditionnel, le merrain d'où les esquilles étaient détachées au moyen du sciage, — les scies en silex étaient nombreuses dans le gisement; 2° une esquille brute, vierge de tout raclage; 3° plusieurs aiguilles de longueurs variées; de sorte qu'avec ces petits outils et avec les poinçons d'os qui les accompagnaient, on peut se rendre compte aisément de la couture des vêtements que le froid vif de l'époque nécessitait.

La parure, dans la grotte du Trilobite, a fourni, outre les coquilles percées habituelles, deux éléments remarquables. La première pièce est un bupreste sculpté en bois de conifère, décrit par M. Salmon dans le *Dictionnaire des sciences anthropologiques*, au mot SCARABÉE. Rien n'y manque, la tête, le

Fig. 203. Fig. 204. Fig. 205.

Fig. 203, 204 et 205. Sculpture en bois de conifère, représentant un bupreste. Grotte du Trilobite, à Arcy-sur-Cure (Yonne) (C. N.). — Collection Ficatier (*Dict. des sc. anthropol.*).

corselet, les élytres, etc.; la précision est complète et la petite bête est reconnaissable pour tout le monde; deux trous de suspension ne laissent aucun doute sur l'usage (fig. 203, 204 et 205).

La deuxième pendeloque (fig. 206 et 207) est une empreinte de Trilobite en relief; cette sorte de sculpture naturelle, par ses zones, a facilement attiré l'attention, en économisant le temps d'un artiste qui n'a eu qu'à y percer les deux trous de suspension. D'où venait ce fossile? M. l'ingénieur Douvillé incline à en chercher la provenance jusqu'en Bohême; alors l'aire géographique des Troglodytes de la Cure aurait été ainsi avancée de 2000 kilomètres vers le centre de l'Europe.

Cet objet est également décrit dans le *Dictionnaire des sciences anthropologiques*, au mot TRILOBITE. Ces deux curieuses pendeloques sont uniques jusqu'à présent.

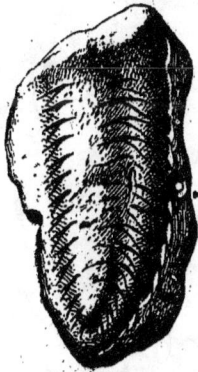 

Fig. 206.   Fig. 207.

Fig. 206 et 207. Trilobite fossile percé de deux trous, dessus et dessous. Grotte du Trilobite, à Arcy-sur-Cure (Yonne) (G. N.). — Collection Ficatier (*Dict. des sc. anthropol.*).

Caveau funéraire dolménique de Crécy-en-Brie (Seine-et-Marne). — Comme modèle de fouilles complètes, la même vitrine contient le produit d'une sépulture dolménique explorée avec le plus grand soin par M. Thieullen. Dans le voisinage de deux autres sépultures néolithiques analogues, M. Thieullen a découvert un nouveau caveau funéraire décrit par M. G. de Mortillet dans *l'Homme*, 1886, p. 705.

Un énorme bloc de pierre isolé gênait la culture d'un champ, sur le territoire de la commune de Crécy-en-Brie; il y a environ dix ans, le propriétaire le fit briser et enlever; ce travail mit à découvert des ossements humains, dont on ne tint alors aucun compte et les choses en restèrent là jusqu'en 1886; M. Thieullen, ayant eu connaissance du fait, entreprit des fouilles sur l'emplacement du grand bloc et obtint des résultats intéressants.

Une excavation avait été creusée dans le sol composé de crayon, couches calcaréo-marneuses plus ou moins tendres, contenant parfois des lits ou plaques plus calcaires et, par conséquent, plus dures; mais les parties marneuses se désagrégeaient facilement et pour les maintenir, en consolidant les parois de l'excavation, on y avait construit un mur en pierres

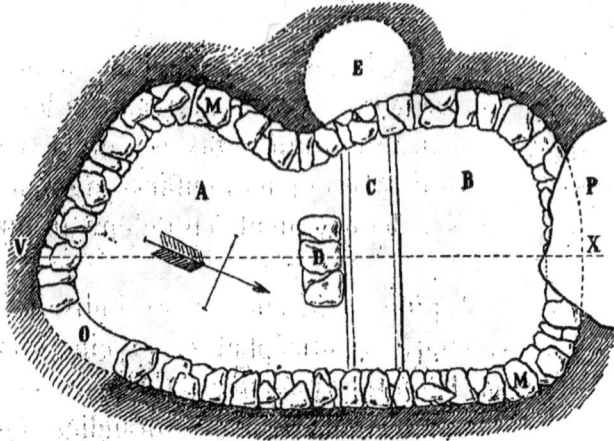

Fig. 208. Plan du caveau funéraire dolménique de Crécy-en-Brie, fouillé par A. Thieullen. — M, mur; O, porte; A, première chambre; B, seconde chambre; D, pilier en muraillement; C, fossé; P, gros bloc de pierre existant encore; E, fouille faite à l'extérieur; V X, grand axe.

sèches, au moyen de fragments de calcaire empilés et superposés. Le même procédé avait été employé dans les deux autres monuments voisins précédemment fouillés.

Le plan du caveau (fig. 208 et 209) dessiné par M. Adrien

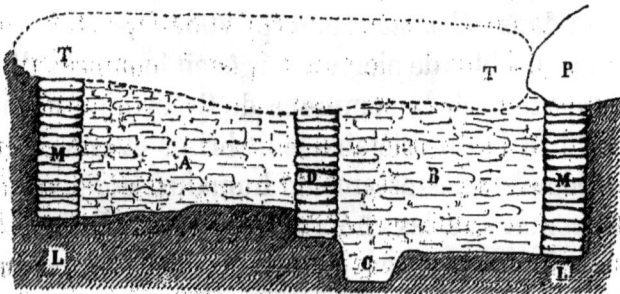

Fig. 209. Coupe suivant V X. — L, terrain naturel, crayon; M, murs; D, pilier en muraillement; A, première chambre; B, deuxième chambre; C, fossé; P, gros bloc existant encore; T T, table en bloc détruit.

de Mortillet avait la forme ovale allongée, avec un retrait sur un côté; il y avait une porte à une extrémité et un pilier de soutien en pierres sèches au centre; un fossé intérieur divisait la sépulture en deux chambres. La première mesurait 2ᵐ,40 sur 2ᵐ,50 et la seconde 2ᵐ,40 sur 2 mètres, le fossé compris.

Les deux chambres et le fossé contenaient une accumulation d'os humains que le docteur Manouvrier, en les classant, a évalué appartenir au minimum à soixante-dix individus des deux sexes et d'âges divers, depuis l'enfance jusqu'à la vieillesse; il y avait encore des ossements en dehors du mur d'enceinte.

Seize crânes ont pu être mesurés : six individus étaient dolichocéphales; cinq, mésaticéphales, et cinq, brachycéphales; c'était, on le voit, le mélange de deux races très distinctes; le crâne le plus allongé a donné un indice céphalique de 70.03, et le crâne le plus court, un indice céphalique de 88.20. Les tibias étaient généralement platycnémiques.

Au fond de la sépulture, il y avait un dallage en calcaire sur lequel reposaient les os et les objets votifs; on ne saurait trop engager, dans les fouilles de cette nature, à étudier avec soin les dallages, quelquefois répétés en superposition, pour séparer des couches successives d'inhumation. Plusieurs sépultures analogues ont été utilisées jusqu'après la période néolithique, car sur le dallage supérieur on a, dans certains dolmens, recueilli du bronze. A Crécy le dallage était unique, et l'industrie, de la fin de l'âge de la pierre, comprenait :

Six gaines en corne de cerf, percées au milieu verticalement d'un trou d'emmanchure; une est entièrement polie (fig. 210); une autre (fig. 211) a seulement le pourtour de l'ouverture et le talon polis, l'entre-deux a conservé la rugosité de la matière première; une troisième a une ouverture de petite dimension ne pouvant recevoir qu'un petit instrument.

Ces gaines concourent à confirmer la distribution géographique de leur forme, observée par M. G. de Mortillet et trouvée d'ailleurs dans les deux monuments voisins de la Chapelle-sur-Crécy.

Les gaines à trou occupent le nord-ouest de la France, la Belgique et l'Angleterre.

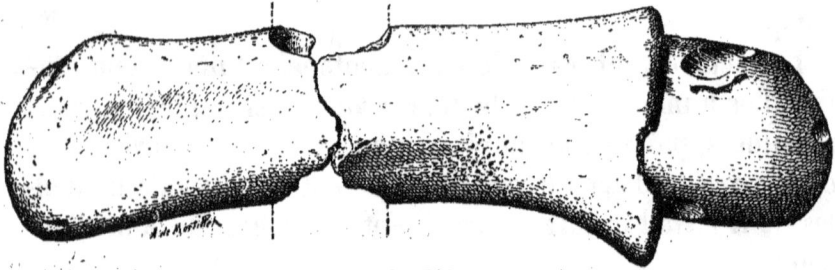

Fig. 210.

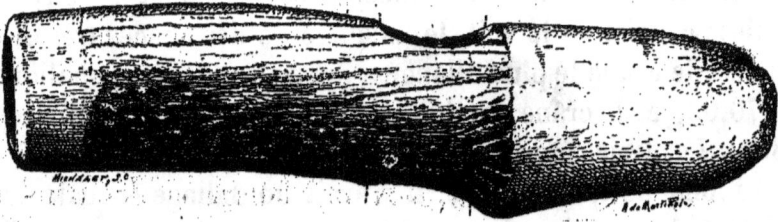

Fig. 211.

Fig. 210. Gaine en corne de cerf, avec hache en silex. Crécy (1/2). — Collection A. Thieullen.

Fig. 211. Gaine en corne de cerf. Crécy (1/2). — Collection A. Thieullen.

Les gaines à talon occupent la Suisse, le bassin de la Saône, celui du Rhône et le midi de la France.

Poursuivons l'énumération :

Quatre haches plus ou moins polies en silex (fig. 212) ;

Fig. 212. Hache polie en silex. Crécy (1/2). — Collection A. Thieullen.

une cinquième, en diorite, roche de provenance éloignée ; aucune n'était restée dans sa gaine par suite des remaniements ; les manches en bois se sont décomposés ;

Un petit tranchet en silex (fig. 213) ;

Deux écrasoirs en silex, dont un fort usé (fig. 214) ;

Une douzaine de lames ou éclats divers de silex ;

Trois petits tronçons d'andouillers de cerf, dont deux percés à un bout (fig. 215) et le troisième aux deux bouts pour servir comme manche d'outils ;

Une spatule ou lissoir en os avec traces de sciage ;

Trois poinçons en os ;

Deux fragments de pointes de lances en os (fig. 216 et 217), dont une avec deux barbelures ; c'est le premier exemple connu d'une arme semblable ;

Une perle cylindrique en os (fig. 218) ;

Deux petits disques en nacre d'*Unio* ou mulette, coquille fluviatile (fig. 219), avec trous de suspension ; sur l'un des échantillons la perforation est commencée, mais non finie ;

Deux fragments de calcaire usés et corrodés par les actions atmosphériques, comme ceux du dallage et des murs en pierres sèches, mais perforés, à une de leurs extrémités, d'un trou artificiel pour la suspension (fig. 220) ; l'une de ces plaques pèse plus de 2 kilogrammes.

Parmi les pierres calcaires rencontrées avec les ossements et les objets travaillés, se sont trouvés des fragments pointus (fig. 221) et d'autres en forme de hache (fig. 221), assez nombreux. Ce sont de simples débris qui ont pris ces diverses formes par suite des altérations atmosphériques. Le soin apporté à la fouille par M. Thieullen démontre que ces fragments étaient mis intentionnellement dans la sépulture. M. Thieullen pense que les fragments pointus pouvaient avoir servi d'armature dans les gaines emmanchées. Quant aux fragments en forme de hache, on se demande s'ils n'avaient pas été mis votivement, au lieu de haches vraies conservées pour les utiliser, comme dans les sépultures de l'île de Thinic (Morbihan) ; la fraude qu'on faisait subir aux morts pouvait devenir l'origine d'un rite.

Nous nous sommes un peu étendus sur cette fouille bien faite, pour encourager et diriger au besoin ceux qui auraient

Fig. 213.

Fig. 214.

Fig. 215.

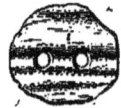

Fig. 216.

Fig. 217.

Fig. 218.

Fig. 219.

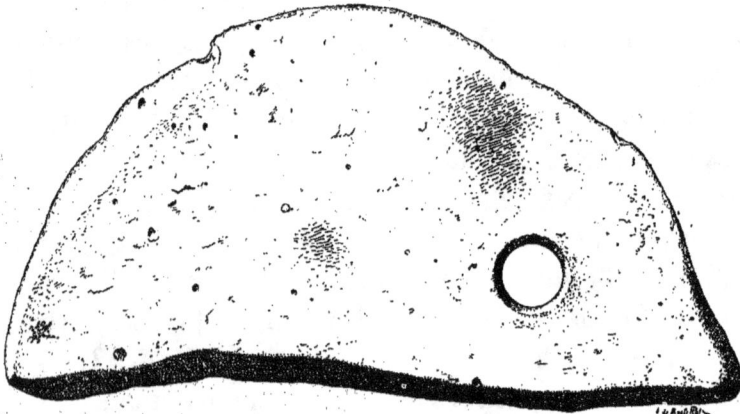

Fig. 220.

Fig. 221.

Fig. 222.

Fig. 213. Tranchet en silex. Crécy (2/3). — Collection A. Thieullen.
Fig. 214. Écrasoir en silex. Crécy (2/3). — Collection A. Thieullen.
Fig. 215. Manche d'outil en corne de cerf. Crécy (1/2). — Collection A. Thieullen.
Fig. 216 et 217. Fragments de sagaies en os. Crécy (1/2). — Collection A. Thieullen.
Fig. 218. Perle en os. Crécy (2/3). — Collection A. Thieullen.
Fig. 219. Perle en nacre (2/3). — Collection A. Thieullen.
Fig. 220. Calcaire percé. Crécy (4/3). — Collection A. Thieullen.
Fig. 221. Calcaire pointu. Crécy (1/2). — Collection A. Thieullen.
Fig. 222. Calcaire en forme de hache. Crécy (1/2). — Collection A. Thieullen.

la bonne fortune, rare aujourd'hui, de relever des sépultures analogues; on nous pardonnera cette leçon de choses. Nous avons eu aussi en vue de rattacher l'étude de M. Thieullen à la dernière époque de la période néolithique que M. Salmon a désignée sous le nom de carnacéenne; les monuments mégalithiques lui ont paru être une manifestation assez caractéristique pour donner lieu à une division.

CHAPITRE III

ETHNOGRAPHIE

L'ethnographie, branche aussi vaste qu'importante, aurait pu, à elle seule, occuper toute la place accordée par le ministère de l'Instruction publique à la Société, à l'École et au Laboratoire d'anthropologie; il a donc fallu se borner à présenter quelques groupes particuliers provenant d'explorations récentes.

La reconnaissance impose à la Société d'anthropologie le devoir de mentionner ici les belles et instructives séries ethnographiques dernièrement recueillies dans le Vénézulea par M. Marcano, sous les auspices de M. le général Guzman Blanco, et de remercier publiquement ces éminents investigateurs pour le don généreux qu'ils lui en ont fait; elle en expose seulement quelques spécimens et tout le reste est placé dans le Pavillon spécial de la République des États-Unis du Vénézuela, à proximité du Palais des Arts libéraux; mais la liste complète des objets de cette riche collection, si libéralement donnée, se trouve dans le paragraphe 6 du présent chapitre.

§ 1ᵉʳ. — Algérie et Tunisie.

M. Adrien de Mortillet expose une collection d'objets recueillis pendant un voyage en Algérie et en Tunisie :

Bijouterie populaire. — Série de bracelets et anneaux de cheville, en cuivre jaune; les uns moulés et retouchés à la lime, les autres martelés et ensuite gravés et estampés. Il y en a d'ouverts et de fermés.

Bracelets formés d'une torsade de gros fils de cuivre jaune.

Bracelets en plomb; plusieurs d'entre eux sont ornés de petites plaques carrées de verre de couleur.

Bracelets en corne.

Bracelets en verre bleu clair et bleu foncé.

Bracelets formés de deux rangs de perles, réunis par des plaquettes de plomb.

Bagues faites d'un fil de laiton enroulé en spirale.

Bagues en plomb; quelques-unes avec chaton décoré de plaquettes de verre de couleur.

Bagues en corne, parfois ornées d'incrustations de cuivre jaune.

Fibules kabyles, en plomb, en cuivre jaune et en cuivre argenté. Ces fibules sont généralement réunies par paires au moyen de chaînettes ou de cordons parfois ornés de perles. Les femmes indigènes y suspendent souvent des pendeloques et des amulettes.

Boucles d'oreilles en argent, ornées de perles en verre rouge.

Grandes boucles d'oreilles carrées, en argent, auxquelles sont pendus des morceaux de corail et des perles de Venise.

Boucles d'oreilles formées d'anneaux en fil de laiton, auxquels sont pendues des médailles en cuivre, des perles en bois peint ou des cyprées percées.

Rondelle de tempe en plomb moulé.

Agrafe en argent gravé, de forme ovale.

Agrafes en cuivre jaune, en forme de poissons.

Boucle en cuivre jaune, de forme carrée, avec ardillon.

Glaces dans des enveloppes rondes en cuir brodé, ornées de petits glands de laine.

Pinces à épiler, en cuivre.

Colliers de perles en terre cuite de formes diverses.

Poteries. — Vases kabyles, en terre grossière et mal cuite, faits à la main sans l'usage du tour et décorés de peintures : deux gargoulettes, un pot à lait et une bouteille ayant la forme de la gourde à col renflé que portent les Kabyles.

Réchauds et plats en terre cuite d'Alger et de Tunis.

Lampes en terre jaune et bougeoirs en terre cuite, avec glaçure verte ou violacée. Objets vendus à Tunis par les marchands indigènes.

Petit moulin en terre cuite.

Divers. — Tabatière faite d'une pointe de corne de bœuf et tabatière en forme de bouteille, en bois sculpté.

Lampe en cuivre, avec crochet de suspension.

Bouteilles à kohol, en os blanc et en os peint en rouge.

Tube à kohol, en roseau, avec gaine en cuir.

Baguettes pour le kohol, en os et en bois.

Flûtes kabyles, en roseau, ornées de gravures.

Monuments mégalithiques. — Cinq des cadres du meuble à volets renferment des planches de l'*Inventaire des monuments mégalithiques de l'Algérie*, dressé par M. Adrien de Mortillet pour la Commission des monuments mégalithiques. Ces planches donnent :

Des plans et des coupes des Djedars du Djebel Ladjedar, près de Frenda (département d'Oran) ;

Des dessins montrant les modes de fermeture des galeries qui se trouvent dans l'intérieur de ces monuments ;

Des figures et des plans comparés des Djedars du Djebel Ladjedar et de Ternaten, du Tombeau de la chrétienne et du Médrasen ;

Des vues, des plans et des coupes de plusieurs des tombeaux de Souama, près Mecherasfa (département d'Oran) ;

Des vues et des plans de dolmens des environs de Tamalous, Smeleh et Cheraïa (département de Constantine) ;

Des plans et des coupes de dolmens recouverts de tumulus à gradins. Bou-Nouara (département de Constantine) ;

Un plan et une coupe d'un dolmen avec tumulus entouré de quatre menhirs. Sigus (département de Constantine) ;

Et deux vues du monument de Sigus, connu sous le nom de Redjee Safia.

Des photographies de ces monuments sont exposées dans les galeries de la Commission des monuments historiques, au palais du Trocadéro, dans l'aile qui est du côté de Passy.

§ 2. — Asie centrale.

M. Capus expose les objets suivants, rapportés par lui de son voyage dans l'Asie centrale :

1. *Balance du Wakhane.* — Cette balance est un des rares instruments de mesure fixe employés en Asie centrale. Elle se compose d'un peson en bois immobile au bout d'un fléau, en forme de massue, et d'un plateau en peau de chèvre. Le fléau porte des encoches, espacées différemment, pour marquer le point d'application pour des poids différents. C'est le système de la balance danoise et du « bezmène » russe. L'instrument a évidemment été introduit dans la vallée du Wakhane par le Turkestan.

2. *Flûte bokhare.* — Instrument en cuivre. A remarquer la gamme obtenue, ne différant pas de la nôtre. Les instruments à corde et le chant, au contraire, emploient des gammes très variées, très différentes et compliquées. La flûte bokhare est ordinairement un simple roseau, troué convenablement. On lui donne le nom de *naï.*

3. *Bombes à feu grégeois.* — Deux bombes provenant de fouilles faites à Samarcande. Elles ne sont d'ailleurs pas rares dans le Turkestan, et M. Capus en a trouvé un grand nombre dans les fouilles qu'il a faites dans les ruines de Termez, sur l'Amou-Darja. On y voyait également les traces des ateliers et des fours ayant servi à leur fabrication. Souvent elles sont ornées de dessins en arabesques courant autour de la partie la plus renflée. Les dessins les plus fréquents sont reproduits sous les figures 223, 224, 225).

4. *Tintinnabulum kachgare.* — Cet instrument se compose de deux bâtonnets en bois, reliés par un grand anneau en fer qui en contient également une dizaine plus petits, dont le choc produit un bruit de ferraille, destiné à

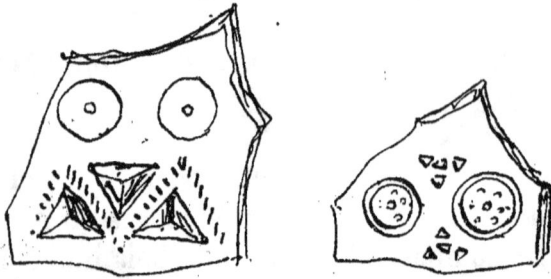

Fig. 223.

Fig. 224.

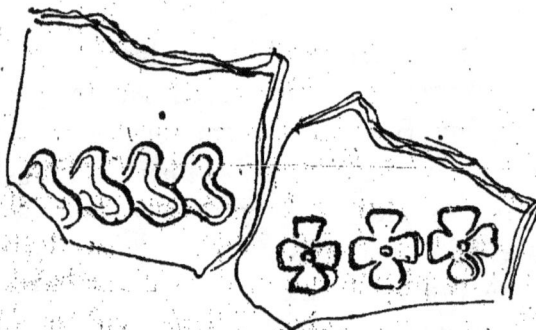

Fig. 225.

marquer le rythme du chant ou de la danse indigène.
Cet instrument fait office de castagnettes. Les forgerons
indigènes le fabriquent grossièrement pour l'usage des
chanteurs ambulants. On lui donne le nom de *sandjélá*.

5. *Couteau des Kâfirs Siahpouches.* — Ce couteau-dague a
une forme particulière qu'on ne retrouve pas ailleurs en
Asie centrale. Tout, manche et lame, est en fer forgé,
de qualité médiocre. La lame est peu soignée, le manche
orné d'arabesques intéressantes à comparer avec les
arabesques gréco-bactriennes. Le fourreau est une gaine
en lame de fer triangulaire doublée de bois, le ceinturon
en peau de chèvre, orné quelquefois de plaques minces
métalliques ou de clous. Ce couteau est bien en main
et devient une arme sérieuse dans celle des Kâfirs épiant
les caravaniers afghans derrière un rocher et leur plon-
geant le couteau dans le dos. Le ceinturon est appelé
bramnichta, le couteau *ktá*, le fer *tzimma*.

6. *Carquois et flèches des Kâfirs Siahpouches.* — Le carquois
est en cuir mince recouvrant une gaine de baguettes de
bois. Il est porté sur le dos au moyen d'une lanière de
cuir. Les flèches, appelées *kâhnt*, sont en roseau, termi-
nées par une pointe forte, triangulaire, quelquefois
empoisonnée. Les Kâfirs Siahpouches se vantent de
tuer, avec une flèche, un homme à soixante pas. Leur
arc, *droûn*, est en bois de conifère (?), tendu par une
corde en boyau longue de 1m,50. Ils le tendent souvent
couchés par terre, avec les pieds. Autrefois ils se servaient aussi d'arcs en corne.

7. *Bonnet de femme Kâfire.* — Coiffure élégante et bien
seyante aux femmes Kâfires, qui jouissent d'un grand
renom de beauté dans toute l'Asie centrale. Ce bonnet
est fait du plissement en deux d'une bande de drap de
laine ornée de couleurs, tissée par les Kâfirs. Sur le
devant, des rangées de kauris (*Cypræa moneta*) apportés
sans doute de l'Inde.

8. *Boucles d'oreille des femme Kâfire*, en cuivre, en forme

de point d'interrogation. — *Id.*, petits anneaux en argent (*atza*) — les anneaux s'appellent *kané* — que les hommes portent dans le pourtour du pavillon de l'oreille. Ils portent aussi un collier d'argent, *gué* ou *gulaï*, tordu en côtes, autour du cou.

§ 3. — Presqu'île de Malacca.

M. J. de Morgan expose une série très complète d'objets ethnographiques recueillis par lui lors de son exploration dans l'intérieur de la presqu'île malaise en 1884. Cette collection a été rassemblée chez les Négritos Sakayes et Sömangs, qui, fuyant l'invasion malaise, se sont retirés dans les montagnes, où ils vivent indépendants, ayant leurs mœurs spéciales, leurs dialectes propres et leur gouvernement national par les chefs de tribus ou paugoulous.

Les armes sont l'arc et la flèche, la sarbacane, la lance à tête de bambou. Toutes les flèches sont empoisonnées à l'aide de substances végétales d'une action presque foudroyante. Les arcs sont en usage chez les Négritos Sömangs en même temps que la sarbacane, tandis que chez les tribus Sakayes la sarbacane est seule usitée. Les carquois, pour le transport des flèches, sont faits de bambou gravé avec beaucoup de soin.

La sarbacane est un tube de bambou long d'environ 2^m,20 et dont le diamètre est d'environ 2 à 3 centimètres. Elle se compose de deux tiges rentrant l'une dans l'autre. Le tube externe est toujours d'un seul morceau, tandis que celui de l'intérieur est fréquemment formé de deux morceaux.

Les projectiles sont de petites tiges de bambou de 18 à 25 centimètres de longueur, très aiguës, et garnies à leur partie antérieure d'un tampon en moelle de Brtam (palmiste du pays) destiné à jouer le rôle de piston dans le tube de la sarbacane.

La pointe a toujours été trempée dans un poison presque

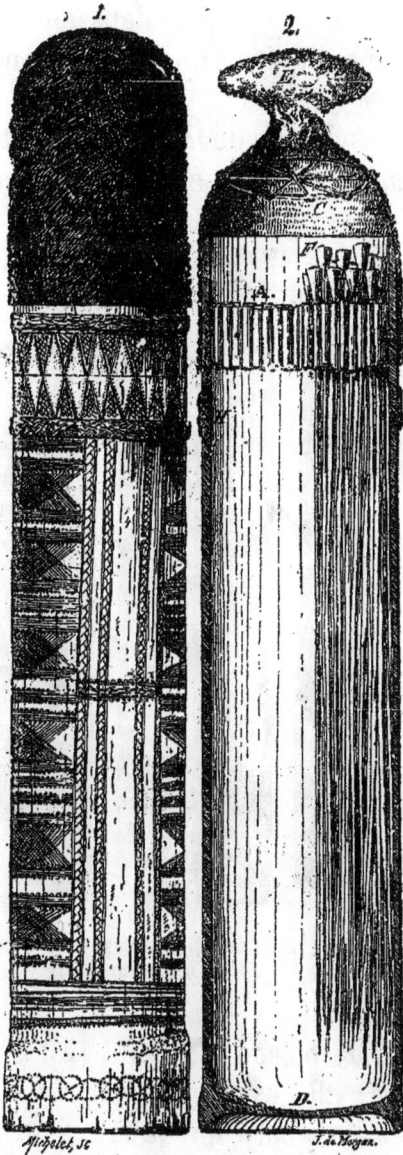

foudroyant ; elle ne pénètre dans le corps que de quelques centimètres, mais cette légère blessure suffit à donner la mort.

Les carquois (fig. 226) sont également faits de bambou. Ils sont fermés à l'aide d'un couvercle en rotane tressé d'une grande finesse. Les flèches y sont rangées dans des tubes qui les maintiennent à distance les unes des autres et les empêchent de se coller par leur pointe empoisonnée.

On remarquera que ces carquois, comme d'ailleurs tous les objets des Négritos, portent des ornements purement géométriques et ne fournissent aucune représentation des hommes, des animaux et des plantes ; ce caractère, commun aux Sakayes et aux Sömangs, est des plus remarquables.

Chez les Sakayes, les carquois pour flèches de sarbacane sont toujours

Fig. 226. — 1, carquois sakaye pour flèches de sarbacane (S. Kinta) ; 2, carquois sakaye pour flèches de sarbacane (S. Burnam) ; coupe. A, petits tubes de bambou ou de roseau pour arrimer les flèches ; F, flèches ; E, provision d'étoupe ; C, cercle de rotane destiné à maintenir l'étoupe.

fermés, tandis que chez les Sömangs ils sont plus petits et

ouverts ; les flèches y sont renfermées, non plus dans des tubes fixés au carquois, mais dans de petits étuis qui en contiennent environ six à huit (fig. 227).

La figure 228 montre tous les détails de la sarbacane et de ses flèches, elle fournit également une coupe de la partie antérieure de cette arme, chargée de son projectile.

La portée des flèches de sarbacane est de 80 à 120 mètres. Les Négritos parviennent à une adresse merveilleuse à l'aide de cet instrument. C'est ainsi que M. de Morgan a vu l'un d'eux abattre du premier coup un dollar à 30 mètres environ.

L'arc (fig. 229), qui n'est usité que chez les Sömangs, est formé d'un éclat de bois dit hiboul ; il est long d'environ 2ᵐ,20 ; la corde est faite des fibres tordues de l'arbre Trab ; elle est graissée et présente une résistance considérable.

Fig. 227. Carquois sömangs pour flèches de sarbacane.

Les flèches sont armées d'une pointe de fer couverte de poison ; la pointe est garnie d'une ou de deux barbelures ; elle est légèrement fixée à la tige, de telle sorte qu'elle s'en sépare lorsqu'elle a pénétré dans l'animal.

La portée de ces flèches est considérable : elle dépasse 150 à 200 mètres ; sa force de pénétration est remarquable.

Les ornements : peignes, épingles, colliers, ceintures, bouquets, présentent un caractère spécial, indépendant de l'influence malaise, tandis que les bracelets, bagues, etc., sont de provenance étrangère ; le métal dont ils sont formés vient

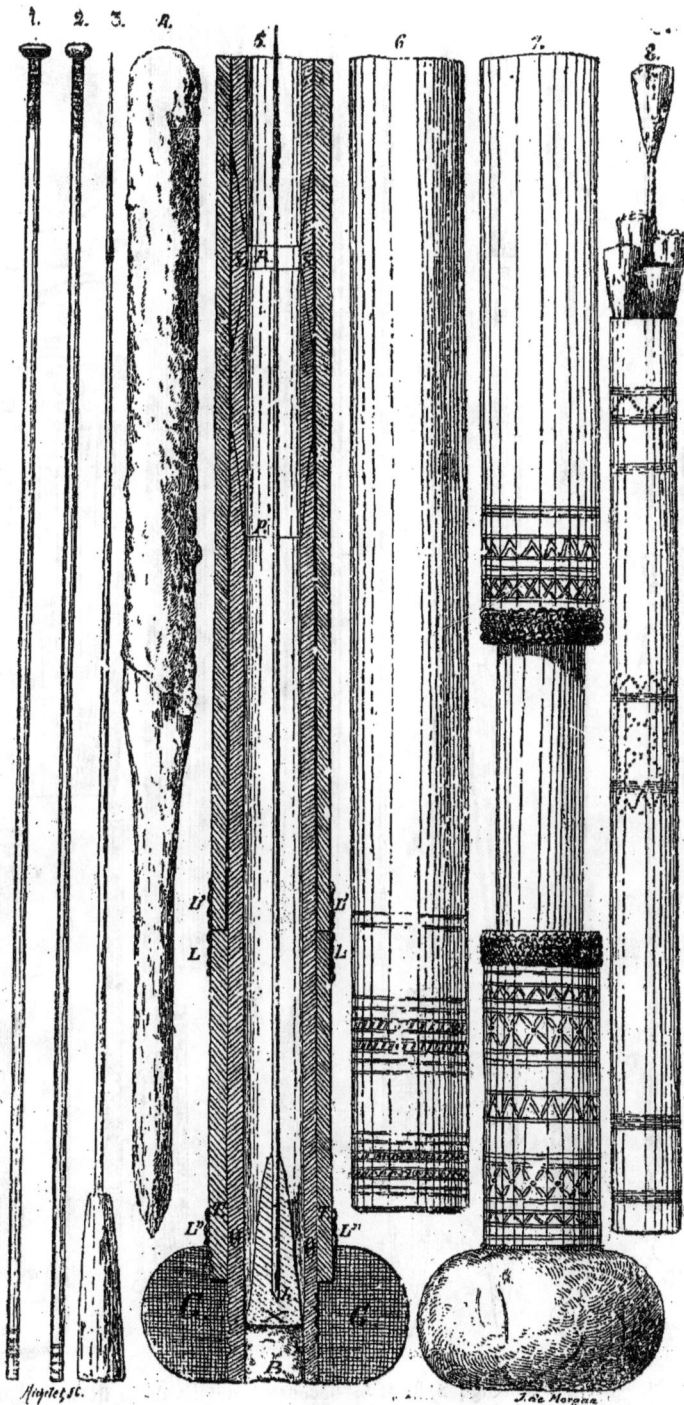

Fig. 228. — 1, 2, sarbacanes ; 3, flèches de sarbacane ; 4, bâton à poison; 5, coupe d'une sarbacane; 6, 7, détails de la sarbacane; 8, petit étui pour flèches de sarbacane.

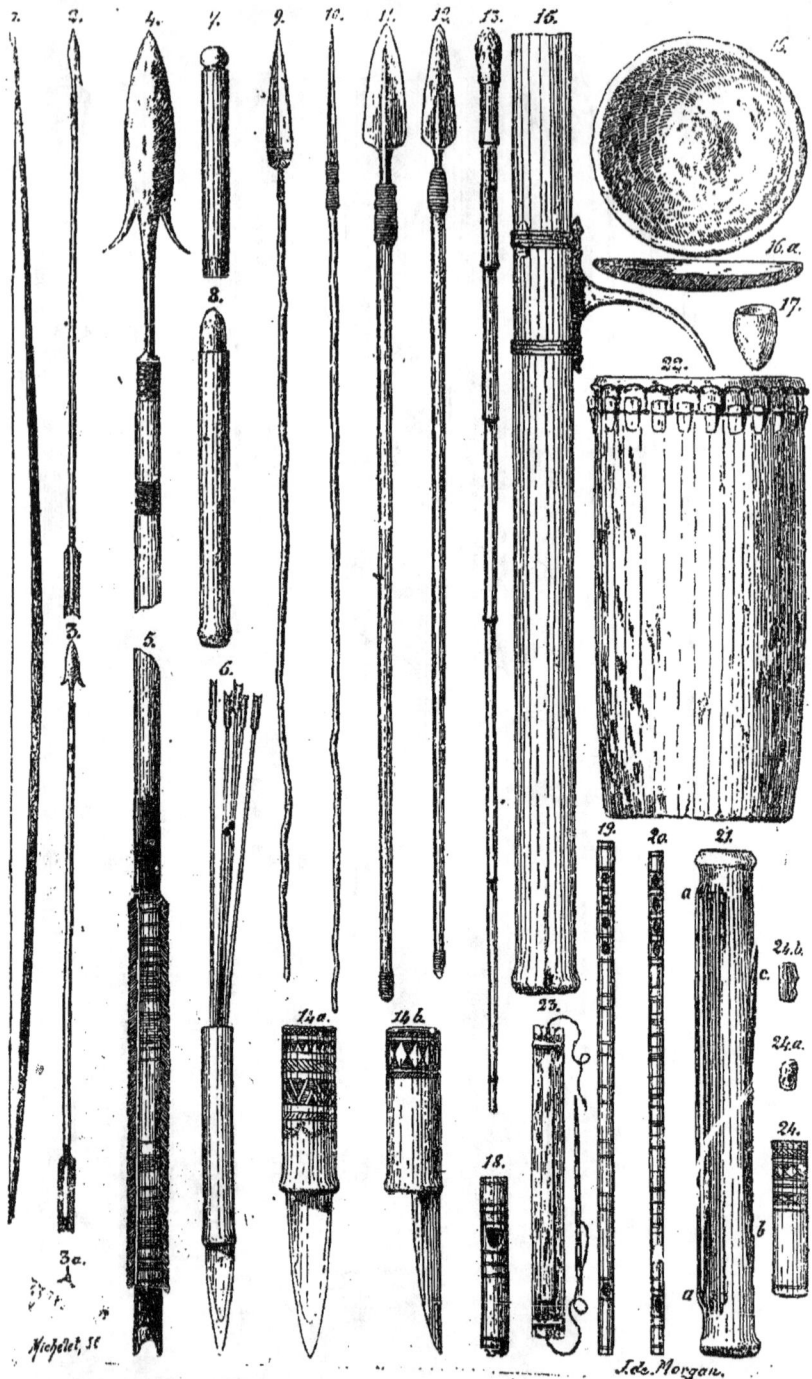

Fig. 229. — 1, arc sömang ; 2, 3, 4, 5, flèches et détails de la flèche ; 6, carquois ;
7, 8, boîtes à poison ; 9, 10, lances à pointes de bambou ; 11, 12, lances à pointes
de fer ; 13, canne ; 14, boîtes à amorces de pêche ; 15, bambou pour porter l'eau ;
16, plat de bois ; 17, petit pot en noix de Kapaynay ; 18, sifflet ; 19, 20, flûtes ;
21, guitare en bambou ; 22, tambour ; 23, petit instrument de musique ; 24, briquet
et sa boîte

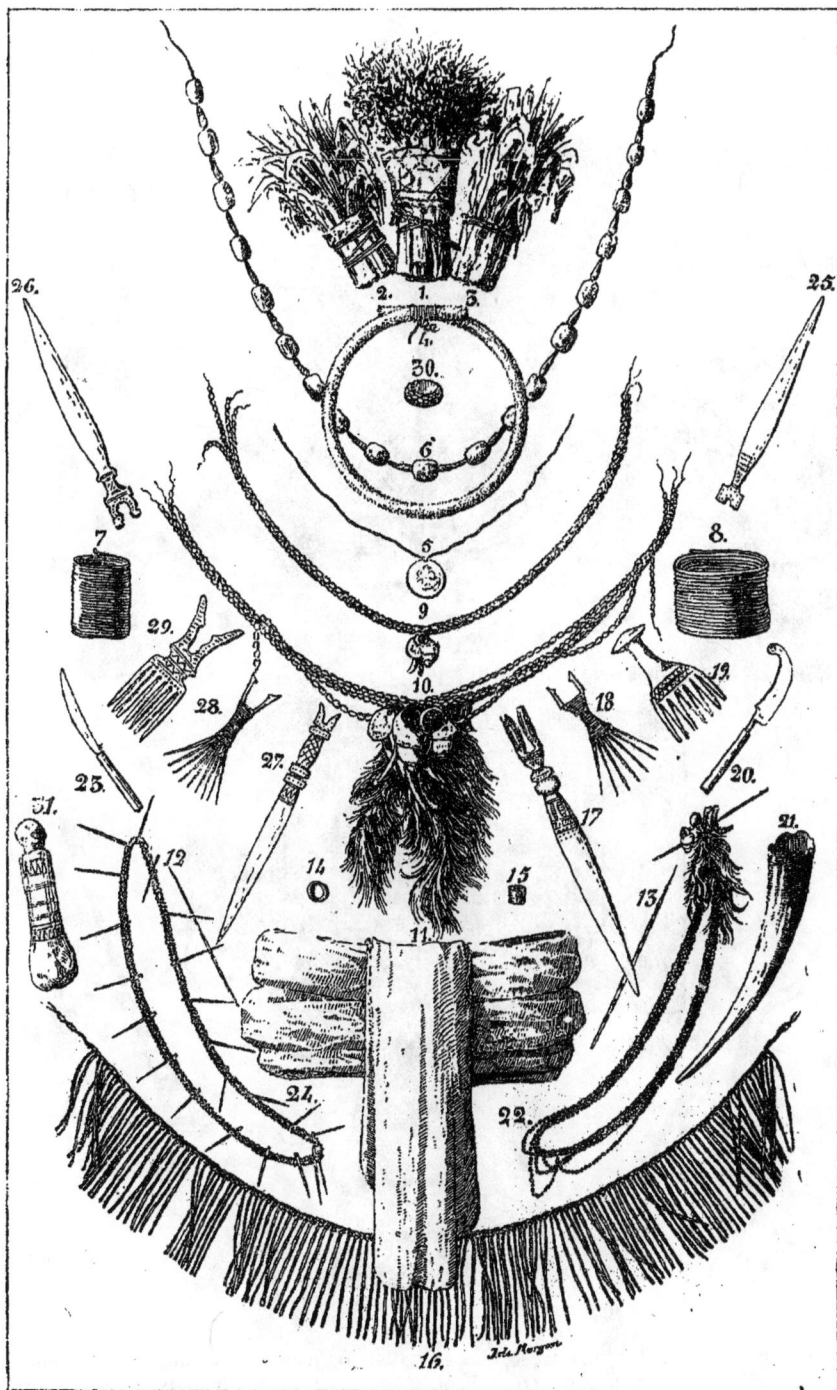

Fig. 230. — Objets de parures et vêtements des Négritos (coll. J. de Morgan). —
1, 2, 3, bouquets que les femmes sakayes portent dans les cheveux; 4, diadème;
5, 6, 9, 10, 22, 24, colliers; 7, 8, bracelets; 14, 15, 30, bagues; 16, ceinture;
11, pagne; 12, 13, épingles de nez; 18, 19, 28, 29, peignes; 17, 25, 26, 27, épingles
à cheveux; 20, 23, couteaux; 21, 31, boîtes en os ou en corne de chèvre sauvage.

Fig. 231. — 1, 2, 3, 4, nattes ; 5, sac en natte ; 6, hotte en rotane, tresse à jour ;
7, hotte en rotane, tresse serrée ; 8, 9, couteau de jungle (malais) et sa gaine ;
10, couteau de jungle ; 11, 12, outils de jardinage ; 13, 14, haches.

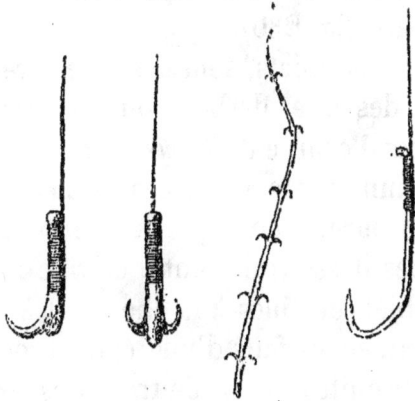

Fig. 232.

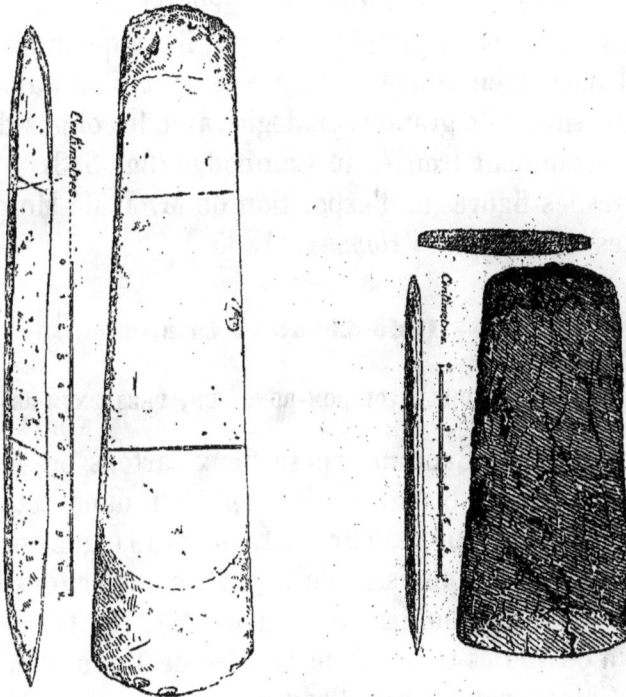

Fig. 233.

Fig. 232. — Hameçon simple en rotane. — Hameçon double en rotane. — Tige de rotane dont se servent les Négritos pour fabriquer les hameçons. — Hameçon malais en fer.

Fig. 233. Haches en pierre polie. Presqu'île de Malacca. — Collection J. de Morgan.

d'Europe et est parvenu dans les montagnes par l'intermédiaire des Malais (fig. 230).

En outre de ces objets, sont des vases creusés au couteau dans du bois, des vases de bambou, des nattes, des paniers, des étoffes faites d'écorce de *Ficus* battue, des instruments de musique en bambou, etc. Tous ces ustensiles sont dus à l'industrie négrito pure, tandis que les couteaux à lame métallique, très rares il est vrai, sont d'origine malaise (fig. 231).

Parmi les objets destinés à la chasse et à la pêche, on doit signaler des hameçons faits d'une épine crochue de rotane et attachés à l'extrémité d'un fil de trab. Ces petits engins remplacent parfaitement les hameçons d'acier dont nous faisons usage en Europe (fig. 232).

A côté de ces objets d'un usage général chez les Négritos sont deux haches en pierre polie, qui, il y a quelques années, étaient encore en usage, mais ne le sont plus aujourd'hui; elles présentent de grandes analogies avec les objets du même genre récemment trouvés au Cambodge (fig. 333).

Toutes les figures de l'exposition de M. J. de Morgan sont extraites du journal *l'Homme*, 1885.

§ 4. — Indo-Chine et Cambodge.

AMAS DE COQUILLES DE SOM-RONG-SEN, PRÈS PNUM-PENH

M. le docteur Capitan expose deux cartons présentant un choix des divers objets recueillis en 1886 dans cette station par M. Silvestre, professeur à l'École des langues orientales. Ces séries ont été choisies de façon à montrer tous les types que les diverses fouilles ont fournis (1). Cette station est située à 60 millès au nord de la ville de Pnum-Penh sur le Stung-Chinit, petit cours d'eau qui se jette dans le Mé Sap,

(1) M. Jammes vient de montrer au Congrès d'archéologie préhistorique, le 25 août, les principaux types d'une immense série d'objets recueillis par lui à Som-Rong-Sen et dans dix-huit autres stations de la même région. Nous n'y avons vu d'ailleurs que cinq ou six types exceptionnels qui ne se rencontrent pas dans les séries de M. Silvestre.

bras du lac Toulé Sap, mettant ce lac en communication avec le Mekong. Elle est constituée par des amas de coquilles considérables (Cyrènes, Mulettes, Paludines) exploités pour la fabrication de la chaux. Au milieu de ces coquilles on trouve d'assez nombreux objets en pierre, en coquillage et en os, et des traces de foyers. Ce sont, en somme, les analogues des kjœkkenmœddings du Danemark.

Les ossements humains sont assez rares; ordinairement on les trouve brisés. On y a rencontré des os et dents de grands Ruminants, Cervidés et du Rhinocéros; des débris et des vases entiers en terre grossière analogue à notre poterie néolithique. Parmi les objets fabriqués en os, assez rares, deux pointes, dont une entière (harpons ou pointes de lance ou javelot), avec profonde rainure longitudinale semblant bien indiquer l'emploi de poison; un très curieux hameçon fort bien travaillé; des vertèbres de poissons ayant servi d'ornements. Les objets en pierre sont les uns des armes ou instruments, les autres des objets de parure. Le type d'instrument le plus fréquent est l'herminette. La forme générale est celle d'une hache néolithique bien polie, mais plate et à tranchant taillé en biseau d'un côté seulement. Les dimensions varient de 13 à 5 centimètres de long.

Après l'herminette, on rencontre plus rarement le ciseau qui est, en somme, une hache étroite à tranchant, dont les deux faces sont semblables. La gouge est assez rare aussi; là le tranchant a une forme courbe très accusée : c'est en somme une hache, dont une des faces est concave au niveau du tranchant. Un type de hache y est assez rare, mais il est très caractéristique : c'est une hache présentant à la base un long pédoncule étroit destiné à l'emmanchement. On trouve aussi des racloirs fabriqués avec de minces plaquettes de schiste compact.

Ces instruments sont fabriqués avec une sorte de schiste siliceux, souvent très dur; parfois la roche est amphibolique; quelquefois elle est veinée de noir et de jaunâtre.

Les petits grains de collier en coquillage abondent; ils ont ordinairement deux faces planes. Il y a aussi des grains très longs, vrais tubes percés d'un bout à l'autre. Il existe des pendeloques en forme de parallélipipède, percées d'un trou à chaque extrémité, ainsi que des dents percées; des anneaux en coquillage, les uns mesurant 2 ou 3 centimètres de diamètre, d'autres constituant de vrais bracelets découpés dans de gros cônes. On trouve aussi des sommets de gros cônes soigneusement sciés et qui rappellent des pièces analogues américaines ou mexicaines, considérées comme ornements de poitrine. Il y a aussi des bracelets en calcaire noirâtre ou en albâtre; ils sont souvent très larges. Enfin de nombreux petits ornements en forme de sabliers aplatis, mesurant de 1 à 2 ou 3 centimètres de diamètre, en coquille, en pierre ou en terre cuite, sont probablement des ornements d'oreille. Ils sont

Fig. 234. Herminette en schiste siliceux. Som-Rong-Sen (Cambodge) (2/3).
Collection E. Péroux.

parfois ornés de dessins géométriques, on y trouve des croix.

Les objets en cuivre — et non en bronze — sont rares; cependant cette série comprend plusieurs fragments : un bracelet entier de même forme que ceux en pierre, et une fort jolie hachette courte à tranchant très oblique, et terminée par une douille assez large.

Ces divers types représentent l'ensemble de l'outillage des habitants préhistoriques de Som-Rong-Sen.

M. E. Péroux, lieutenant aux tirailleurs annamites, expose aussi une série d'objets provenant du même gisement. Elle comprend des herminettes en pierre polie (fig. 234); une hache à soie en pierre polie (fig. 235) ; des rondelles d'oreilles de

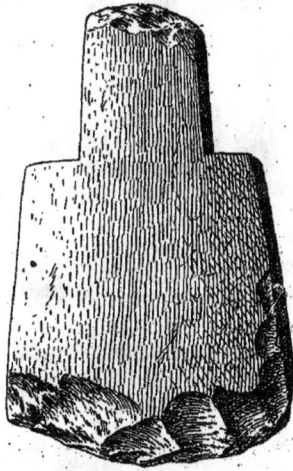

Fig. 235. Hache à soie en schiste siliceux. Som-Rong-Sen (Cambodge) (2/3).
Collection E. Péroux.

différentes grandeurs, en terre cuite (fig. 236) et en coquille

 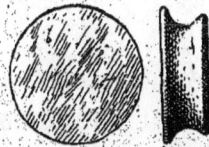

Fig. 236. Fig. 237.

Fig. 236. Rondelle d'oreille en terre cuite. Som-Rong-Sen (Cambodge) (2/3). — Collection E. Péroux.
Fig. 237. Rondelle d'oreille en coquille. Som-Rong-Sen (Cambodge) (2/3). — Collection E. Péroux.

(fig. 237), dont une en terre cuite (fig. 238), couverte d'une

Fig. 238. Rondelle d'oreille en terre cuite. Som-Rong-Sen (Cambodge) (2/3).
Collection E. Péroux.

curieuse ornementation en creux ; des perles en coquille de
dimensions diverses (fig. 239 et 240) et des pendeloques en

Fig. 239.   Fig. 240.

Fig. 239. Perle en coquille. Som-Rong-Sen (Cambodge) (2/3). — Collection E. Péroux.
Fig. 240. Perle en coquille. Som-Rong-Sen (Cambodge) (G. N.). — Collection E. Péroux.

coquille, d'une forme toute particulière, percées aux deux
extrémités de petits trous de suspension (fig. 241).

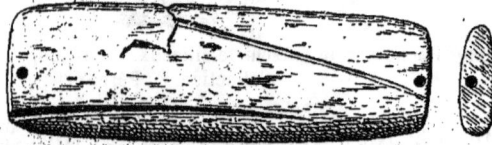

Fig. 241. Pendeloque en coquille. Som-Rong-Sen (Cambodge) (2/3).
Collection E. Péroux.

Sur le même carton figure une petite statuette en bronze
représentant une femme vêtue d'une jupe qui lui serre les
jambes et coiffée d'un bonnet pointu. Cette statuette, qui
paraît fort ancienne, a été trouvée au Cambodge, mais elle
ne provient pas des amas de coquilles.

§ 5. — Station préhistorique de My-lôc, province de Biên-Hoâ (Cochinchine).

Haches et herminettes de formes ordinaires et haches du
type à soie en schiste argilo-siliceux, exposées par M. A. de
Mortillet. Ces haches viennent d'une station à la surface du
sol, découverte près de My-lôc, dans la province de Bien-Hoâ
(Cochinchine), et explorée par M. Holbé, de Saïgon. (Voy.
Bull. de la Soc. d'anthropol., 1889, p. 108.)

§ 6. — Amérique du Nord.

Les instruments exposés par M. Boban, au nombre de

soixante-cinq, lui ont été offerts lors de son passage à Washington, en 1887, par feu le professeur Spencer F. Boird, directeur du Smithsonian Institution, par l'intermédiaire tout

Fig. 242. Ébauche en silex jaspoïde. Amérique du Nord (G. N.). Collection E. Boban.

amical du professeur Thomas Wilson, de Washington ; ils ont été présentés à la Société d'anthropologie en 1887 (*Bulletins de cette Société*, 1887, p. 629).

Cette série comprend presque tous les types que l'on rencontre sur le vaste territoire des États de l'Union américaine. Toutes ces pièces sont parfaitement caractérisées; il est facile de les comparer à celles que nous retrouvons en Europe.

Le premier groupe se rapproche incontestablement du type chelléen : l'une des pièces a été trouvée à Licking-Conty (Ohio), plusieurs autres, dans différentes localités des États-Unis, et en grand nombre. Deux des instruments de cette série sont de forme triangulaire, aplaties, soigneusement travaillées : elles rappellent les instruments de la fin de l'époque chelléenne, formant passage au Moustier.

Le type suivant est peut-être moins commun, probablement parce qu'il n'a pas été recherché; ce sont des pointes et des racloirs qui ont une grande analogie avec le type du Moustier.

Un autre type ressemblant au solutréen est infiniment plus varié en Amérique : depuis là pointe mince et finement retaillée en forme de feuille de laurier (trouvée dans l'Indiana), jusqu'aux grandes pièces que les Américains nomment les

Fig. 243. Pointe de javelot en silex. Amérique du Nord (G. N.). — Collection E. Boban.

Digging tools; ces grandes pièces en silex rappellent les lames solutréennes trouvées à Volgu, mais elles sont plus grandes, plus larges et plus épaisses; elles servaient aux indigènes pour creuser la terre (sorte de houe).

Nous devons noter aussi des nucléus et des percuteurs identiques à ceux d'Europe.

Le West Virginia et les autres localités voisines ont fourni
à la collection de M. Boban de curieuses séries de pointes de

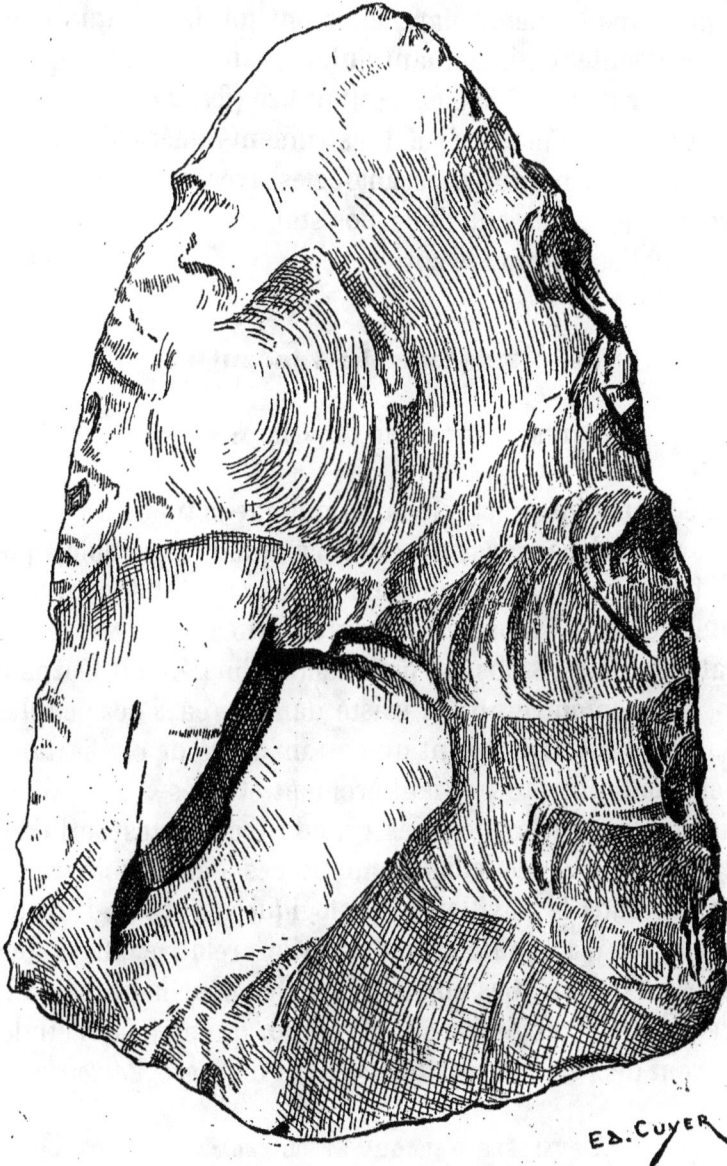

Fig. 244. Grande pointe en silex. Amérique du Nord (G. N.).
Collection E. Boban.

lances (fig. 243) et de flèches semblables à celles de notre
époque néolithique (dolmens et stations lacustres).

Les types spéciaux à l'Amérique du Nord sont des pointes à encoches latérales à la base, mais dont les deux bords ne sont pas dans le même plan ; elles ont un aspect que l'on peut se représenter en imaginant qu'elles ont subi une légère torsion autour de l'axe, la base restant fixé (fig. 244).

En résumé, cette petite série d'instruments américains vient nous montrer de nombreuses analogies avec ceux que nous retrouvons non seulement dans nos stations françaises, mais aussi dans celles du monde entier.

§ 7. — États-Unis du Vénézuela.

ETHNOGRAPHIE PRÉCOLOMBIENNE

Il a été admis jusqu'ici que la république actuelle du Vénézuela n'avait été occupée, avant la conquête espagnole, que par des tribus errantes, complètement sauvages et dépourvues de toute industrie propre et de toute culture. Les premières explorations, faites sous la présidence du général Guzman Blanco, ont démontré qu'il a existé dans ce pays des peuples sédentaires ayant déjà atteint un certain degré de civilisation. Deux endroits ont été particulièrement étudiés : les vallées septentrionales et la région des grandes cataractes de l'Orénoque. Les objets recueillis pendant ces deux explorations se trouvent dans le pavillon ethnologique des États-Unis du Vénézuela, on y a ajouté une collection relative aux tribus indiennes existantes. Ces objets, présentés pour la plupart à la Société d'anthropologie par M. Marcano, qui en a fait l'étude, se trouvent décrits dans ses *Bulletins* et dans ses *Mémoires*.

A. VALLÉES D'ARAGUA ET DE CARACAS

Fac-similé d'un Cerrito.— Tombes précolombiennes récemment découvertes, décrites dans les *Bulletins* (1888). — Détails des Cerritos, décrits dans les *Mémoires* (1888).

SARCOPHAGE

Vitrine n° 1 du pavillon spécial de l'exposition du Vénézuela. — Crânes et ossements. On y trouve deux types de crânes, et en outre une déformation consistant dans un aplatissement du front sous contre-pression.

Coquillages trouvés dans les sarcophages et dans l'enceinte des tumulus, marins, fluviatiles et lacustres.

Terre trouvée dans les sarcophages (analysée).

Carte topographique des Cerritos, dont l'ensemble constitue une véritable nécropole.

Collection d'hiéroglyphes trouvés dans les vallées septentrionales.

Collection d'armes et outils en pierre polie.

Collection de bijoux en os, en pierre, en terre cuite.

Nouettes et autres instruments en pierre et en os.

Collection céramique comprenant des vases de toutes formes, des supports, des statuettes, des hochets et d'autres jouets d'enfants, des représentations animales, des sifflets et des idoles.

B. RÉGION DES GRANDES CATARACTES DE L'ORÉNOQUE

Vitrine n° 2. — Ossements trouvés dans la grotte de Cucurital et dans deux cavernes non encore explorées, Cerro de Luna et Ipi-Iboto :

Cerro de Luna. — Cent cinq crânes, appartenant à deux types, dont l'un correspond à un de ceux des Cerritos.

Les déformations, en très petit nombre, correspondent aussi à celles d'Aragua.

Ipi-Iboto. — Un seul type crânien, bien différent des précédents, caractérisé surtout par la sous-dolichocéphalie et par la saillie occipitale.

Granit provenant des cavernes précédentes.

Sarcophage précolombien trouvé à Ori-Iboto.

Collection d'hiéroglyphes de l'Orénoque.

C. TRIBUS MODERNES

Vitrine n° 3. — Collections d'ossements de Tunotes (anciens et modernes), de Goagires (anciens et modernes), de Piaroas, de Guahibos, et de quelques tribus dont la chronologie est restée indécise.

Sarcophage en écorce des Piaroas.

Panoplies d'armes des Piaroas, des Guaraunos et des Guahibos.

Canots des Guaraunos et du bas Orénoque.

Objets divers trouvés dans les sarcophages des Piaroas.

Objets et outils en usage chez les Guahibos modernes.

Râpe pour raper la yucca.

Lehucon, pour en exprimer le jus.

Sarbacanes, flèches, etc.

Instruments divers pour aspirer le yopo, poudre enivrante.

Curare et flèches curarisées.

Pemupereto (ornements des oreilles).

Divers, instruments de musique.

Colliers en dents de tigre, graines végétales, plumes, etc.

Marimos (étoffe végétale).

Diverses pièces d'habillement, jarretières.

Instruments et matières colorantes pour se teindre la peau.

Amulettes.

Torches en écorce, remplies de résine de tacamaque.

Amadou et ustensiles pour faire du feu.

Fuseaux, navettes et autres ustensiles pour faire du fil et des cordes.

Collection céramique comprenant des urnes votives et des vases qui permettent d'établir la comparaison entre les poteries précolombiennes, celles de l'époque des missionnaires, et celles que les Indiens du haut Orénoque fabriquent actuellement.

Guaraunos. — Portraits.

Sarcophages.

Armes, arcs et flèches.

Canot à voile.

Lehucon.

Couronnes de plumes.

Goagires. — Portraits.

Fac-similé des palafittes actuelles.

Diverses armes en pierre polie.

Flèches curarisées, sarbacanes, carquois.

Objets d'habillement.

Couronnes et autres objets de parure.

Tunotes. — Objets divers trouvés dans les tombes :

Idoles.

Vases.

Plaques d'ornementation.

Cumanagotos. — Flèches et armes en bois.

Deux outils en pierre polie dont l'usage est indéterminé.

Plaque d'ornementation.

Survivances. — On a réuni dans une vitrine spéciale quelques échantillons d'objets correspondant à des mœurs précolombiennes, qui ont persisté jusqu'à nos jours dans le peuple vénézuélien. Ce sont :

1° Des vases faits avec le fruit du *Crescentia cujete* ;

2° Des instruments de mnsique (maracas) ;

3° Des instruments d'élaboration du maïs (pilons, broyeurs, pierres à moudre) ;

4° Des instruments de pêche.

§ 8. — Provenances diverses.

Objets d'ethnographie envoyés par M. A. de Mortillet :

A. Marteau à rainure, en hématite, ayant beaucoup servi. Amérique du Nord. Les Indiens font encore usage de marteaux semblables en roches diverses.

B. Harpon en os, fixé dans une hampe en bois et retenu à cette dernière par une lanière de cuir (fig. 245 et 246). Terre de Feu.

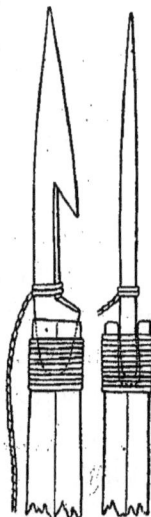

Fig. 245.   Fig. 246.

Fig. 245. Harpon en os. Terre de Feu (1/3). — Collection A. de Mortillet.
Fig. 246. Le même harpon emmanché. Terre de Feu (1/6). — Collection. A. de Mortillet.

C. Instrument nommé par les indigènes de la Nouvelle-Calédonie *ten*. Cet appareil, aussi simple qu'ingénieux, sert à lancer la sagaie. Il est composé d'une tresse de cordelettes faite de fibres végétales. A l'une de ses extrémités est une boucle dans laquelle on passe l'index ; à l'autre un nœud qui retient la corde enroulée autour de la sagaie. Comme l'amentum des anciens, auquel on peut le comparer, le *ien* a pour but d'augmenter la force de projection des javelots.

Fronde (*boigni*) et balle de fronde en pierre ayant la forme d'une olive (*oue*), en usage chez les Canaques. Ces pièces ont été rapportées de la Nouvelle-Calédonie par M. J. Soulingeas.

D. Objets de parure en fer forgé, provenant de l'Afrique cen-
    trale : torques rigides rappelant ceux que portaient les
    Gaulois; gros bracelet massif et bracelet plus léger
    orné de stries; anneau de cheville, autour duquel sont
    des tubes mobiles formés de petites plaques de fer
    repliées, produisant, lorsqu'on les agite, un son parti-
    culier.

E. Deux anneaux de bras de Touaregs, en serpentine. Ces
    anneaux sont portés au bras droit par les hommes,
    lorsqu'ils sont en âge de prendre les armes.

    Sandales en cuir, de Touaregs, à grandes et larges se-
    melles pour marcher sur le sable.

F. Bracelet en silex poli. Java.

G. Ceinture rigide et paire de bracelets en argent, trouvés
    dans un tumulus. Russie orientale.

§ 9. — Mutilations ethniques.

M. le docteur Magitot expose cinq cartes des répartitions
géographiques des mutilations ethniques :

1° La *Carte relative au tatouage* comprend, par régions tein-
tées de diverses couleurs, les divisions suivantes : teinte
bleue, tatouage par piqûres; rouge, tatouage par incisions;
jaune, tatouage par ulcérations ou brûlures; vert, tatouage
sous-épidermique ;

2° La *Carte des mutilations céphaliques dans les différents
pays du globe.* La teinte bleue indique les déformations céphaliques; la teinte rouge indique les trépanations crâniennes ;

3° La *Carte des mutilations céphaliques pour la France.* La
teinte bleue indique les points où se sont rencontrés les exemples
de déformation crânienne; la teinte rouge indique les points
où ont été observés les faits de trépanation crânienne;

4° La *Carte des mutilations dentaires* dans les différentes
parties du globe. Les régions bleues indiquent les mutilations
dentaires par fractures; rouges, par arrachement; jaunes, par
limage; rouge sombre, par incrustation; vertes, par abrasion

(ablation de la couronne); roses, par prognathisme artificiel (Sénégal) ;

5° La *Carte de la répartition géographique des Skoptsys de Russie et de Roumanie*. La dégradation des teintes indique les variations d'intensité de la coutume de la mutilation des organes génitaux dans les différents gouvernements ou provinces de la Russie.

§ 10. — **Photographie ethnique.**

La photographie est un puissant auxiliaire de l'ethnologie. Elle permet de rassembler de nombreux et précieux documents dans les meilleures conditions d'exactitude et de précision. Aussi prend-elle tous les jours un plus grand développement.

Mme Séverine Duchinska, comme exemple de recueil de photographies anthropologiques, a exposé deux albums, sous le titre : *Sources pour servir aux études ethnographiques des pays habités par les Slaves et leurs voisins*. C'est la réunion de tous les documents qu'elle a pu se procurer. Réunion qui, dans l'intérêt de l'ethnographie, doit être poussée le plus activement possible, parce que la facilité des communications tend rapidement à l'unification des mœurs et coutumes. Bientôt habitudes et costumes spéciaux vont disparaître, les albums Duchinska nous en fournissent un curieux exemple concernant une population slave de la Pologne; une photographie nous représente une femme filant avec un appareil particulier, l'ancien appareil local ; sur la photographie nous voyons des femmes du même endroit se servant du rouet commun. La vieille coutume a été déjà remplacée à moitié par le produit vulgaire du commerce.

Les albums de photographies renfermant des documents sur un grand pays, une région, une population spéciale, une petite localité même sont excessivement utiles et doivent être fort encouragés. Il faut réunir les portraits des hommes, des femmes, des enfants, des vieillards, des adultes surtout, avec les costumes, les détails d'intérieurs, les occupations, les fêtes, les danses, la vue des habitations, enfin tout ce qui peut fournir des données ethnographiques. Il faut se hâter, car l'unification marche à grands pas.

A côté des œuvres individuelles doivent se placer les œuvres collectives. Les sociétés, les écoles, les laboratoires, les bibliothèques ont pour mission de recueillir des documents. C'est comme modèle de ce genre que le Laboratoire des Hautes Études d'anthropologie, par les soins de M. Manouvrier, a exposé un de ses albums. Il contient les photographies des Achantis venus à Paris en 1887. Hommes et femmes ont été photographiés par les soins du Laboratoire. Quelques-uns sont nus, la plupart sont avec leurs légers vêtements qui les cachent bien peu et qui sont la plupart du temps plutôt des parures que de véritables vêtements, parures qui du reste les préoccupent beaucoup plus que la pudeur. Tous, hommes et femmes, sont représentés face et profil. Les photographies réellement scientifiques doivent être exécutées suivant des conditions particulières et précises. Pour pouvoir comparer exactement les traits particuliers et l'ensemble des corps, il est nécessaire que tous les sujets soient pris dans la même position, et dans les séries à la même échelle. On a adopté la position debout, de face complète et de profil net, les bras pendants.

Comme modèle de ces photographies scientifiques, M. Gabriel de Mortillet a exposé une série de portraits de Caraïtes. Les Caraïtes, que les Russes appellent Karaïmes, sont des juifs schismatiques, qui rejettent la cabale, les traditions et le Talmud, pour ne reconnaître que les livres de l'ancien canon. Une tribu considérable de ces juifs se trouve en Crimée. Elle alimente une petite colonie qui habite Moscou. Cette colonie, dont l'acclimatation se fait très difficilement, éprouve une forte mortalité, aussi son médecin a sur elle une grande influence. C'est à ce médecin, le docteur Popandopoulo, anthropologue distingué, que sont dues les photographies exposées. Il y a le père, la mère, le fils et une autre femme. Ces quatre sujets sont très bien représentés de face et de profil.

Types de belles femmes des races d'Europe. — Par suite
de ses études palethnologiques, M. Gabriel de Mortillet est
arrivé à constater que la femme a joué le plus grand rôle dans
les progrès de la civilisation et dans l'adoucissement des
mœurs. L'homme de tout temps a eu la force en partage. La
femme a dominé et poli cette force, presque toujours brutale,
par l'influence du cœur, de la grâce et de la beauté. La beauté
varie suivant les races. M. de Mortillet s'est efforcé de réunir
les divers types de beauté. Il voulait les publier sous le titre
d'*Album des plus beaux types de femmes.* Mais il s'est heurté
contre des difficultés imprévues. Une question de décorum
est venue entraver son travail. Les mœurs locales varient
beaucoup en ce qui concerne la femme. En France, la femme,
prenant des airs de pudeur exagérée, ne veut pas laisser
publier son portrait et les maris l'entretiennent volontiers
dans ces sentiments. La femme anglaise tourne la difficulté
sous le prétexte de bienfaisance. Les photographies se vendent
dans les ventes de charité. En Autriche, sans que les mœurs
soient meilleures ou plus mauvaises, les portraits des femmes,
même de la plus haute société, sont dans le commerce. Voilà
pour la question générale. Mais cette question, pour un
ouvrage, se complique de considérations particulières : la
grande dame ne veut pas se trouver avec l'ouvrière ; la bonne
bourgeoise ne veut pas se rencontrer avec l'actrice, et ainsi
de suite.

Les quelques photographies exposées sont en allant de
gauche à droite ; ligne d'en haut :

Valaque ;
Autrichienne, princesse Schwagenberg ;
Petite-Russienne de Kieff ;
Françaises blondes, pêcheuses calaisiennes ;
Française brune, Arlésienne ;
Italienne du Nord, de Brescia ;
Napolitaines brunes ;
Napolitaine blonde.

Ligne d'en bas :

Métis, Juif et Polonais, Mlles Rubinstein, chanteuses, Varsovie ;

Juive turque, Mlle Hélène Goldsrtejn ;

Andalouses, Valence ;

Galloises, paysannes avec l'ancien costume qui disparaît ;

Anglaise, Mme West, vente de charité.

Sur les côtés sont des types étrangers :

A droite, deux jeunes Japonaises ;

A gauche, une Tzigane, Moscovite, âgée de vingt-huit ans, qui très probablement représente une population originaire d'Asie ;

Et comme repoussoir une Australienne qui est tout à la fois la plus laide et la plus inférieure dans l'échelle anthropologique.

Types relatifs à l'anthropologie de la France. — M. G. de Mortillet a rassemblé de nombreux documents photographiques pour une *Anthropologie et ethnographie de la France,* Il en expose quelques spécimens.

Ce sont deux femmes de la vallée de Bethmale, dans les Pyrénées (Ariège). Cette petite vallée, comme beaucoup de petites vallées des hautes montagnes, Alpes et Pyrénées, est occupée par une race bien caractérisée. La population y est des plus uniformes et y a conservé un costume spécial. On remarque surtout les sabots en bois se terminant par une longue pointe recourbée.

A côté sont six types bretons, exposés surtout au point de vue du costume. Les deux superposés vers le fond sont du Croisic, dans la Loire-Inférieure. Petite enclave de Bretons bretonnants, qui non seulement ont conservé leur langage, mais avaient encore, il y a peu de temps, des costumes originaux, qui disparaissent tout à fait.

Dans ses diverses expositions photographiques, M. G. de Mortillet a surtout choisi des photographies de femmes, et cela avec intention. Il est persuadé que les femmes conservent plus les caractères de race. En outre leur visage n'est pas, comme chez l'homme, masqué par la barbe qui manque ou existe et qui dans ce dernier cas est taillée des manières les plus variées, ce qui donne des aspects tout à fait divers, qui peuvent induire en erreur.

CHAPITRE IV

HISTOIRE DES RELIGIONS

§ 1er. — Amulettes.

Les amuiettes, comme superstitions, rentrent tout à la fois dans l'histoire des religions et dans les traditions populaires : deux branches de l'anthropologie.

Dans la quatrième vitrine, première travée, M. Adrien de Mortillet expose une série d'amulettes. C'est un choix fait dans sa collection, en même temps qu'un essai de groupement méthodique et un prélude d'une classification. Elle commence par les dents et tout ce qui concerne les animaux, puis se termine par des médailles de formes, de matières, de grandeurs, de cultes divers, naturellement rapprochées des monnaies trouées, etc.

PANNEAU N° 1.

1. Défenses de sanglier accouplées formant croissant (Algérie). Des pièces analogues se rencontrent dans l'antiquité classique.
2. Défense de sanglier, avec coches pour la suspension. Habitations lacustres de Bevaix, lac de Neuchâtel (Suisse). Ces défenses, très employées, étaient parfois percées d'un ou deux trous de suspension. Elles étaient entières ou divisées en lamelles, comme l'échantillon exposé.
3. Canine d'ours brun percée. Habitations lacustres de

Locras, lac de Bienne (Suisse). Amulette très répandue dans les stations lacustres de la Suisse.

4. Canine usée d'un grand carnassier, montée en argent. Probablement allemande.

5. Canine de tigre, avec trou de suspension. La racine, sculptée, représente une tête de tigre (Extrême-Orient).

6. Deux molaires de chameau, accouplées par une bande de cuir qui sert à les suspendre (Algérie).

7. Molaire inférieure de cheval, grossière monture en fer-blanc, avec anneau de suspension (Algérie).

8. Incisive d'âne, grossièrement montée en fer-blanc, avec anneau de suspension (Algérie).

9. Incisive de bœuf, avec racine percée. Abri de Cro-Magnon (Dordogne). Époque de la Madeleine.

10. Dent percée à la racine. L'émail est complètement usé. Grotte d'Arudy (Basses-Pyrénées). Époque de la Madeleine.

11 et 12. Canines de cerf accouplées, monture en argent, avec anneau de suspension (Allemagne). Les canines de renne, très recherchées à l'époque de la Madeleine, se rencontrent déjà percées d'un trou de suspension dans de nombreux gisements de France. Zawisza a même recueilli des imitations de ces dents en ivoire dans la grotte du Mammouth, en Pologne.

13. Dent de cachalot sciée en deux et percée de deux trous de suspension.

14. Tronçon d'un os long de mouton, coupé régulièrement avec la scie de boucher, ayant servi d'amulette (Algérie).

15. Simulacre de défense d'éléphant en ivoire, monté en argent, avec anneau de suspension.

16. Simulacre de corne, en os, avec ornementation gravée en creux, monture en argent.

17. Tronçon de corne de gazelle, avec anneau en fil de fer (Algérie).

18. Sommet d'andouiller de cerf, percé d'un large trou. Habitations lacustres de Cortaillod, lac de Neuchâtel (Suisse).

19. Sommet d'andouiller de cerf, avec sillon circulaire de suspension (Suisse). Les habitations lacustres fournissent un grand nombre de ces bouts d'andouillers travaillés de diverses manières.

20. Pointe de corne de chevreuil, montée en argent, avec anneau de suspension (Allemagne).

21. Griffe de lion, montée en or, avec anneau de suspension.

22. Simulacre de griffe, en corne, monture en argent, avec anneau de suspension (France).

23. Ergot de grand coq, avec monture en argent doré (Allemagne). Les ergots se montent également comme amulettes en Algérie.

24. Statuette de morse, en ivoire de morse, percée d'un trou de suspension. Amulette tschuktschis (Sibérie).

25. Statuette de phoque, en ivoire de morse, percée d'un trou de suspension. Amulette tschuktschis (Sibérie).

PANNEAU N° 2.

26. Statuette d'éléphant en ivoire, avec anneau de suspension en argent (Ceylan).

27. Statuette de singe en stéatite, percée d'un trou de suspension (Chine).

28. Statuette de cochon, porte-veine, en argent, avec anneau de suspension (France).

29 et 30. Amulettes en bronze, avec anneaux de suspension, représentant des têtes de mouflons. Cimetière du premier âge du fer de Koban (Caucase). Récoltes Ernest Chantre.

31. Corne en or, avec simulacre de monture (Naples).

32. Corne en nacre, avec monture en argent (Tunis).

33. Corne en corail, avec simulacre de monture (Italie).

34. Grande branche de corail rouge, avec anneau de suspension en forme d'anse (Italie).

35. Gros fragment de corail, avec monture en argent (Italie).

36. Main ouverte, avec trou de suspension, découpée dans une plaque de fer-blanc (Tunis).

37. Main ouverte, dite *Main de Fatma*, à cinq doigts, en laiton, avec appendice de suspension (Algérie).

38. Main de Fatma, à cinq doigts, en argent (Algérie).

39. Main de Fatma, à quatre doigts, en argent (Algérie).

40. Main en corail, faisant les cornes, montée en laiton, avec anneau de suspension (Corse).

41. Main en nacre, faisant les cornes, monture en laiton (Corse).

42. Main en or, faisant les cornes (Naples).

43. Main fermée, en nacre, portant quatre branches de corail, monture en laiton (Naples).

44 et 45. Deux mains fermées, en lave du Vésuve brune et grise, portant chacune trois branches de corail, montures en laiton (Naples).

46. Main en test de coquille rose, portant trois branches de corail rouge, monture en laiton (Naples).

47. Main en ivoire, faisant la *ficca*, montée en laiton.

48. Branche de corail, avec main faisant la *ficca*, grossièrement sculptée (Italie).

49. Main en corail rouge, faisant la *ficca*, montée en or. Achetée à Paris.

50. Main en bois, faisant la *ficca*, montée en argent (Italie).

51. Amulette romaine, en bronze, à grand anneau, avec main faisant la *ficca* et double *phallus*.

52. Branche de corail, avec main tenant une queue de poisson, montée en argent (Italie).

53. Branche de corail, représentant grossièrement un poisson, percée d'un trou de suspension (Italie).

54. Poisson en nacre, avec deux trous de suspension.

55. Pince de crabe, montée en argent. Amulette italienne (Tunisie).

56. Fragment de pétoncle, auquel on a donné une forme de griffe, et que l'on a percé d'un trou de suspension. Grotte d'Eckmuhl, près d'Oran (Algérie). Age de la pierre. Des pièces semblables se rencontrent dans les dolmens du midi de la France.

57. Coquilles de divers gastéropodes marins, avec trous. Abri de Cro-Magnon (Dordogne).

58. Valve de pétoncle, percée d'un trou de suspension (Algérie).

59. Pucelage : cyprée-monnaie, avec monture ancienne en argent (Europe).

60. Cyprée montrant l'ouverture, avec monture ancienne en argent, ornée au repoussé d'une Vierge à l'enfant (Europe).

61. Cyprée avec le dos ouvert, monture ancienne en or, avec un buste nimbé au revers (Europe).

62. Cyprée grossièrement montée avec deux bandes de fer-blanc croisées (Tunis).

63. Opercule de grand turbo, avec monture ancienne en argent (Europe).

64. Ammonite jurassique en pyrite, percée d'un trou au milieu (France).

65. Trèfle à quatre feuilles dans un médaillon en verre, monté en argent doré (France).

PANNEAU N° 3.

66. Collier en argent, porte-amulettes, comprenant quatre branches de corail qui séparent cinq amulettes en argent : au centre, une rose avec caractères hébreux ; à droite et à gauche, un poisson et une main ; et aux extrémités, un pistolet et un sabre. Porté en Tunisie par les femmes juives.

67. Anneau en corde, auquel sont suspendues cinq cornes : deux en corail, deux en corne et une en os ; une main

en os, un poisson et un sabre en argent. Amulettes juives de Tunisie.

68. Cordon portant cinq amulettes : un reliquaire en laiton, ayant la forme de la sainte tunique ; un reliquaire en écaille, avec monture en argent, ayant la forme d'un cœur ; un médaillon en écaille, monté en argent, représentant d'un côté saint Louis, et de l'autre l'adoration du Saint-Sacrement ; un médaillon avec peintures en émail détruites, et un sachet en soie rouge. Amulettes catholiques d'Orient.

69. Cadre grossier en fer-blanc, avec anneau de suspension, contenant un texte hébreu sous verre. Amulette juive du département d'Oran (Algérie).

70. Petit sachet en étoffe, avec dessin représentant le cœur de Jésus et les instruments de la passion. Amulette catholique contenant une prière en français. Épernay (Marne).

71. Petit sachet en cuir. Amulette musulmane renfermant un texte arabe (Algérie).

72. Grand sachet en cuir, renfermant un texte arabe (Algérie).

73. Petit sachet fixé à un bracelet en cuir. Amulette musulmane (Afrique).

74. Simulacre de sachet en cuir, en cornaline, avec trous de suspension (Syrie).

75. Simulacre de sachet, accompagné de quatorze pendants en forme de cœur, le tout en cornaline percée, formant collier (Syrie).

76. Sachet en fer-blanc. Amulette musulmane avec texte arabe (Algérie).

77. Boîte carrée en argent, ornée au repoussé, portant, suspendue à sa partie inférieure, une main ouverte, dont les doigts sont garnis de perles de corail. Amulette musulmane (Algérie).

78. Boîte discoïde en argent, ornée au repoussé. Amulette musulmane (Algérie).

79. Amulette musulmane cylindrique, recouverte d'une étoffe brochée et ornée de trois glands en effilé (Algérie).

80. Petit sachet en étoffe, contenant des graines. Amulette musulmane (Algérie).

81. Morceau d'étoffe de coton jaune, contenant de la terre d'un marabout. Amulette musulmane (Algérie).

PANNEAU N° 4.

82. Mèche de cheveux fixée dans un cylindre en argent (Italie).

83. Gland avec monture et petite médaille de saint Vincent de Paul en argent. Amulette fabriquée par les religieuses de Saint-Vincent de Paul (Paris).

84. Morceau d'hématite, monté en argent (Italie).

85. Boule en hématite, avec monture en bronze. Trouvée dans un tombeau mérovingien (France).

86. Lingot de métal de cloche ou bronze blanc, qui a été porté comme amulette (France).

87. Morceau de stéatite équarri et poli, percé d'un trou (Amérique du Nord).

88. Petit disque en malachite, monté en argent (Allemagne).

89 et 90. Cœurs en jaspe, montés en argent (Allemagne).

91. Cœur en jaspe, monté en argent (Italie).

92. Cœur en cristal, monté en argent (Allemagne).

93. Cœur en cornaline, percé d'un trou (Syrie).

94. Cœur en verre étamé, avec anneau de suspension en laiton (Algérie).

95. Cœur en étoffe, orné de paillettes, portant brodée une représentation d'ange. Kieff (Russie).

96. Cœur-médaille en bronze : la Visitation d'un côté et sainte Blandine de l'autre (France).

97. Cœur en bois noir, avec incrustations de nacre (Syrie).

98. Cœur-médaille en argent : Vierge et sacré cœur (Allemagne).

99. Cœur-médaillon en argent : sacrés cœurs de Jésus et de Marie (France).

100. Cœur repoussé en cuivre : sacrés cœurs de Jésus et de Marie (France).

101. Cœur-médaille : sacrés cœurs de Jésus et de Marie (France).

102. Cœur en os (France).

103. Sacré cœur de Jésus, dessin imprimé sur étoffe, avec l'inscription : « Arrête, le cœur de Jésus est avec nous ». Amulette distribuée aux soldats, pendant la guerre de 1870, pour les préserver des balles.

104. Cœur en bois. Kieff (Russie).

105. Cœur en bronze, forme ancienne (France).

106. Cœur en bronze, forme de pointe de flèche (France).

107. Main tenant un cœur enflammé, argent (France).

108. Bois de la vraie croix, avec monture en argent, portant gravés les insignes de la Passion (Allemagne).

109. Amulettes de saint Antoine de Padoue : un cœur, une croix, une statuette en os noirci et une statuette en os blanc, peint de rouge et de bleu. Padoue (Italie).

110. Grossière statuette de saint, en os (France).

111. Statuette de sainte Anne, en os (Bretagne).

112. Enfant Jésus. Statuette en bronze (France).

113. Vierge à l'enfant. Statuette en bronze (France).

114. Notre-Dame de Pontoise. Statuette en bronze doré. Pontoise (Seine-et-Oise).

115. Vierge immaculée. Statuette en bronze (France).

116. Croix, ancre et cœur, symboles chrétiens de la foi, de l'espérance et de la charité, cuivre découpé (France).

117. Croix, ancre et cœur en cuivre repoussé (France).

118. Instruments de la Passion : échelle, marteau, tenaille et clou, argent (France).

119. Cassolette romaine, en bronze. Vienne (Isère).

120. Reliquaire en argent, avec saint Antoine de Padoue et la Vierge (Italie).

121. Reliquaire en argent, avec figure et relique de saint Fulcran, évêque de Lodève.

122. Reliquaire en argent, avec figure et relique de saint Vincent de Paul.

123. Reliquaire en argent, avec relique de saint Dominique (Italie).

124. Reliquaire en cuivre, avec reliques de saint François Borgia et de saint François Régis.

125. Reliquaire Louis XV, en cuivre (France).

126. Reliquaire-médaillon en cuivre argenté, avec reliques de quatre saints.

127. *Agnus Dei,* renfermé dans un sachet brodé ayant la forme d'une croix.

128. Bague-chapelet ancienne, en cuivre (France).

129. Rouelle gauloise, en bronze (France).

130. Croissant en argent (Algérie).

131. Personnage accroupi, en verre bleu, avec trou de suspension (Égypte ancienne).

132. *Dad,* amulette égyptienne souvent désignée sous le nom de nilomètre. Terre émaillée de couleur grise.

133. Colonnette en terre émaillée grise (Égypte ancienne).

134 et 135. Amulettes avec grossières représentations humaines : une en coquille, l'autre en coquille et os (Océanie).

PANNEAU N° 5.

136. Croix catholique romaine ancienne, en bronze, avec Vierge au verso (France).

137. Croix en plomb. Dragages de la Seine (Paris).

138. Croix en bronze, avec bras terminés en fleurs de lis. Ancien modèle des campagnes (France).

139. Croix en bronze, avec Christ et Vierge (France).

140. Croix-reliquaire en argent, avec Christ et Vierge (France).

141. Croix en nacre, avec monogrammes du Christ et de la Vierge (Syrie).

142. Croix en nacre, avec Christ et Vierge (Syrie).

143. Croix en bois, ornée de ronds concentriques (Syrie).

144. Croix en bois. Jérusalem (Syrie).

145. Croix en bois et nacre (Syrie).

146. Croix en ivoire, à doubles branches (France).

147. Croix catholique romaine en bronze, à quatre bras égaux, avec les sacrements (France).

148. Croix catholique grecque, à bras égaux, en verre.

149. Croix en bois sculpté, recouverte de mica, avec encadrement d'étain (Russie).

150. Croix en bronze (Russie).

151. Croix en bronze (Russie).

152. Croix en corne fondue, de couleur rouge. Kieff (Russie).

153. Croix en bois sculpté, avec Christ et sainte. Kieff (Russie).

154. Croix en bois, ornée de clinquant. Kieff (Russie).

155. Croix en nacre, avec Christ (Russie).

156. Croix en ambre. Kieff (Russie).

157. Cœur surmonté d'une croix, bronze (France).

158. Cœur surmonté d'une croix, nacre (France).

159. Cœur surmonté d'une croix, pierre (Égypte ancienne).

160. Scarabée en terre recouverte d'émail bleu, avec croix gravée en creux au-dessous (Égypte).

161. Tête de mort en bronze (France).

162. Tête de mort en os (France).

163. Tête de mort en buis (France).

164. Saint Mathurin, en plomb. Moncontour (Côtes-du-Nord).

165. Amulette en plomb, en forme de violon, avec Christ et Vierge (France).

166. Sainte tunique en cuivre. Dragages de la Seine, à Paris.

167. Médaillon cuivre et nacre, avec Vierge et sacrés cœurs.

168. Médaillon en fer et cuivre, avec l'adoration de la croix.

169. Médaillon en fer et cuivre, avec sainte Anne.

170. Médaillon en nacre, avec Christ.

171. Médaillon grec en cuivre : un saint peint sur émail; au verso un ange au repoussé (Russie).

172. Médaillon en argent, avec Vierge peinte sur émail (Russie).

173. Plaque rectangulaire en plomb, avec un saint en relief; au verso, une croix. Amulette catholique grecque (Grèce).

174. Plaque en bronze, avec sujets religieux. Amulette catholique grecque (Russie).

175. Diptyque en bronze, avec sujets divers (Russie).

176. Triptyque en bronze, avec sujets divers (Russie).

177. Triptyque grec. Cadres en fer-blanc, contenant des figures en clinquant peint et repoussé.

PANNEAU N° 6.

178. Médaille de la Vierge, contre la peste, bronze (France).

179. Médaille de saint Roch, contre le choléra, bronze (France).

180. Médaille de saint Hubert, contre la rage, bronze (France).

181. Médaille de saint Ghislain, contre l'épilepsie, argent (France).

182. Médaille de Lourdes, forme en feuille de laurier, bronze argenté (France).

183. Médaille de Lourdes, forme en feuille de laurier, bronze doré et argenté (France).

184. Médaille de Notre-Dame de la Délivrande, forme en feuille de laurier, argent (France).

185. Médaille du Mont-Saint-Michel, forme à bouts arrondis et à angles latéraux, bronze argenté (France).

186. Médaille rectangulaire, à angles abattus. Adoration des Mages, bronze.

187. Médaille forme étoile. Immaculée conception, bronze (France).

188. Médaille ronde, en bronze. Madone de Vicense (Italie).

189. Médaille ronde, à fond tréflé. Sacré cœur de Jésus, bronze doré (France).

190. Médaille quadrilobée. Immaculée conception, bronze et émail (France).

191. Médaille ovale de sainte Anne d'Auray, bronze et émail (Bretagne).

192. Médaille ronde. Sacré cœur, argent émaillé.

193. Médaille à dentelures perlées d'émail. Immaculée conception, bronze (France).

194. Médaille en verre. Sainte Geneviève (Paris).

195. Médaille en plomb. Sainte Trinité. Dragages de la Seine, à Paris.

196. Médaille en plomb. Saint Vincent de Paul (France).

197. Médaille en plomb. Sainte Marie della Libera (Espagne).

198. Médaille en argent. Tête de Christ et Vierge.

199. Médaille de saint Joseph, argent (Italie).

200. Médaille de l'Adoration du Saint-Sacrement, argent (Rome).

201. Petite médaille en argent, pour coudre dans les vêtements. Sainte Geneviève (Paris et Nanterre).

202. Médaille de l'Immaculée conception, aluminium (Paris).

203. Médaille à la croix de saint Benoît, à angles abattus, bronze.

204. Médaille ronde à la croix de saint Benoît (France).

205. Médaille avec anneau cassé, percée d'un trou de suspension.

206. Médaille ancienne, bronze. Saint Charles (Rome).

207. Médaille ancienne, bronze. Vierge (Italie).

208. Médaille ancienne d'Insiedeln (Suisse).

209. Médaille ancienne. Sainte-Famille, bronze.

210. Médaille ancienne en bronze, percée d'un trou. Saint Dominique et sainte Catherine (Italie).

211. Médaille ancienne. Mère du Christ, bronze (Italie).

212. Médaille ancienne. Instruments de la Passion, bronze.

213. Médaille ancienne. Notre-Dame de Lorette, bronze (Italie).

214. Médaille ancienne. Saint François de Sales et sainte Jeanne de Chantal, bronze (France).

215. Médaille. Sacrés cœurs de Jésus et de Marie, bronze (Rome).

216. Médaille rectangulaire, à angles abattus. Notre-Dame de la Treille, bronze. Lille (Nord).

217. Médaille de sainte Philomène, bronze (France).

218. Médaille ancienne, rectangle à angles abattus, bronze (Rome).

219. Médaille ancienne de la sainte Mère. ovale, avec trois perles, bronze.

220. Médaille ancienne de saint Michel, trouée et usée, bronze.

221. Médaille ancienne de saint Anastase, bronze (Rome).

222. Médaille. Mère du Christ, bronze.

223. Médaille de sainte Lucie, bronze.

224. Médaille de Notre-Dame de Lorette, bronze (Italie).

225. Médaille de Notre-Dame de Lorette, bronze, percée de deux trous (Italie).

226. Médaille de Notre-Dame de Valivana, bronze.

227. Médaille. Reine du Saint-Rosaire, bronze.

228. Médaille. Saint nom de Jésus (Italie).

229. Médaille ancienne de saint Nicolas, bronze. Dragages de la Seine (Paris).

230. Médaille ancienne. Vierge, bronze.

231. Médaille ancienne. Saint-Sacrement, bronze.

232. Médaille. Vierge et Christ, bronze.

233. Médaille ancienne. Vierge (Italie).

234. Médaille. Sainte Marie du Refuge (Italie).

235. Médaille légitimiste, bronze doré, croix fleurdelisée sur fond d'hermine de Bretagne. Sainte Anne d'Auray (Bretagne).

236. Médaille légitimiste. Henri V, bronze.

237. Médaille catholique grecque. Sainte Varvara, saint Antoine et saint Théodore, bronze. Kieff (Russie).

238. Médaille de saint Georges, porte-bonheur (France).

239. Médaille de saint Georges, porte-bonheur (France).
240. Monnaie marocaine en bronze, percée pour être portée comme amulette.
241. Monnaie française en billon, percée pour être portée.
242. Pièce de 10 centimes du grand-duché du Luxembourg, percée. Amulette de joueur.
243. Amulette tunisienne en bronze. Imitation d'une monnaie vénitienne du seizième siècle.

A côté de ces panneaux sont rangés divers objets faisant également partie de la collection de M. Adrien de Mortillet :

1. Un reliquaire portatif en bois, renfermant de nombreuses reliques de saints et de saintes catholiques (France).
2. Trois petites boîtes en buis, contenant des reliques (France).
3. Otolithe ou pierre auditive de poisson, monture ancienne en argent.
4. Caillou roulé de variolite de la Durance. Cette pierre est appelée *peira dé picoto* (pierre de variole) par les bergers des causses du Larzac, qui la renferment dans un petit sac et la suspendent au cou de leur mouton favori, pour préserver les troupeaux de la maladie.
5. Fer de cheval kabyle, ayant servi de talisman (Algérie). En Algérie et en Tunisie, ces fers sont fréquemment fixés, dans un but de préservation ou comme porte-bonheur, au-dessus des portes des maisons, dans le fond des boutiques indigènes, sur les comptoirs des marchands et même à des voitures.
6. Sachets en drap et en fer-blanc, renfermant des textes arabes. Amulettes musulmanes (Algérie).
7. Sachets en cuir, de formes diverses. Amulettes musulmanes (Sénégal).
8. Sachet en cuir, orné de broderies en fils d'or et d'argent. Amulette musulmane (Algérie).

21

9. Morceaux de bois et boule en cuir, fixés à une corde en cuir. Amulette musulmane (Afrique).

10. Sachets en cuir et en étoffe, contenant des textes arabes, de la terre, des branches d'arbres et des feuilles sèches. Amulettes musulmanes. Département d'Oran (Algérie).

11. Ceinture de négresse, en étoffe bleue, à laquelle sont pendus des grelots, des cyprées et un bouton en os (Algérie).

12. Vertèbre cervicale humaine, fixée sur un coussinet de soie brodé. Relique (France).

13. Scapulaires catholiques (Italie).

14. Chapelets catholiques divers : chapelet de ceinture ancien, en ivoire, avec agrafe en acier; chapelets en marbre blanc, en cristal de roche, en acier, etc.; chapelet de sainte Anne d'Auray.

15. Chapelets musulmans en verre, en bois, en nacre et en os. A un de ces chapelets est pendue une tête de lézard desséchée.

16. Chiffons et cordons votifs de différentes couleurs, fixés à une branche de vigne. Pris sur une tombe de marabout, à Ternifine, département d'Oran (Algérie).

17. Vases votifs, en terre grossière et mal cuite, recueillis sur des tombes de marabouts. Département de Constantine (Algérie).

18. Ex-voto en cire colorée : doigt, œil et oreille, que les catholiques d'Alger, surtout les Italiens et les Espagnols, vont suspendre dans l'église de Notre-Dame-d'Afrique.

19. Ex-voto en argent, représentant deux yeux. Notre-Dame-d'Afrique, près Alger. Des ex-voto tout à fait semblables étaient déjà employés à l'époque romaine. Le musée de Saint-Germain en possède plusieurs spécimens qui viennent des fouilles faites dans la forêt de Compiègne.

20. Ex-voto en cire jaune, représentant un petit garçon, une

petite fille, un bras et une jambe. Notre-Dame-des-Ermites. Einsidlen (Suisse).

M. Lionel Bonnemère expose des amulettes relatives principalement à la médecine superstitieuse. Il en décrit les usages, les traditions, les légendes.

1° Ex-voto belges en argent. Toutes ces pièces proviennent de Bruxelles. Dans cette ville, comme d'ailleurs dans toute la Belgique, il est d'usage d'offrir à l'église des ex-voto analogues à ceux-ci, tant pour les maladies des hommes que pour celles des animaux.

Sur ce carton se trouvent une vache et un cochon en argent, ainsi qu'une paire d'yeux et un ventre de femme. Cette dernière pièce est peut-être la plus curieuse ;

2° Amulettes diverses. Sur ce carton sont groupées des amulettes médicinales.

On y remarque : une pierre de croix — staurotide — de la commune de Baud, non loin de Pontivy. Cambry, dans son célèbre voyage dans le Finistère, dit à propos des pierres de croix : « A Coadrix — lisez Coadril — près Scaïr, on ramasse une grande quantité de ces pierres nommées pierres de croix par les naturalistes. Les pauvres les donnent, les vendent aux pèlerins, aux étrangers ; il est peu de ménages où il n'en soit conservé comme préservatif, comme talisman contre les naufrages et les chiens enragés. On les croit propres à guérir les maux d'yeux ; les religieuses en font des sachets qu'on suspend au cou, qu'on porte dans sa poche… » ;

3° Une petite hache en jadéite, trouvée à Louerre, canton de Gennes (Maine-et-Loire), il y a de cela quelques années, dans des circonstances qui méritent d'être relatées. Le père de l'exposant faisait faire un mur de refend dans sa ferme située dans le bourg même de Louerre, quand en creusant des fondations, les ouvriers trouvèrent un trou circulaire peu profond rempli de cendre et d'os de volaille. Au milieu d'eux ils recueillirent cette hache. Elle était accompagnée d'un jeton en cuivre remontant au règne de Louis XV, d'un petit anneau de même métal et d'une épingle en bronze du troisième ou quatrième siècle, exposée aussi, servant à ensevelir les morts dans leurs linceuls. Les habitants, en enfouissant la hache dans leur maison pour se protéger du tonnerre, se conformaient en cela à ce qui existait dans beaucoup d'autres parties de la France et à ce qui s'y passe même encore de nos jours. Des haches — men gurun, pierre de tonnerre — sont, à Carnac, placées dans les cheminées. Le même usage se remarque aussi en Auvergne. Les os de volaille et les cendres font songer à quelque rite d'origine païenne exécuté lors de l'enterrement de la hache. La date de tout cela nous est donnée par le jeton Louis XV. L'épingle gallo-romaine à ensevelir les morts était peut-être une amulette reconnue et conservée dans la famille depuis déjà fort longtemps ;

4° Un Échinide fossile est également dans cette série. C'est, croit-on, le fameux *ovum anguinum*, œuf de serpent des Gaulois. On a trouvé des oursins fossiles dans quelques-unes des tombes gauloises découvertes à Alaise, en Franche-Comté. Dans bien des pays de France, les habitants des campagnes en font encore des amulettes ;

5° Un petit os, appelé *esprit de morue* par les pêcheurs bretons, qui lui attribuent les propriétés les plus puissantes, et une pièce analogue venant de l'Algérie. Cette dernière est beaucoup plus grande.

6° A remarquer une graine de courbaril appelée en breton *kistui spagu*, mot à mot *marron d'Espagne*. A Locmariaquer, le kistui spagu était beaucoup employé autrefois par les paysans pour le traitement des affections intestinales. On le faisait bouillir râpé dans du lait doux. De nos jours encore, parfois les ménagères de la cité de Carnac et des environs portent ce fruit suspendu à leur trousseau de clefs.

Une grosse *Porcelaine* munie d'un anneau de suspension. Elle a servi d'amulette à Locmariaquer ;

7° Une petite Porcelaine ou Cyprée montée en argent, probablement de provenance espagnole ou portugaise ;

8° Une autre qui est montée avec des bandes de simple fer-blanc (Tunisie) ;

9° Perles de verre taillées à facettes provenant de Locmariaquer. Ce collier est, comme ses analogues de la même localité, doué de propriétés médicinales très remarquables. Il guérit les maux de gorge et surtout les engorgements ganglionnaires que l'on appelle en breton *drouk ar roué*, mot à mot *mal de roy*. Ce sont les écrouelles ou la scrofule que le roy de France avait le don de guérir par simple attouchement. Les colliers de ce genre sont réputés très précieux et passent de père en fils dans les familles ; chacun des grains qui les composent porte le nom de *paterenn*, au pluriel *paterennen*, en français gemme ;

10° Plusieurs séries de perles de différentes matières provenant toutes de Locmariaquer. Leur âge est bien différent aussi ; mais toutes ont un point de ressemblance. Au dire des paysans, elles sont efficaces contre certaines maladies, et parfois on les estime à des prix extraordinairement élevés. On a cité un lot de trois perles qui fut acheté moyennant le prix d'un journal de terre, demi-hectare. Un autre fut échangé contre une bonne paire de bœufs. Le prix de location peut monter jusqu'à vingt francs. Il y a plusieurs procédés pour que le porter de ces perles soit efficace : pour certaines affections il faut les faire bouillir dans du vinaigre dont on se frotte ensuite la partie malade.

A Locmariaquer, pour qu'un collier soit réputé efficace, il faut que ses perles soient toujours au nombre de sept ou de neuf. Il faut aussi que parmi elles il y en ait au moins une en cristal de roche, d'ailleurs assez commun en Bretagne ;

11° Les perles d'ambre sont parfois aussi regardées comme étant très précieuses. Celles qui sont exposées proviennent de Locmariaquer et de Carnac. Ces dernières au nombre de neuf ont cela de curieux qu'elles sont à l'intérieur comme doublées de plomb ;

12° Une *variolithe* de la Durance, ayant, d'après les paysans, la propriété de préserver de la petite vérole. Cette pierre le cède en curiosité à la *géoda*, qui passe pour faciliter les accouchements. Au Puy en Velay, il existe peut-être encore un marchand de ces sortes de pierres, qui, il y a de cela peu d'années, en vendait quelquefois pour trois mille francs environ par an. Il venait en porter jusque dans les campagnes de la Normandie ;

13° Un jeton de forme ronde, en ivoire, destiné d'abord au jeu et qui, dans la commune de Saint-Mayeux, a servi d'amulette pour guérir des enfants que des vers tourmentaient. Ce que démontre l'anecdote suivante : M. Guittard, curé de Saint-Mayeux, quittant cette paroisse pour s'en aller à Saint-Brieuc comme professeur au grand séminaire, distribua à quelques enfants des jetons de jeu dépareillés, pensant qu'ils pourraient s'en servir commé de palets pour s'amuser. Mais leurs parents ès leur prirent pour les convertir en amulettes. Ils suivaient en cela une coutume adoptée dans le pays et que le prêtre ne connaissait pas. En effet, on prétend dans la région que les jetons de forme ronde trempés dans l'eau bénite sont un excellent préservatif contre les vers. Les Bretons, qui ne jouent guère aux cartes, se procurent difficilement des jetons, qu'ils appellent des *olifants*. Aussi sont-ils très avides d'en acquérir, et malgré tous leurs efforts, ils sont assez rares dans les campagnes, l'heureux possesseur d'un olifant-amulette s'en défait très difficilement. Qnand il consent à le vendre, il en demande toujours un prix très élevé, cinq francs. Mais on peut en louer ! La femme d'un facteur de Corlay loue un olifant pour la somme de vingt-cinq centimes la séance. Les jetons-amulettes passent encore pour avoir la propriété de remettre les côtes enfoncées. (Voy. *Bull. Soc. d'anthropol.*)

La Patelle se nomme en breton un *bernis*. Naguère encore, les femmes de Penvenan, près de Tréguier, employaient pour faire passer leur lait, une paire de larges Patelles qu'elles appliquaient sur le bout de leur sein. Les coquillages les plus grands étaient réputés les meilleurs. Cette médication, au moins étrange, n'est plus guère en usage ;

14° Deux mâcles des roches schisteuses avoisinant l'étang

des sables, en Sainte-Brigitte (Morbihan). L'une est dégagée de la roche schisteuse qui la contenait. Sur l'autre on la voit encore au moins par places. Il s'attache des idées supersti- tieuses à ces cristallisations. Les mâcles sont portées dans les poches et passent pour préserver des tremblements de terre et des inondations. Elles font aussi, dit-on, reculer la grêle. On trouve des mâcles le 15 août aux pardons de Notre-Dame- de-Quelven, près Guermené-sur-Scorf, Notre-Dame-de-Guiri- nané, en Perret, et Notre-Dame-de-Rostrenen, à Rostrenen. Pour être bon pèlerin, on doit assister à la première messe à Quelven, à la grand'messe à Guirinané et aux vêpres et proces- sion à Rostrenen. La distance à parcourir est de quatorze lieues, non compris, bien entendu, le point de départ pour se rendre à Quelven, et celui de Rostrenen pour se rendre à son domicile. Les pèlerins portent des mâcres ou châtaignes d'eau à leurs chapeaux.

D'après une tradition locale, les mâcles servirent jadis de totem aux de Rohan qui possédaient un château près de l'étang du Sallec; telle serait l'origine des armoiries de leur blason, cette figure qui porte en effet le nom de mâcles. Peut- être cependant, le mâcle héraldique vient-il de *macula*, maille en latin, et cette figure représente-t-elle une maille de cotte d'armes ;

15° Un brin, ou branchette de sureau ayant trois nœuds, très usité en Gascogne à titre d'amulette. Une des parties de cette baguette a été vidée et sa moelle a été remplacée par diverses petites choses, notamment par des grains de petit mil et par quelques autres encore. Le porteur du brin ne doit pas abso- lument connaître la nature de ce qui est entré dans l'amu- lette ou talisman. Dans le département de Lot-et-Garonne, les brins ont été jadis en très grande faveur, ils ne sont plus aussi prisés depuis quelques années ;

16° Sur ce carton, se trouve tout ce qui se rattache au culte de saint Mathurin de Moncontour, ce saint qui, au dire des Bretons des Côtes-du-Nord, *aurait pu être le bon Dieu s'il l'eût voulu, mais il a craint que cela lui causât trop de tracas*. Le

bienheureux saint est, en thèse générale, toujours représenté
sous la forme d'une sorte de cône arrondi par le sommet ou
de borne surmontée d'une tête nimbée terminée par un anneau
de suspension. Le cône est orné de dessins. Ces pièces, toujours en plomb, sont coulées en très grand nombre dans des
moules à saint Mathurin de Moncontour, ainsi que des médailles portant d'un côté un autel et deux flambeaux et de
l'autre le saint dont le nom est écrit en exergue ;

17° Épreuves en bronze argenté d'un saint Mathurin, appartenant à M. Paul Sebillot. Si l'une des faces est analogue à la
plus importante du type vulgaire, sur l'autre on remarque un
Saint-Esprit aux ailes largement déployées et dépassant de
beaucoup. Sur le corps de l'oiseau on remarque des ronds,
très effacés d'ailleurs et que nous retrouverons, mais très
visibles, sur le fac-similé suivant. Cette pièce représente un
Saint-Esprit portant un certain nombre d'anneaux disposés
sur l'oiseau de façon à former une croix. L'original provient
de Saint-Aubin-des-Bois, près de Dinan ;

18° Autre fac-similé de Saint-Esprit trouvé aussi en Bretagne;

19° Une clef de saint Tujan — on écrit aussi saint Dugan
— qui joue, en Bretagne, le même rôle que saint Hubert dans
le nord-est de la France. Ce saint a sa chapelle dans la commune de Pruiselin, auprès d'Audierne. Le jour du pardon
de saint Tujan, on fait des petits pains que l'on pique avec
la clef conservée dans le modeste sanctuaire qui porte son nom.
Ils participent dès lors à sa propriété spéciale qui est de préserver de la rage. Ce même jour, on vend de petites clefs en
plomb qui sont moins une amulette véritable qu'un insigne.
Elles montrent qu'on est allé en pèlerinage. Par vénération
pour saint Tujan, les hommes de la commune de Pruiselin
ont une clef brodée sur le dos de leurs vestes ;

20° Fac-similé d'une autre clef de saint Tujan. Elle est
beaucoup moins ornée que la précédente, mais en revanche,
elle est beaucoup plus solide, étant plus épaisse. Elle est aussi
d'un travail plus soigné. Sur une de ses parties, elle porte
d'un côté un S majuscule et de l'autre un T.

§ 2. — **Divinités.**

M. Clément Rubbens expose des divinités :

CHINE

1. La dent miraculeuse de Bouddha, la dent — canine — de Sakia-Mouni-Boudha. Après avoir été brûlée plusieurs fois par les Anglais, par un miracle, après l'incinération, elle se retrouvait intacte dans les cendres. Statuette bronze ancien de 12 centimètres de hauteur (fig. 247).

2. Yen-Kwan-men. Dieu lare, tenant dans sa main droite le Kwey. Préside au gouvernement de tout l'Empire chinois. Il a des temples dans la plupart des villes et entre autres trois à Pékin. Statuette en pagodite, 12^{cm},5 de hauteur.

3. Xan-Tchoun-li, un des huit bons génies de la Chine. Toujours le sourire aux lèvres, donne le bien-être, la gaieté, longue vie, etc. Statuette en pagodite, 12^{cm},5 de hauteur.

4. Lu-toun-pin, un des huit bons génies de la Chine. Il donne le bonheur et la félicité. Il porte une épée sur le dos; dans sa main gauche, le chasse-mouche appelé Te-tmen; il lui sert à chasser les mauvais esprits ou démons. Statuette en buis.

5. Statuette bouddhiste en pagodite, 15^{cm},5 de hauteur.

6. Loou-Xae. Génie bienfaisant invoqué par les pêcheurs chinois. Possesseur de la grenouille à trois pattes sur laquelle il est monté, jonglant avec des sapèques. Statuette en racine de bambou de 24^{cm},5 de hauteur.

7. Tai-yan sin-tmun. Génie solaire. Il est orné de huit bras dont deux sont croisés sur sa poitrine; celui du haut, de droite, semble tenir un foudre, et le correspondant de gauche, par sa disposition, devait soutenir le disque solaire. Le troisième bras de droite bénissait

Fig. 247.

et son correspondant de gauche tenait un attribut brisé. Le quatrième bras de droite présente la main à baiser et son correspondant tenait un attribut. Statuette bois de 12 centimètres de hauteur.

8. Poussah? chinois. Statuette cuivre argenté, 5^{cm},5 de hauteur.

9. Tsa-tmou Kwan-yin, ou la Kwan-yin aux bambous noirs, invoquée par les marins. La déesse a le pied droit sur un rocher et le gauche posé sur une fleur de lotus sortant des vagues d'une mer agitée. Près d'elle, sur une feuille de nénuphar sortant des flots se trouve un enfant les mains jointes, implorant la déesse; cet enfant se nomme Illan-tsae ou encore : Xoun-Xae-orl. On le donne comme son propre fils ou comme enfant adopté par elle. Groupe bronze doré de 24 centimètres de hauteur.

10. Soun-tso Kwan-yin, ou la Kwan-yin, qui envoie des enfants; elle tient dans ses bras un enfant qu'elle donne aux femmes stériles qui l'implorent. La déesse est assise sur la fleur du lotus, près d'elle est une colombe, à sa droite et à gauche le vase d'eau très pure nommé Tsin-pin; des branches de saule appelées Yan-tmu, trempées dans l'eau du vase et secouées sur la terre, amènent une pluie bienfaisante; secouées sur un cadavre, elles le rendent à la vie. Statuette en porcelaine blanche de Chine, 22 centimètres de hauteur.

11. Kwan-yin, assise dans l'attitude de la méditation. Elle est sévère et juste, s'afflige et s'irrite des fautes des hommes, et alors elle en détourne ses regards; elle protège et sauve les marins des naufrages, de même qu'elle prend pitié de ceux qui souffrent dans l'enfer. Statuette bronze, 12^{cm},5 de hauteur.

12. Kwan-yin ou Kwan-mô-yin, c'est-à-dire voyant la rétribution des mortels. Debout, la déesse tient un livre sacré, peut-être le *sou-men-ki*, livre bouddhiste qui

raconte sa vie et toutes les souffrances que le roi son
père lui fit endurer, pour la dégoûter de la vie religieuse à laquelle elle s'était consacrée dès l'âge de
neuf ans. Statuette bronze, 10 centimètres de hauteur.

INDO-CHINE

13. Divinité bouddhiste, assise les jambes croisées, dans l'attitude de la méditation ; sa tête est ornée de la couronne
bouddhique. Statuette ancienne bronze, 14 centimètres de hauteur.

SIAM

14. Pra-Kodom, le Bouddha siamois. Le dieu est assis sur
le lotus, les jambes croisées et dans l'attitude de la
méditation. L'introduction du bouddhisme chez les
Siamois a dû se faire vers le dixième siècle de notre ère.
Statuette bronze, avec socle, 13^{cm},8 de haut.

CONGO

15. Kipy, fétiche féminin du Congo ; sa coiffure en pointe
rappelle celle de Sakia-mouni. La proéminence du
ventre, avec son disque orné d'une glace, doit renfermer une relique quelconque. Les Kipy sont les dieux
pénates du Congo que chacun peut posséder, tandis
que les Ambi sont les fétiches gardés par les prêtres
appelés ganyam. Des prières sont adressées aux Kipy
pour implorer leur protection et des actions de grâces
leur sont rendues, de même aussi des amendes et des
privations sont faites en leur honneur. Statuette bois
de 25 centimètres.

GUYANE

16. Fétiche ithiphalique de la Guyane. Statuette bois, 27^c,5
de hauteur.

INDE

17. Sakia-mouni, le fondateur du bouddhisme, assis dans l'attitude de la méditation, entouré d'une auréole de flammes, le sein et le bras droits découverts. Son nom de Bouddha signifie le savant, l'éclairé. Parmi les singularités qu'il apporta en venant au monde et qui le distinguèrent des autres hommes, se trouvaient les trente-deux signes principaux du grand homme et les quatre-vingts marques secondaires qui annonçaient qu'il deviendrait Bouddha. L'excroissance qu'il a sur la tête est un de ces signes principaux. Sa religion est probablement celle qui a le plus d'adeptes, car, selon Hupel, le bouddhisme compterait 315 917 000 adhérents. Statuette bronze, 17 centimètres.

18. Sakia-mouni. Debout, vêtu d'un pallium, sorte de grand manteau rejeté sur l'épaule gauche et lui retombant au bas des jambes ; de la main droite, il bénit ; les doigts de ses mains et de ses pieds sont égaux, les lobes de ses oreilles très allongés, de même que l'excroissance de sa tête ; tous signes distinctifs de sa haute destinée, de sa grande perfection et de sa divinité ; ses cheveux sont généralement bouclés. Statuette ivoire, 17 centimètres de hauteur.

19. Bouddha, assis sur un lotus double formé de deux lotus opposés par la base ; le lotus supérieur est creux à la partie postérieure et présente une cavité qui a dû servir à contenir quelque relique. La tête du Bouddha est nimbée et entourée d'un second cercle qui, avec le nimbe, laisse un espace dans lequel paraissent se mouvoir cinq petits serpents, à la forme spermatoïde et la tête tournée vers le bas. Statuette bronze, 13cm,5 de hauteur.

20. Maya, déesse dans l'attitude de la danse ; elle tient sur sa cuisse gauche le dieu Siva. Maya est la mère de la

nature et des dieux du second ordre dans le brahamisme. Revêtue d'un riche costume, elle est coiffée
de la tiare; sur sa poitrine est le *schandra pabu ;* son
cou, ses bras et le bas des jambes sont ornés de
colliers et de bracelets; des bagues ornent l'index et
l'auriculaire de la main gauche. Assise sur le lotus,
elle porte sur le dos un carquois garni de flèches. Les
lobes de ses oreilles sont allongés démesurément,
attribut de sa divinité. De sa main droite elle bénit et
présente la gauche à baiser. L'enfant qu'elle tient sur
sa cuisse gauche est le dieu Siva, ou Civa, ou Chiva,
dieu de la destruction et de la génération ; aussi
comme attributs a-t-il au cou un collier de crânes
qui lui tombe sur la poitrine, et dans la main gauche
un phallus. Les lobes des oreilles, comme dieu,
sont également très longs. Groupe en bronze, 10^{cm},5 de
hauteur.

21. Chrisna, huitième incarnation de Wischnou. Le dieu est
assis les jambes croisées et a la main droite dans l'attitude de bénir. Petit bronze, 58 millimètres de hauteur.

22. Chrisna enfant, et dans l'attitude de la danse. Chrisna est
considéré comme le créateur et le régulateur suprême
de l'univers. Il se fit chair dans le sein de la belle
Devagi, femme de Vacondeva, qui, suivant une légende,
était vierge avant et après sa naissance. Petit bronze,
88 millimètres de hauteur.

23. Hanouman, dieu singe, fils de Pavana, dieu de l'air.
Comme roi des singes, il fit avec son armée un passage avec des rochers pour pénétrer à Lanka (Ceylan)
en compagnie de Rama, afin de délivrer son épouse que
Ravana, roi de l'île, avait enlevée. On donne également Hanouman comme dieu musicien et dieu incen-
diaire, et comme tel il se trouve être un dieu de la
nature assistante.

24. Vichnou, le second membre de la trinité indoue. Le dieu

est debout, la tête couronnée; il est revêtu d'un riche costume; sur sa poitrine se trouve le Kastrala dont les feux illuminent l'univers. Dans la main droite inférieure, il tient une massue; dans la supérieure, le Tchatra ou roue flamboyante; dans la première de gauche, le mollusque *Tchakra;* dans la seconde, un bouton de lotus. Le culte pacifique de ce dieu, conservateur de l'univers, que l'on dit postérieur au sivaïsme et au brahamisme finit par se fondre, et Vichnou devint le deuxième dieu dans la trinité indoue ou Trimourti. Vichnou a eu neuf incarnations sur la terre. Statuette cuivre, **17** centimètres de hauteur.

25. Vichnou et son épouse Lakshmi. Vichnou est debout, les jambes croisées, et les quatre bras étendus sans attributs. Il porte le grand collier, attribut divin; le corps est peint en bleu vert. Lakshmi, épouse de Vichnou, est assise les jambes croisées sur sa poitrine, le corps est peint en bleu vert, et, de même que son époux, porte le grand collier lui retombant sur la poitrine. Leur séjour habituel est le Vaikounta, demeure éblouissante de lumière et de richesses. Groupe terre cuite, **37** centimètres de hauteur.

26. Lakmana debout, les mains jointes en adorant, le carquois derrière l'épaule droite et l'arc sur le bras gauche. Statuette cuivre, **8** centimètres de hauteur.

27. Mahadeva ou Siva, assis les jambes croisées, ayant seize bras, dont deux dans l'attitude de la méditation, les autres tiennent dans leurs mains des attributs différents caractérisant sa toute-puissance. Siva est la troisième personne de la trimourti indienne avec Brahama et Vichnou; après avoir lutté contre les deux autres sectes, elle finit par s'y fondre et y former cette trinité. Siva est le dieu destructeur, mais aussi il est l'âme du monde, l'énergie éternelle qui pénètre l'univers, il est le dieu des formes, il les change et les renouvelle,

il détruit pour créer. Statuette bronze doré, 15^{cm},5 de hauteur.

28. Dourga, divinité indoue, épouse de Siva, elle représente sa force, son énergie ; elle combattit contre les Açouras, elle triompha du terrible Machechacoura, fit ensuite mordre la poussière au géant Dourga dont elle prit le nom pour immortaliser sa victoire. Dourga est assise sur un lion qui, lui-même, se cramponne sur un éléphant qui semble représenter Indra, dont il paraît triompher, lui serrant la trompe entre ses mâchoires. Groupe terre cuite, 36 centimètres de hauteur.

29. Thandra, divinité des Djaïnas, assise dans l'attitude méditative, elle porte sur la poitrine le Schandrapaba, dans la main gauche une fleur de lotus, sa tête est abritée par le parasol ; le croissant de la lune, un de ses attributs, se trouve derrière la tête. Cette divinité est la huitième dans la série des dieux des Djaïnas, sectes tenant des bouddhistes et des vichnouïtes. Statuette ancienne bronze, de 11^{cm},5 de hauteur.

30. Krisna, huitième avatar de Vichnou. Le dieu a quatre bras dont deux portent des attributs. Statuette cuivre.

31. Ganésa, ceint d'une auréole, est fils de Mahadeva ou Siva. Ce dieu a une tête d'éléphant sur un corps d'homme ayant un certain embonpoint et ayant quatre bras. Ganésa est le dieu de la sagesse ; il éloigne les obstacles qui s'opposent aux entreprises, et préside comme tel aux portes de tous les édifices et est invoqué au début de toutes les entreprises. Petite statuette cuivre.

JAPON

32. Daïbout, le Sakia-mouni japonais, dans l'attitude de la méditation ; ses cheveux sont bouclés et l'éminence qu'il a sur la tête est un des attributs de sa divinité. Le bouddhisme fut introduit au Japon vers l'année 70

de notre ère. Statuette en bronze de 10 centimètres de hauteur.

33. Daïkobu, divinité japonaise, est le dispensateur de la richesse; assis à la japonaise sur deux balles de riz, il frappe indifféremment sur tous les objets, et sous ses

Fig. 248.

coups naît l'abondance. Petit bronze de 7^{cm},5 de hauteur.

34. Jébisu, assis sur un rocher, la jambe droite pliée; le dieu tient sous le bras gauche un poisson, et de la main droite une ligne dont on voit les tronçons de la gaule qui devait la soutenir; sur son dos, se trouve une sorte de sac ou manteau roulé, sa tête est couverte d'un

22

casque. Jébisu est le dieu des pêcheurs et des négo-
ciants. Petit bronze de 8 centimètrcs de hauteur.

35. Daï-Scho ou Koam-di-den, grand sage, dieu de la joie
et du bonheur; lorsque le dieu est double et entrelacé
comme il est ici représenté, il figure le bonheur con-
jugal, et on nomme le groupe : les Heureux Époux.
Petit groupe en cuivre de 4 centimètres de hauteur
dans une sorte de chapelle ou reliquaire (fig. 248).

36-37. Deux petits Bouddhas japonais. Statuettes en bois de
7cm,5 de hauteur.

TALISMANS

38. Mandragore mâle, blanche. Dans l'antiquité classique,
les plus grandes propriétés médicinales étaient attri-
buées à la mandragore. On lit, à ce sujet, dans la
Genèse, chap. XXX :

« Or, Ruben étant sorti au temps de la moisson des
blés, trouva des mandragores aux champs et les apporta
à Léa, sa mère; et Rachel dit à Léa : « Donne-moi, je
te prie, les mandragores de ton fils. » Et elle lui répon-
dit : « Est-ce peu de chose de m'avoir ôté mon mari,
que tu m'ôtes aussi les mandragores de mon fils? —
Qu'il couche donc cette nuit avec toi pour les mandragores de ton fils. » Et quand Jacob revint des
champs au soir, Léa sortit au-devant de lui et lui dit :
« Tu viendras vers moi, car je t'ai loué pour les mandragores de mon fils. » Et elle coucha avec lui cette
nuit-là. Et Dieu exauça Léa et elle conçut et enfanta
à Jacob un cinquième fils. »

Pline, dans son Histoire naturelle, dit qu'il y a
deux espèces de mandragores : le mâle qui est blanc et
la femelle qui est brune. Lorsqu'on l'arrache, il faut
tourner le dos au vent, et après avoir fait avec un couteau trois cercles autour de ladite plante, en ayant soin
de tourner le visage vers le couchant en la déchaussant.

Les propriétés que Pline lui donne sont infinies comme ses emplois.

On croyait au moyen âge qu'on ne pouvait l'arracher sans mourir; aussi pour tourner la difficulté, après avoir fait choix d'une nuit propice, on creusait la terre autour de la plante, à laquelle on fixait une corde, dont l'autre extrémité était attachée au cou d'un chien; l'animal, étant pourchassé, arrachait la racine en s'enfuyant; il succombait sans doute à l'opération; mais celui qui ramassait cette racine ne courait plus le moindre danger, et possédait un trésor inestimable contre les maléfices.

39. Mandragore femelle, grise. Donne la fortune et la prospérité à ceux qui la possèdent. Pour avoir une mandragore puissante, cherchez une racine de la plante appelée bryone. Il faut la sortir de terre un lundi — jour de Saturne, — un peu après l'équinoxe du printemps, et lorsque la lune est dans une heureuse constellation; coupez les extrémités de cette racine, qui approche de la forme humaine, et allez l'enterrer de nuit, au milieu de la fosse d'un mort, dans un cimetière de campagne; pendant trente jours vous l'arroserez avec du petit-lait de vache dans lequel auront été noyées trois chauves-souris. Le trente et unième jour étant arrivé, retirez-la la nuit; faites sécher dans un four chauffé avec de la verveine, puis enveloppez-la dans un lambeau de drap dans lequel est mort un homme. Portée sur soi, elle sera aussi puissante que l'homunculus de Paracelse.

40. Gris-gris, amulette se portant sur la poitrine, chez les Sénégalais. Dans l'intérieur de chaque pendentif se trouvent des versets du Coran.

41. Ex-voto flamands. Petite tête et cœur en cire d'un blanc verdâtre provenant de Kop Kappel — chapelle de la tête, — chapelle dédiée à la Vierge, et invoquée spécialement pour les maux de tête.

CHAPITRE V

DÉMOGRAPHIE ANTHROPOLOGIQUE

---

§ 1er. — **Anthropométrie.**

M. Alphonse Bertillon, chef du service d'identification de la préfecture de police, expose, sous le titre d'*Études anthropométriques des populations de la France et des pays limitrophes*, quatre cartes représentant, au moyen de nuances graduées, la répartition régionale : 1° de l'indice céphalique ; 2° de la couleur de l'œil ; 3° de la longueur du pied ; 4° de la taille.

Chaque département ou pays envisagé est teinté au moyen de pointillés d'autant plus serrés que le caractère examiné y est plus élevé en chiffre absolu.

Une notice, jointe à ces cartes, résume ainsi les conclusions de l'auteur :

« Les anciens habitants de la Gaule, dits *Celtes*, caractérisés par une tête large, des yeux foncés mais peu pigmentés, une taille peu élevée et des pieds relativement grands, s'observent encore, à l'abri des mélanges, dans les régions montagneuses des Cévennes, de l'Auvergne, de la Savoie, des Vosges et de la haute Bretagne.

« Dans les plaines du Nord et le long des fleuves de l'Est, prédominance du type kymrique ou belge de Jules César, à tête longue et étroite, à taille élevée et à yeux bleus.

« Dans le Sud, type des races méditerranéennes, à tête également longue et étroite et à taille plutôt élevée, mais à yeux marron et à pieds petits.

« Les Parisiens participent des caractères des trois principales races composant la nationalité française, et leur signalement moyen est presque l'équivalent de celui de la France en général. »

L'auteur a l'intention de poursuivre ces recherches, en prenant successivement pour étude les quinze à vingt indications mentionnées par le signalement, dit anthropométrique, en usage maintenant dans toutes les prisons de France.

M. Manouvrier expose sous le titre de : *La taille des conscrits dans les vingt arrondissements de Paris*, une carte qui a été publiée dans le *Bulletin de la Société d'anthropologie de Paris*, 1888.

Villermé avait montré, en 1824, que la taille était plus élevée dans les quartiers riches que dans les quartiers pauvres. Il en est de même aujourd'hui, ainsi que le démontre la carte en question, dans laquelle les petites tailles sont inscrites en chiffres bleus et les grandes tailles en chiffres rouges, d'après les moyennes combinées des années 1880 et 1881.

Pour bien montrer qu'il en est ainsi, l'auteur a cherché les moyennes du nombre des inhumations gratuites sur 100, du nombre des individus ne sachant pas lire ou pas écrire, du nombre des bacheliers, de la mortalité par la fièvre typhoïde, la rougeole, la variole sur 1000 habitants, etc., et il a noté en lettres bleues les conditions mauvaises, en lettres rouges les conditions bonnes, de telle sorte que les arrondissements dans lesquels la taille est le plus élevée apparaissent clairement comme étant ceux qui sont le mieux partagés sous les rapports de la richesse, de l'hygiène, de l'instruction.

§ 3. — Géographie médicale.

M. Chervin expose les cartes suivantes :

1° *Géographie médicale du département de la Seine-Inférieure*. — Huit cartes statistiques montrant la répartition géographique dans les différents cantons du département de la Seine-Inférieure, des conscrits exemptés du service militaire pour cause de faiblesse de constitution, hernies, varicocèles, varices, calvitie, carie dentaire, scrofule et infirmités en général ;

2° *Géographie médicale de la France.* — Vingt-quatre cartes statistiques montrant la répartition géographique dans les différents départements français des conscrits exemptés du service militaire pour cause d'infirmités en général : défaut de taille, faiblesse de constitution, convulsions, strabisme, bégaiement, surdi-mutité, aliénation mentale, épilepsie, crétinisme, goitre, scrofules, pieds bots, gibbosité, pieds plats, hernies, varices, varicocèle, hydrocèle, perte de dents, division congénitale des lèvres, myopie, calvitie et alopécie, dartres et couperose ;

3° *Statistique du bégaiement en France.* — Tracé graphique indiquant, pour chaque département, la fréquence du bégaiement constaté sur les conscrits par les conseils de revision pour le recrutement de l'armée ;

4° *Statistique du nombre d'enfants par famille, d'après le dénombrement de* 1886. — Huit cartes indiquant la répartition géographique du nombre des familles suivant qu'elles n'ont pas d'enfant ou qu'elles en ont un, deux, trois, quatre, cinq, six, sept et plus.

M. Léon Durand expose la *Démographie de la Normandie*, au moyen de neuf tableaux indiquant la variation de population dans chaque arrondissement des départements de cette province depuis le commencement du siècle.

M. le docteur Janssens, de Bruxelles, expose un tableau indiquant la progression décroissante de la mortalité à Bruxelles depuis l'exécution des grands travaux d'assainissement (1871), et depuis la création d'un service d'hygiène (1874).

CHAPITRE VI

BIBLIOGRAPHIE

---

§ 1ᵉʳ. — **Bibliographie générale.**

Sont exposés par :

Société d'anthropologie de Paris, la collection complète de ses *Bulletins* et *Mémoires* (voy. p. 9).

Barthélemy (F.). — *Recherches archéologiques sur la Lorraine avant l'histoire.* Nancy-Paris, 1889.

Bordier (le Dr A.). — *La colonisation scientifique.* Reinwald, Paris, 1884. — *La vie des sociétés.* Reinwald, Paris, 1887.

Broca. — *Mémoires d'anthropologie* (5 volumes). Paris, Reinwald.

Collineau (le Dr). — *La gymnastique*, 1 vol. in-8 de 800 pages avec 150 figures dans le texte. — *L'hygiène à l'école.* — *Pédagogie scientifique*, 1 vol. in-12 de 300 pages avec figures dans le texte. — *Sur un cas de coxalgie osseuse*, 1864. — *De la coxalgie.* Paris, 1865. — *De la contracture hystérique.* Paris, 1874. — *De la réfrigération.* — *Du transport des aliénés*, 1875. — *De l'hygiène scolaire*, 1881. — *Les hommes utiles : Parmentier.* Paris, 1884. — *Le jeu à l'école.* Paris, 1884.

Doin (Octave). — *Dictionnaire des sciences anthropologiques* (voy. p. 91).

DOUTREBENTE et MANOUVRIER. — *Sur un nain rachitique et aliéné*. Paris, 1888.

FAUVELLE (le D^r). — *Recherches sur les conditions statiques et dynamiques de la station bipède chez l'homme*, 1884 (*Bull. de la Soc. d'anthropol.*). — *Des recherches ethnographiques sur la fonction cérébrale*, 1885 (*Bull. de la Soc. d'anthropol.*). — *Des moyens pratiques de se rendre compte du degré d'intelligence des différents groupes ethniques*, 1888 (Association française, Congrès de Grenoble). — *Fonctions cérébrales : Volonté; Conscience; Idées*. Mémoires, 1885. — *Station moustérienne du Haut-Montreuil (Seine)*. — *Des différences intellectuelles dans un même groupe ethnique*, 1886 (Association française, Congrès de Nancy). — *De la philosophie au point de vue anthropologique* (*Mémoires de la Société d'anthropol.*, 2e série, t. III). — *L'histoire et l'anthropologie*, 1885 (*Bull. de la Soc. d'anthropol.*). — *Conséquence naturelle de la science libre*, 1885. — *Mélanges d'anthropologie : Hérédité; Atavisme; Imprégnation; Phylogénie et Ontogénie; Du langage articulé; Du langage écrit; Qu'est-ce que la psychologie physiologique?* etc. — *Études d'anthropologie : Le système nerveux ; La nervosité et l'intelligence considérés au point de vue physico-chimique; Valeur de la craniométrie; De l'anthropophagie; De l'aphasie; De l'instinct; Lésion congénitale de l'hémisphère gauche, ses conséquences*, etc.

HERVÉ (le D^r). — *La circonvolution de Broca; Étude de morphologie cérébrale*. Paris, 1888.

HOVELACQUE et VINSON. — *Études de linguistique*. Paris, Reinwald.

HUXLEY. — *Physiologie*. Paris, Reinwald.

LECROSNIER et BABÉ. — Toute la collection de la *Bibliothèque anthropologique* (voy. p. 89).

LEFEBVRE (André). — *Religions et mythologies comparées*. Paris, Lecrosnier, 1877. — *Études de linguistique et de phi-*

lologie. Paris, Lecrosnier, 1877. — *L'homme à travers les âges.* Paris, Reinwald, 1880. — *La renaissance du matérialisme.* Paris, Doin, 1881. — *Les mythes et les religions.* Paris, 1889.

LETOURNEAU. — *Physiologie des passions.* Paris, Reinwald. — *Science et matérialisme.* Paris, Reinwald.

MANOUVRIER (le D^r). — *Sur l'interprétation de la quantité dans l'encéphale et dans le cerveau en particulier.* Paris, 1885.

MARCANO (le D^r). — *Ethnographie précolombienne du Vénézuela.* — *Vallées d'Arugua et de Caracas.* Paris, Hennuyer, 1889.

MORTILLET (G. DE). — *Signe de la croix.* Paris, Reinwald. — *Revue scientifique italienne.* Paris, 1863. — *Promenades préhistoriques à l'Exposition universelle de Paris.* 1867. — *Origines de la navigation et de la pêche.* 1867. — *L'Homme*, journal illustré des sciences anthropologiques, 1884 à 1887. — Directeur : Gabriel de Mortillet. Rédacteurs : Bordier, Collineau, Mathias Duval, Girard de Rialle, Georges Hervé, Abel Hovelacque, André Lefèvre, Letourneau, Manouvrier, Mondière, Philippe Salmon, Paul Sébillot, Thulié. Secrétaire de la rédaction : Adrien de Mortillet. Paris, O. Doin, éditeur.

MORTILLET (G. et A. DE). — *Musée préhistorique.* Paris, Reinwald, 1881, 100 planches, 1269 figures.

REINWALD (C.). — *Bibliothèque des sciences contemporaines*, 15 volumes (voy. p. 85).

SALMON (Philippe). — *Dictionnaire archéologique de l'Yonne.* Auxerre, 1878. — *L'âge des instruments bruts.* Paris, 1882. — *Dictionnaire paléoethnologique de l'Aube.* Troyes, 1882. — *La fabrication des pierres à feu en France.* Paris, 1885. — *Les monuments mégalithiques acquis par l'État.*

Le grand menhir de Locmariaquer. Paris, 1885. —
*Age de la pierre ouvrée. Période néolithique. Division
en trois époques.* Paris, 1886. — *La série paléoethnologique
des ossements primatiens.* Paris, 1886. — *Les monuments
mégalithiques de la commune de Carnac.* Paris, 1887. —
*Dolmen avec tumulus et cromlech à Kerlescan (commune de
Carnac).* Paris, 1887. — *L'icthyophagie et la pêche préhistoriques.* Paris, 1887. — *La poterie préhistorique.* Paris,
1887. — *Les races humaines préhistoriques.* Paris, 1888.
— *L'Yonne préhistorique,* en collaboration avec M. le docteur Ficatier. Paris, 1889.

VOGT. — *Lettres physiologiques.* Paris, Reinwald. — *Leçons
sur les animaux.* Paris, Reinwald. — *Leçons sur l'homme.*
Paris, Reinwald.

VOGT et YUNG. — *Anatomie comparée* (tome premier). Paris,
Reinwald.

§ 2. — Bibliographie de la Réunion Lamarck.

RÉUNION LAMARCK. — *Lamarck par un groupe de transformistes, ses disciples.* Paris, 1887, brochure in-8.

LAMARCK (J.-B.-P.). — *Philosophie zoologique ou exposition
des considérations relatives à l'histoire naturelle des animaux, à la diversité de leur organisation et des facultés
qu'ils en obtiennent, aux causes physiques qui maintiennent
en eux la vie et donnent lieu aux mouvements qu'ils exé-
cutent; enfin, à celles qui produisent, les unes les sentiments,
et les autres l'intelligence de ceux qui en sont doués.*
Paris, Dentu, 1809, in-8. — *Id.,* nouvelle édition. Paris,
J.-B. Baillière, 1830, 2 vol. in-8. — *Id.,* édition par
Ch. MARTINS. Paris, Saon, in-8. — *Système analytique des
connaissances positives de l'homme restreintes à celles qui
proviennent directement ou indirectement de l'observation.*
Paris, J.-B. Baillière, 1830, in-12.

FLORENTINO AMEGHINO. — *Filogenia. Principios de clasificacion transformista.* Buenos-Aires, F. Lajouane, 1884, in-8.

BOURGES. — *Philosophie contemporaine; psychologie transformiste, évolution de l'intelligence.* Paris, Aug. Ghio, 1884, in-12.

LOUIS BÜCHNER. — *Conférences sur la théorie darwinienne de la transformation des espèces et de l'apparition du monde organique*, traduit de l'allemand sur la 2e édition, par AUGUSTE JACQUET. Paris, Ch. Reinwald, 1869, in-8.

LOUIS BUCHNER. — *L'homme selon la science. Son passé, son présent, son avenir, ou D'où venons-nous? — Qui sommes-nous? — Où allons-nous?* traduit par CH. LETOURNEAU. Paris, Ch. Reinwald, 1878, 3e édition.

ENRICO DAL POZZO DI MOMBELLO. — *L'evoluzione geologica, inorganica, animale ed umane.* Foligno, Pietro Scaviglia, 1887, in-12.

CHARLES DARWIN. — *De l'origine des espèces par sélection naturelle ou des lois de transformation des êtres organisés*, traduction de Mme CLÉMENCE ROYER. Paris, Marpon et Flamarion, 4e édition sans date, in-12. — *L'origine des espèces au moyen de la sélection naturelle ou la lutte pour l'existence dans la nature*, traduit par EDMOND BARBIER. Paris, Ch. Reinwald, 1887, in-8. — *De la variation des animaux et des plantes à l'état domestique*, traduit sur la 2e édition, par ED. BARBIER. Paris, Ch. Reinwald, 1879, 2 vol. in-8. — *La descendance de l'homme et la sélection sexuelle*, traduit par ED. BARBIER, 3e édition française. Paris, C. Reinwald, 1881, in-8. — *L'expression des émotions chez l'homme et les animaux*, traduit par S. POZZI et R. BENOIT, 2e édition. Paris, Ch. Reinwald, 1877, in-8. — *Voyage d'un naturaliste autour du monde, fait à bord du navire Beagle, de 1831 à 1836*, traduit par E. BARBIER. Paris, Ch. Reinwald, 1883, in-8. — *Les mouvements et les habitudes des plantes grimpantes*, traduit sur la 2e édition par RICHARD GOURDON.

Paris, Ch. Reinwald, 1887, in-8. — *Les plantes insectivores*, traduit par ED. BARBIER. Paris, Ch. Reinwald, 1877, in-8. — *Des effets de la fécondation croisée et directe dans le règne végétal*, traduit par ED. HECKEL. Paris, 1877, in-8. — *Des différentes formes de fleurs dans les plantes de la même espèce*, traduit par ED. HECKEL. Paris, Reinwald, 1878, in-8. — *Rôle des vers de terre dans la formation de la terre végétale*, traduit par LEVÊQUE. Paris, Ch. Reinwald, 1882, in-8.

CHARLES et FRANCIS DARWIN. — *La faculté motrice dans les plantes*, traduit par ED. HECKEL. Paris, Ch. Reinwald, 182, in-8.8

FRANCIS DARWIN. — *La vie et la correspondance de Charles Darwin*, traduit par HENRY C. DE VARIGNY. Paris, Ch. Reinwald, 1888, 2 vol. in-8.

F. CAMILLE DREYFUS. — *L'évolution des mondes et des sociétés.* Paris, Félix Alcan, 1888, in-8.

MATHIAS DUVAL. — *Le darwinisme. Leçons professées à l'École d'anthropologie.* Paris, Lecrosnier, 1886, in-8.

ÉMILE FERRIÈRE. — *Le darwinisme*, paru en 1872, 3e édition. Paris, Félix Alcan, in-8.

HENRI GADEAU DE KERVILLE. — *Causeries sur le transformisme.* Paris, Ch. Reinwald, 1887, in-12.

ALBERT GAUDRY. — *Les enchaînements du monde animal dans les temps géologiques, mammifères tertiaires.* Paris, F. Savy, 1878. — *Fossiles primaires*, 1883, in-8. — *Les ancêtres de nos animaux dans les temps géologiques.* Paris, J.-B. Baillière, 1888, in-12.

ERNEST HAECKEL. — *Anthropogénie ou histoire de l'évolution humaine*, traduit sur la 2e édition, par CH. LETOURNEAU. Paris, Ch. Reinwald, 1877, in-8. — *Histoire de la création des êtres organisés d'après les lois naturelles. Conférences* scientifiques sur la doctrine de l'évolution en général et celle de Darwin, Gœthe et Lamarck en particulier, traduit par CH. LETOURNEAU, 3ᵉ édition. Paris, Ch. Reinwald, 1884, in-8.

THOMAS-HENRY HUXLEY. — De la place de l'homme dans la nature, traduit par E. DALLY. Paris, J.-B. Baillière, 1868, in-8.

J.-L. DE LANESSAN. — Le transformisme, évolution de la matière et des êtres vivants. Paris, Octave Doin, 1883, in-12.

EDMOND PERRIER. — Les colonies animales et la formation des organismes. Paris, G. Masson, 1881, in-8. — Le transformisme. Paris, J.-B. Baillière, 1888, in-12.

GEORGE-JOHN ROMANES. — L'évolution mentale chez les animaux, suivi d'un essai posthume sur l'instinct, par Charles Darwin, traduit par HENRY C. DE VARIGNY. Paris, Ch. Reinwald, 1884, in-8.

D.-C. ROSSI. — Le darwinisme et les générations spontanées. Paris, Ch. Reinwald, in-12.

Mᵐᵉ CLÉMENCE ROYER. — Origine de l'homme et des sociétés. Paris, Masson et Guillaumin, 1870, in-8.

DE SAPORTA et MARION. — L'évolution du règne végétal, les Cryptogames. Paris, Félix Alcan, 1881, in-8. — L'évolution du règne végétal, les Phanérogames. Paris, Félix Alcan, 1885, 2 vol. in-8.

FRANCESCO DE SARLO. — Studi sul darwinismo. Naples, A. Tocco, 1887, in-12.

O. SCHMIDT. — Les mammifères dans leurs rapports avec leurs ancêtres géologiques. Paris, Félix Alcan, 1887, in-8.

HERBERT SPENCER. — Les bases de la morale évolutionniste. Paris, Félix Alcan, 3ᵉ édition, in-8.

ARTHUR VIANNA DE LIMA. — Exposé sommaire des théories

transformistes de Lamarck, Darwin et Haeckel. Paris, Ch. Delagrave, 1886, in-12.

ALFRED RUSSEL WALLACE. — *La sélection naturelle, essais,* traduit sur la 2ᵉ édition anglaise, par LUCIEN DE CANDOLLE. Paris, Reinwald, 1872, in-8.

Tous les ouvrages exposés sont offerts par les auteurs ou les éditeurs, à l'École d'anthropologie; le Conseil de l'École et la Commission de l'Exposition expriment leur reconnaissance à tous les donateurs.

TABLE DES EXPOSANTS

APPENDICE

Nous donnons aussi complète que possible la liste des membres de la Société d'anthropologie de Paris qui ont pris part à l'Exposition dans d'autres sections.

ARBO. — Carte de la taille en Norvège. (Histoire du travail, section 1.)

BEDDOE. — Cartes de la coloration des cheveux en Angleterre, en France et en Suisse. (Histoire du travail, section 1.)

BELLUCCI. — Collections d'amulettes italiennes. (Histoire du travail, section 1.)

BENEDICK. — Instruments d'anthropométrie. (Histoire du travail, section 1.)

BONAPARTE (prince Roland). — Races humaines diverses, albums de photographies; séries d'ethnographie. (Histoire du travail, série 1.) — Idoles de la Papouasie et Pantins. (Salle des Missions.)

BONAFONT. — Objets provenant de la Nouvelle-Calédonie. (Histoire du travail, section 1.)

CARTAILHAC. — Bibliographie ancienne du préhistorique; modèles des monuments des Baléares; séries préhistoriques des environs de Toulouse et des dolmens de l'Avey-

ron. (Histoire du travail, section 1.) — Photographies des
monuments des Baléares. (Salle des Missions.)

CHANTRE. — Mobilier funéraire des tombes du Koban ; crânes
déformés ; ouvrages sur le bronze, le premier âge du fer et
la Caucase. (Histoire du travail, section 1.) — Photographies et dessins de la Syrie, du Turkestan et du Caucase. (Salle des Missions.)

COLLIGNON. — Silex ouvrés de Tunisie ; cartes de la coloration des yeux et des cheveux en France et en Tunisie.
(Histoire du travail, section 1.)

DELONCLE (F.). — Série religieuse et ethnographique de
l'Extrême-Orient, surtout de Siam ; monnaies en argent,
étain, cuivre, porcelaine et coquilles. (Salle des Missions.)

DENIKER. — Essai de classification des races humaines et
cartes de l'Asie. (Histoire du travail, section 1.)

FALLOT. — Crânes de nègres d'Afrique. (Histoire du travail,
section 1.)

FÉRÉ. — Rapports du cerveau avec l'extérieur du crâne. (Histoire du travail, section 1.)

GUIMET. — Poteries romaines, hispano-arabes, persanes.
(Histoire du travail, section 3.) — Dessins civils et religieux de Ceylan, Inde, Chine et Japon ; caricatures religieuses de l'Extrême-Orient ; chapelles et statuettes de
divinités ; statues japonaises. (Sal' des Missions.)

HAMY. — Reconstitution, grandeur nature, de trois groupes
ethnographiques et de quatre groupes palethnographiques.
(Histoire du travail, section 1.) — Reproduction en petit
d'une habitation souterraine de la Tunisie du Sud. (Salle
des Missions.)

HENNUYER. — Divers ouvrages dont il est l'éditeur. (Histoire
du travail, section 1.)

HYADES. — Le cap Horn. (Salle des Missions.)

KERCKHOFFS. — Grammaire volapük en douze langues ; divers ouvrages et journaux concernant la nouvelle langue. (Salle de l'Enseignement supérieur.)

LAGNEAU. — Deux diagrammes, l'un relatif à la diminution du nombre des mariés de chaque génération, l'autre à la mortalité des soldats et marins français dans les colonies.

LUYS. — Céphalomètre. (Histoire du travail, section 1.)

MASPÉRO. — Reconstitution, grandeur nature, du travail de la toile dans l'ancienne Égypte. (Histoire du travail, section 1.)

MASSENAT. — Belle collection du magdalénien de Laugerie-Basse, avec nombreux ossements gravés. (Histoire du travail, section 1.)

MAUREL. — Crânes et squelettes d'Indiens Galibis ; crânes et squelettes Birmans et Khmers. (Histoire du travail, section 1.)

MONACO (prince Albert de). — Résultat de ses recherches sur les courants de l'Atlantique ; produits de l'exploration scientifique des Açores à bord de l'*Hirondelle*. (Pavillon de la principauté de Monaco.)

MOREL. — Série archéologique de choix, surtout d'armes, depuis la pierre jusqu'au mérovingien. (Bâtiment du Ministère de la Guerre.)

NICAISE (A.). — Série de 975 objets relatifs à l'archéologie de la Marne, de l'Aube, de l'Yonne et de l'Aisne ; crânes anciens de la Marne, promis à la Société d'anthropologie. (Histoire du travail, section 1.)

PIETTE. — Fouilles des cavernes des Pyrénées, longue et riche série du Mas-d'Azil et d'Arudy ; céramique des tumulus pyrénéens. (Histoire du travail, section 1.)

QUATREFAGES (DE) et HAMY. — Dessins de types de races humaines. (Histoire du travail, section 1.)

RIVIÈRE. — Poteries parisiennes ; vitrine d'objets en fer. (Histoire du travail, section 3.) — Produits de fouilles dans le Var et les Alpes-Maritimes ; station de la Quina. (Salle des Missions.)

ROBIN (P.). — Objets exposés par l'Orphelinat Prévost à Cempuis, par Granvilliers (Oise). (Pavillon sud-ouest de la Ville de Paris.)

SACAZE. — Cippes votifs des Pyrénées portant l'indication de diverses divinités locales. (Salle des Missions.)

SCHAAFFHAUSEN. — Crânes divers ; photographies anthropologiques. (Histoire du travail, section 1.)

SÉBILLOT. — Imagerie populaire de France ; bibliographie et jouets des campagnes ; ouvrages sur les légendes et traditions. (Histoire du travail, section 1.)

TOPINARD. — Instruments d'anthropométrie ; cartes de statistique ; tableaux de poids encéphaliques ; diverses pièces anatomiques. (Histoire du travail, section 1.)

TRAMOND. — Préparations anatomiques en cire ; moulages de crânes déformés, trépanés et préhistoriques. (Histoire du travail, section 1.)

VERNEAU. — Ethnographies des Canaries avec de nombreux modèles de grottes et de monuments. (Salle des Missions.)

VIELLE. — Silex taillés. (Histoire du travail, section 1.) — Pièces de choix et reconstitutions. (Bâtiment du Ministère de la Guerre.)

VIRCHOW. — Instruments de craniométrie ; cartes de la coloration des yeux et des cheveux en Allemagne. (Histoire du travail, section 1.)

WILSON (Thomas). — Deux vitrines de l'Amérique du Nord, contenant surtout de la palethnologie. (Histoire du travail, section 1.)

TABLE DES MATIÈRES

PREMIÈRE PARTIE

HISTORIQUE

PREMIÈRE DIVISION

FONDATIONS PRINCIPALES

DEUXIÈME DIVISION

FONDATIONS ACCESSOIRES

DEUXIÈME PARTIE

EXPOSITION

19851. — Imprimeries réunies, **A**, rue Mignon, 2, Paris.